100 milhões de LEITORES

Resistência

A história de uma mulher que desafiou Hitler

AGNÈS HUMBERT

TRADUÇÃO
Celina Portocarrero

AGIR

Título original: Résistance

Notre Guerre by Agnès Humbert © Editions Emile-Paul Frères, 1946

Editora Nova Fronteira Participações S.A.
Rua Nova Jerusalém, 345 — CEP 21042-235
Bonsucesso — Rio de Janeiro — RJ
Tel.: (21) 3882-8200 fax: (21) 3882-8212/8313

CIP-BRASIL. CATALOGAÇÃO-NA-FONTE
SINDICATO NACIONAL DOS EDITORES DE LIVROS, RJ

A899r Humbert, Agnès, 1894-1963
Resistência: a história de uma mulher que desafiou Hitler / Agnès Humbert ; tradução Regina Lyra ; posfácio Julien Blanc. - Ed. Especial - Rio de Janeiro: Agir, 2015.
326 p. : il. (100 milhões de leitores)

Tradução de: Résistance
Inclui bibliografia e índice
ISBN 978-85-220-3065-1

1. Humbert, Agnès - Diários. 2. Guerra Mundial, 1939-1945 - Prisioneiros e prisões alemãs. 3. Guerra Mundial, 1939-1945 - Resistência - França. 4. Narrativas pessoais francesas. 5 . Prisioneiros de guerra - França - Diários. 6. Prisioneiros de guerra - Alemanha - Diários. 7. França - História - Ocupação alemã, 1940-1945. I. Título. II. Série.

CDD 940.5344
CDU: 94(100)'1939/1945'

SUMÁRIO

PREFÁCIO

A SILENCIOSA FORÇA DAS MULHERES

Marina Colasanti

Eu havia lido *Resistência* durante todo o fim de semana, e desci a serra ouvindo no carro os sofridos poemas de Anna Akhmátova. Trágicos fios que se entrelaçam, pois os poemas de Anna, silenciados pelo regime ainda na década de 1920, passaram a ser difundidos diariamente pela rádio oficial quando se tornou necessário infundir ânimo nos que, em Stalingrado, resistiam bravamente. Agnès, prisioneira na Alemanha, sabia, por notícias passadas boca a boca, da resistência de Stalingrado. Tivesse tido rádio, ouviria os poemas de Anna, certamente não os que ouvi, aqueles em que fala dos dias gelados e intermináveis passados em fila diante das muralhas do Kremlin na esperança de obter a libertação de seu filho preso, certamente não o do marido sendo levado pelo regime que o fuzilaria. Agnès aguardou em ânsia a chegada dos russos a Berlim. Para ela, Anna estaria entre os que venceram a guerra. Mas Anna só seria reabilitada oficialmente dez anos depois da libertação de Agnès.

No imediato pós-guerra, uma peça fez sucesso na Itália. Chamava-se *Le donne hanno perduto la guerra*. Eu não tinha nem dez anos, mas lembro claramente da intensidade com que minha mãe e os adultos a comentavam, e o título gravou-se em mim. As mulheres sempre perdem a guerra. Não a querem, mas a perdem. Perdem quando estão no caminho dos exércitos e se tornam botim. Perdem quando batalham em silêncio nas cidades esvaziadas dos seus homens, para manter sólida a retaguarda e conservar a ordem do país. Perdem quando recebem seus homens num caixão ou quando eles voltam com o equilíbrio despedaçado. Perdem quando se apaixonam pelo inimigo e quando o inimigo se apaixona por elas.

Minha babá, violentada num campo da Toscana por três soldados alemães e abandonada semimorta perdeu a guerra. E perderam a guerra as mulheres italianas que namoraram soldados alemães e que, com a libertação, tiveram a cabeça raspada em praça pública, espalmada de piche e coberta de penas. E também Teresa perdeu a guerra, aquela doce personagem de Annamaria Pierangeli, que no filme de Fred Zinnemann se apaixona por um GI e se casa com ele, para encontrar nos Estados Unidos preconceito e suicídio.

O livro de Agnès Humbert, entretanto, consegue não ser um livro de perdas. Eu diria até que é um livro de conquistas. Quando se é obrigada a passar seis semanas sem trocar a roupa íntima, proibida de lavá-la e praticamente sem lavar-se, quando os piolhos infestam a cabeça e a fome devora o estômago, manter a dignidade é uma conquista diária. Quando o trabalho é forçado e massacrante, quando não há agasalho contra o frio nem colchão para deitar, quando não há espaço, não há proteção, não há trégua, manter vivos fraternidade e altruísmo é uma conquista.

Ao retratar seu terrível cotidiano, Agnès nos entrega uma doçura insuspeitada. Só a amizade, o carinho, o cuidado de uma prisioneira com a outra tornam suportáveis seus cinco anos de confinamento. Ao lado do antiquíssimo cenário de crueldade e opressão, o feminino age, o gesto maternal protege, a mão da mulher organiza.

Vi em Dresden a estátua de uma mulher anônima que varre. Não é uma homenagem às donas de casa. É a lembrança de uma tragédia e de um gesto de ressurreição. Logo depois do grande bombardeio que já ao fim da Segunda Guerra destruiu por completo aquela cidade então habitada só por velhos, mulheres e crianças, os que continuavam vivos saíram aos poucos de seus esconderijos. E só encontraram escombros. Então as mulheres cataram e empilharam tijolos, improvisaram vassouras e começaram a varrer.

Seriam mesmo pequenos os gestos das mulheres, como sempre se disse? Mas o que faz a dimensão de um gesto, além do seu conteúdo? A guerra ia adiantada, já quase tudo faltava ao exército italiano; seguidas vezes ouvi os adultos dizendo que os *Alpini* — unidade especial que combate nos Alpes — estavam lutando sem proteção contra o frio, sem botas, sem agasalhos. E um dia minha mãe, mulher sofisticada nada voltada para as coisas do lar, declarou velha uma suéter do meu pai e tratou de desmanchá-la. Imagino que as amigas dela tenham feito o mesmo, pois, naquele tempo em que não havia mais lã para comprar, as vi reunidas mais tarde, tricotando toucas ninja — chamavam-se *passamontagna* — que seriam enviadas ao *front* nevado.

Àquela altura, a aliança na mão da minha mãe não era mais a de ouro branco recebida no dia do casamento. Aquela havia sido depositada em um capacete sustentado por três fuzis diante da catedral da cidade em que vivíamos, junto com tantas alianças de tantas outras mulheres, parte voluntária do esforço de guerra.

De um lado e de outro as mulheres abrigaram fugitivos. Mesmo sabendo os riscos que corriam, esconderam desertores em suas casas, abrigaram inimigos em seus sótãos e celeiros. Como a francesa apelidada Maman-Gâteau, que aos 65 anos e muito doente torna-se companheira de prisão de Agnès por ter acolhido soldados ingleses. Também a condessa italiana Andreola Vinci, cujo filho foi meu companheiro de infância, escondeu dois paraquedistas ingleses em sua *villa*. E na casa vizinha à da minha babá, em meio aos campos, todas as mulheres foram metralhadas pelos alemães que haviam encontrado um homem escondido no palheiro.

Que não se permita, porém, à coragem inibir a doçura. Em meio ao inferno em que se encontra, Agnès pousa sobre seu entorno um olhar sempre capaz de descobrir a beleza. Mesmo durante o período especialmente duro na tecelagem Phrix, quando mal e mal consegue enxergar, na rara ocasião em que lhes permitem lavar-se, vê as companheiras nuas e as compara às odaliscas do famoso quadro de Ingres, *O banho turco*. Ou atravessa um espaço ao ar livre, afundando na lama e carregada de peso, reparando nas folhas, nos pássaros. E várias vezes, dos bombardeios, retém a beleza da luz afogueada contra a escuridão da noite.

Silenciosa força interior, isso é o que têm as mulheres. Uma força discreta que, sem alarde, alimenta seus gestos de coragem e, tantas vezes, permite que conservem a cabeça erguida nas circunstâncias mais duras. Essa é a força que manteve Agnès viva e íntegra ao longo de cinco anos de provações. E que ela nos entrega em seu diário, dizendo-se apenas um elemento pequeno em seu grupo de resistência. Lendo o que ela escreveu, entretanto, uma pergunta aflora, inevitável: seria mesmo justo considerá-la pequena?

Resistência

Resis

ência

À memória de meus Companheiros
Boris VILDÉ
Anatole LEWITSKY
Pierre WALTER
Léon-Maurice NORDMANN
Georges ITHIER
Jules ANDRIEU
René SÉNÉCHAL
fuzilados no monte Valérien em 23 de fevereiro de 1942.

Pierre BROSSOLETTE
morto voluntariamente em 22 de março de 1944,
após resistir durante três dias às torturas
da Gestapo sem pronunciar uma palavra sequer
que pudesse comprometer seus companheiros de luta.

Émile MÜLLER
morto em uma prisão hitlerista
de trabalhos forçados em julho de 1944
durante um bombardeio aéreo.

I

O FIM DA TERCEIRA REPÚBLICA

Palácio de Chaillot, Paris, 7 de junho de 1940

Circulam boatos os mais contraditórios, mas parece que os alemães avançam por todo lado. Trata-se apenas, é claro, de postos avançados, de tropas motorizadas, mas, apesar das explicações dos jornais e do rádio, a situação me parece extremamente grave. No museu[1], o ambiente anda sinistramente pesado. As coleções, em sua maioria, foram removidas. Sobrou a biblioteca. Acabo de receber ordens para embalar os livros mais valiosos. Essa atividade quase mecânica me impede de pensar nos acontecimentos que se amontoam... Paris se esvazia, vivemos numa atmosfera de pânico, ninguém mais raciocina com sanidade. Ainda há pouco, na praça do Trocadéro, umas vinte pessoas estavam de olhos pregados no céu — segundo elas, dava para ver paraquedistas! Será que ao menos fazem ideia do que seja um paraquedista? Tenho ótima visão, mas tudo que vi foram andorinhas...

Palácio de Chaillot, Paris, 8 de junho de 1940

Georges Friedmann veio me visitar no museu hoje de manhã. Me encontrou terminando de fechar minha última caixa de livros, livros que embalo de má vontade, pois sei muito bem agora que não poderão mais ser removidos. Friedmann não quis me dizer onde se encontra seu pelotão no momento. Não é difícil entender que se trata de um recuo importante. Dói-lhe profun-

[1] Museu Nacional de Artes e Tradições Populares, no palácio de Chaillot.

damente a desagregação do Exército, as ordens e contradições que chovem de todo lado. O que pode fazer um simples tenente quando a desordem e a incoerência imperam de alto a baixo no escalão? Sua calma é incrível e ele tenta me tranquilizar sem me iludir. Não me escondeu que as coisas vão muito mal, ainda que a resistência se organize no Sena. Ali, segundo ele, os alemães serão retidos durante algum tempo... duas ou três semanas no máximo... e a onda invasora poderá ser represada no Loire. Apesar de tudo, ele está confiante, e sua confiança me contamina.

Esqueci de sair para almoçar. São três horas, estou à toa na minha sala. De vez em quando pego o telefone e ligo para o "Jornal Falado". As notícias são enganosas, contraditórias, entrecortadas. As portas do palácio de Chaillot foram fechadas, o silêncio é mortal. Só me resta esperar.

Paris, 10 de junho de 1940

Fiz o inventário da biblioteca de Friedmann. Os livros estão encaixotados, assim como os manuscritos e os documentos. Tudo se amontoa em meu porão. Eu lhe escrevi dizendo que tive esse trabalho unicamente por medo de um bombardeio. Sim, com certeza... medo de bombardeio. Mas não ouso confessar a mim mesma a verdadeira razão dessa mudança. Sei muito bem, porém, que foi por temer a ocupação que eu trouxe esses livros preciosos — esses documentos comprometedores — para a minha casa, onde ninguém pensará em procurá-los. Sim, precisamos nos habituar a esta coisa horrível: Paris pode ser tomada. Dá até para pensar nisso, mas daí a pronunciar estas palavras, "Paris pode ser tomada", vai uma distância enorme. Uma espécie de superstição me cala. Há coisas de que não se deve falar por medo de que se concretizem...

Paris, 11 de junho de 1940

Paris nunca esteve tão bela, tão florida. Os jardins do Carrousel parecem prontos para uma exposição. Eu os vejo da sala da diretoria do Museu Nacional onde estamos todos reunidos, de mala na mão. Falamos baixo, como na casa de um moribundo. O sr. Jaujard vai de um grupo a outro, muito calmo, muito dono de si. Eu o escuto dizer: "Quero que meus colaboradores judeus partam primeiro." Os caminhões estão no pátio. Tomamos nossos lugares neles, a convite do nosso chefe, amável e tranquilo como sempre, de olho em tudo, com um sorriso de encorajamento para cada funcionário, distribuindo a todos suas ordens de partida. Conversamos, ainda. Ontem eu não era capaz de pronunciar as palavras: "Paris talvez seja tomada." Hoje elas são ditas quase naturalmente, mas sabemos que os exércitos aliados recuam apenas para se reagrupar melhor, para organizar a fase final da guerra que acontecerá no Loire, como também sabemos — estamos convencidos disso — que a União Soviética entrará no conflito após a retirada... Basta aguentar até lá...

Com a mente quase serena, deixamos Paris a caminho do castelo de Chambord. O dia está lindo, mas um véu escuro de névoa espessa envolve o sol, lançando sobre os nossos rostos traços sombrios e esfumaçados. Meu filho Pierre, ao se despedir de mim hoje de manhã, me explicou que se trata de uma névoa artificial, cuja finalidade é proteger a população parisiense durante o êxodo, mas acrescentou, pensativo: "É o que dizem... mas é muito bem-feita para ser Defesa passiva..."

Vicq-sur-Breuil, 20 de junho de 1940

Já faz dois dias que estou aqui, neste interior agreste, pitoresco, mas preciso usar a razão para poder apreciá-lo. Meu coração anda cheio de imagens bárbaras que acabo de ver durante os nove dias da minha viagem inverossímil. Paris-Limoges. Filme repleto de justaposições, passado depressa demais como se projetado por um bêbado. Todas essas imagens são incoerentes, se amontoam, se acotovelam na minha cabeça. Minha partida de Paris, milhares de pessoas a pé, de bicicleta, de carro... os carros logo abandonados, por falta de gasolina ou de uma peça de reposição. Aquelas mães carregando crianças pequenas... Será que algum dia esquecerei uma jovem exaurida, empurrando um bebê grandão entalado num carrinho de boneca no qual não cabia e de onde ameaçava cair a cada passo?... Toda essa gente aturdida, com bagagens inimagináveis em que quase sempre se via um balde de escaldar roupa e uma gaiola de passarinho. Em Chambord, nos trouxeram uma moça belíssima de 16 anos, Émilienne (sei seu nome). Émilienne deixara sua fazenda de manhã com toda a família. De Cher, eles saíram caminhando ao acaso, na direção sul. Um caminhão militar francês — apressado demais em sua fuga — passou por cima do belo corpo de Émilienne. Telefonamos para o hospital de Blois, mas não há mais ninguém lá! Nem médico, nem farmacêutico! Um médico militar, chamado na estrada, concordou em parar por alguns minutos no castelo. Me disse que não havia nada a fazer. Ficamos em torno dela, mudos. Funcionários e conservadores do museu, entre os quais Jean Cassou... Estanco o sangue. Uma injeção de cacodilato, paliativo que não ilude ninguém. Ela morre sem sofrimento aparente. Jean Cassou e eu já nos conhecíamos, simpatizamos um com o outro por várias razões, mas sentimos ambos que essa meia hora passada ao lado da moribunda nos uniu fraternalmente.

Em La Celle-sur-Cher, neste engarrafamento insolúvel e generalizado, vi um general francês — um general — descer do seu carro e, com uma voz de dar dó, pedir para lhe abrirmos passagem... Nunca esquecerei o tom da sua voz: "Por favor, me deixem passar, preciso passar... Tenho que passar." Ninguém lhe deu atenção. Imagine... um general da derrocada...

Também verei, durante muito tempo, aqueles seis soldados macilentos, em farrapos. Há muito já entregaram as armas. Os seis carregam uma única bagagem: uma frigideira.

Em Valençay, ouvi os gritos de uma mãe totalmente enlouquecida. Perdeu as duas filhinhas e as procura por todo lado. Foi lá, em Valençay, que soubemos do pedido de armistício. Os homens à minha volta choravam em silêncio. Quanto a mim, desci do carro e bati o pé aos gritos: "Não é verdade, isso não é verdade, é a rádio alemã querendo acabar com o nosso moral... Não é verdade, não é possível..." Ainda ouço a minha voz como se fosse a voz de outra mulher. Algumas horas depois, não há jeito senão nos rendermos às evidências, não há jeito senão entender que essa coisa inacreditável é possível. De joelhos, pedimos misericórdia, ainda lutando aqui e acolá e fugindo por todo lado. Não paro de escutar: "Paris foi tomada!"... Paris foi tomada! Paris é alemã! Nossa mente precisa registrar esse dado monstruoso, precisamos entender, pois é verdade!...

No posto militar de gasolina, em Limoges, esperamos a nossa vez durante horas e horas. Seis enormes bombardeiros italianos atravessam o céu. Sei muito bem o que aconteceria se uma bomba caísse sobre este reservatório enorme. Mas tudo me é indiferente agora, estou cansada demais, desanimada demais. Não sinto nada, nem medo nem angústia alguma. Estou embotada. Uma ambulância militar estaciona em frente a nós. Ainda tenho duas laranjas. Será que os feridos estão com sede? Pela porta entreaberta, posso ver o interior do veículo. No chão, roupas femininas e duas garrafas de champanhe vazias. Uma mulher está deitada no colchonete, vestida com uma combinação de cetim verde-jade debruada de renda, o rosto borrado de suor e maquiagem. Ela está inchada. Dorme, bêbada. Seu companheiro gesticula e fala alto. Precisa de gasolina, e rápido. É isso que as nossas ambulâncias transportam, enquanto nossos feridos morrem por falta de cuidados médicos.

Vicq-sur-Breuil, 20 de junho de 1940

Na cidadezinha de Vicq-sur-Breuil, finalmente encontrei mamãe bem-instalada na casa da nossa prima Daisy. O lugar está abarrotado de refugiados franceses e belgas. Divido a cama com mamãe. Que maravilha é uma cama, depois de tantas noites passadas nos campos sob a chuva. Conto sobre a minha viagem, mas percebo claramente que ela não acredita no que digo. Uma longa fila de refugiados passa pela cidade o tempo todo, sempre a caminho do Midi, onde esperam encontrar segurança e comida. Da janela da sala de jantar observo, estupefata, essa procissão interminável. Plantado na frente da casa, um velho capitão garante que o tráfego flua. Graças a ele, a cidade não está engarrafada. Onde andarão meus filhos? Jean estava em Terra Nova, continuará por lá? E Pierre? Morto na estrada, talvez. Me disseram que todos que deixaram Paris depois de mim foram bombardeados de modo aterrador. Aguçando o ouvido, escuto o canhão. O armistício, então, não foi assinado. Há combates ao norte de Limoges. Ai! Quisera saber, saber o que se passa! Por onde andarão meus amigos? Será que os verei de novo? O que pensarão disto? Estarão sofrendo como eu? Ou sou uma "exagerada", como diz Friedmann? Giro o *dial* do rádio. A estação é de Londres. É com a transmissão francesa que, por acaso, me deparo. Anunciam um apelo de um general francês cujo nome me escapa. Com uma dicção pouco radiofônica, entrecortada, aguda, o general pede aos franceses que se unam em torno dele, que continuem a luta. Renasço. Um sentimento que considerava morto para sempre revive em mim: a esperança. Existe, afinal, um homem — um único, talvez — que se dá conta do que o meu coração não para de repetir: "Não está acabado." Como uma louca, atravesso correndo o jardim e, esbaforida, me dirijo ao capitão com quem até agora jamais troquei palavra. E daí? Sinto que é preciso lhe dar a notícia: "Capitão, capitão, um general francês acaba de falar de Londres, não sei o nome dele. Disse que o Exército francês deve se unir à sua volta, que a guerra vai prosseguir, que ele dará novas instruções."

O velho capitão olha para mim com seus olhos cansados e responde: "Com certeza é De Gaulle, o general... Sim, De Gaulle, um excêntrico, nós o conhecemos bem, ora essa! Isso tudo é um monte de besteiras. Pessoalmente, sou reformado. Espero voltar para a minha loja em Paris. Tenho família para sustentar... De Gaulle é um maluco, acredite..."

Foi graças a esse "maluco" que não tentei pôr fim a tudo naquela noite... pois ele me deu uma esperança que nada no mundo será capaz de apagar agora.

Vicq, 20 de julho de 1940

As longas caminhadas que faço diariamente me acalmam os nervos. Se não tivesse o pretexto de reabastecer a despensa — de todo jeito é preciso comer —, eu ficaria em casa, anestesiada, discutindo o que o destino nos reserva, as maneiras de que dispomos para lutar e "sair desta". Jean telegrafou. Ainda é oficial da Marinha, a bordo do Ville-d'Ys, atualmente em Terra Nova. Felizmente, está são e salvo. Pierre escreveu afinal. Parece que passou por todas as aventuras possíveis na estrada, onde as tropas alemãs chegaram para cortar o acesso a Limousin. Está em Paris, à minha espera. Disse que devo receber em breve uma ordem de serviço para voltar. Mamãe mostra uma calma extraordinária e me escuta durante horas a fio. Será melhor voltar para Paris ou pedir minha demissão do museu? O que fazer? Escrevi para a sra. Osorio. Por que não a Califórnia? Palo Alto, onde ela mora, é uma cidade universitária, será que eu não poderia fazer um curso de história da arte por lá? Encontrar um emprego de conservadora de museu ou de bibliotecária? Ou quem sabe valha mais a pena viver das nossas economias numa cidadezinha na Provence? Em certos momentos tudo me parece melhor do que viver sob o signo da suástica. Depois, de repente, não desejo outra coisa senão retornar a Paris, ficar perto de Pierre... É a solução mais simples, a menos arriscada (ou a mais arriscada?). É bem possível que logo eu seja demitida por delito de opinião. Os raríssimos *Paris-Soir* editados em Lyon, que pude ler aqui e acolá, não deixam qualquer dúvida (para os que acaso ainda as tivessem) sobre as tendências do governo Laval. Enfim, este governo fantoche não será eterno. O rádio é minha única alegria. No dia 14 de julho, transmitiram de Londres *O 14 de julho*, de Romain Rolland... Que consolo! Hoje de manhã soubemos que em Paris os cartazes alemães são rasgados e arrancados tão logo os colam. Os parisienses começam a se rebelar... Sim, está decidido: vou voltar para casa!

II

PARIS SOB A SUÁSTICA

Paris, 6 de agosto de 1940

Já faz uma semana que retornei a Paris. Tenho a sensação de estar saindo de uma longa doença, uma doença grave. Sinto-me entorpecida e cansada. Toda essa burocracia nas diferentes repartições de Limoges me deixaram desanimada. Minha ordem de serviço passou de mão em mão, recebeu carimbo após carimbo. Em seguida, a viagem de volta, o tumulto na estação de Limoges para pegar o trem e mais a travessia da linha de Vierzon no meio da noite. Verei para sempre a lanterna furta-fogo de dois soldados alemães que subiram ao nosso compartimento, não sem um "senhoras e senhores" que, sem dúvida, julgaram muito cortês, muito francês. Esses soldados foram os primeiros que vi. A seu pedido, entrego minha ordem de serviço. Eles examinam cuidadosamente as datas, os carimbos, para em seguida apontarem a lanterna para o meu rosto. Por quê? Nenhum dos documentos traz a minha fotografia. Minha cara deve ter parecido inofensiva, pois com um rosnado rouco me indicam que estou com tudo em ordem. A situação é idiota e fico com os nervos à flor da pele. Ranjo os dentes, mas morro de medo que esse ruído de castanholas loucas seja percebido. Que desgosto ter que ser controlada por essa gente quando se quer apenas voltar para a própria casa.

De volta a Paris, acho tudo tão mudado que me pergunto se o problema não está comigo. Me olho no espelho. O exame físico é conclusivo: essas seis semanas me envelheceram e emagreci. Bom, mas e o moral? Que espelho será capaz de me revelar esse tipo de dano? Enquanto isso, creio — não! —

tenho certeza de que não mudei meu jeito de pensar. São os outros, os que me rodeiam que estão diferentes. Assumiram um ar discreto, imprevisível, dissimulado, um quê de mesquinhez satisfeita por ainda continuarem vivos.

No portão do palácio de Chaillot, um cartaz avisa que a entrada dos museus é gratuita para os soldados alemães. A biblioteca do Museu de Artes e Tradições Populares já foi modificada e expurgada. O exemplar de *Morceaux choisis*, de Lévy-Bruhl, que trazia uma dedicatória escrita à mão pelo autor, teve essa primeira página arrancada. Um volume novo de um certo Montandon sobre as *Les Races* ocupa lugar não muito distante das obras de Lévy-Bruhl, e os autores alemães já se encontram em todas as prateleiras. Em nosso departamento de documentação folclórica, a belíssima e interessantíssima série de fotos das greves de 1936 sumiu, bem como qualquer resquício de documentação museológica proveniente da URSS.

Teve lugar, na data prevista, uma reunião da "Sociedade do folclore". Um mundo inusitado se amontoou na salinha da École du Louvre. Caras novas e... Deus me perdoe, figurinos elaborados. Não conheço o orador. Ele louva o esforço do nosso museu, fala da pátria com efusão, pronuncia longas frases ocas e sentimentais. Sobre a ciência, nem uma palavra. Entoa discursos sobre as tradições do país, genuinamente nossas, e encerra sua apresentação nos falando da cidadezinha francesa onde não mais se verá o administrador leigo responsável pelas mazelas atuais. Observo a plateia. A aprovação está estampada em todos os rostos. Todavia, no fundo da sala, percebo a presença do nosso mestre Marcel Maus. Em seu vivo semblante semita, noto um sorriso estranho, eterno como o de Buda, ao mesmo tempo irônico, calmo e confiante, próprio de um grande espírito sereno que plana acima de tudo, que sabe tudo e tudo prevê. Nossos olhares se cruzam por um instante. Acabo de ver o que procurava. Sinto-me, enfim, tranquilizar. Sei que não mudei. Não descarrilei, foram os outros que ficaram loucos, loucos de pedra. Estou entre os primeiros que deixam a reunião. Ouço dizer que Jean Cassou voltou a Paris. Não penso noutra coisa a não ser me encontrar com ele, vê-lo imediatamente. Na entrada da estação Palais-Royal do metrô, observo um dos nossos "tiras", que saúda obsequiosamente um oficial alemão. Fico ali, plantada, a vê-lo reencenar o gesto, duro, mecânico, germânico já, para cada oficial que passa...

Cassou está em seu escritório. Também ele envelheceu. Os cabelos parecem ter embranquecido passadas seis semanas. Ele encolheu. Mas o sorriso continua o mesmo. A sra. Cassou e a pequena Isabelle, que permanecem na zona livre, logo estarão de volta. Não há qualquer mal-estar em nossa conversa. Comparamos impressões. Elas são similares. Ele me fala de Marcel Abraham, que também pensa como nós. De chofre, confesso por que voltei, explico que me sinto enlouquecer no sentido fisiológico do termo — enlouquecerei se não fizer alguma coisa para reagir. Cassou me confidencia que partilha meus temores, que os mesmos sintomas o atormentam. O único remédio que temos é juntar uma dezena de companheiros, não mais, nos reunirmos em dias fixos a fim de trocar notícias, redigir e distribuir panfletos e fazer resumos das transmissões da rádio francesa de Londres. Não nutro grandes ilusões quanto à eficácia da nossa ação, mas o saldo já será positivo se conseguirmos manter a nossa sanidade mental. Daremos força uns aos outros, os dez, tentaremos buscar clareza em nós mesmos. Trocando em miúdos, vamos nos reunir porque precisamos de uma higiene moral. Cassou aceita minha ideia e diz que Marcel Abraham com certeza será um dos nossos. Proponho a colaboração de Jean e Colette Duval, que em breve retornarão a Paris. Já somos cinco. Falando da nossa "Organização" nos sentimos melhor. Cassou já brinca com a nossa "sociedade secreta". Ele estudou um bocado os *Carbonari*. Será o chefe do nosso grupo de dez. E que chefe! Cheio de dinamismo, de humor e daquilo que mais se precisa hoje em dia, ou seja, ironia. Em dez minutos, já descobriu um local para as nossas reuniões: o escritório dos editores Émile-Paul. Somos sete agora. Marcamos encontro para a semana seguinte e volto para casa com o coração menos pesado.

Paris, 7 de agosto de 1940

Vi no início de junho, na vitrine de uma livraria na avenida Kléber, uma nova obra de Stefan Zweig, *Spinoza*. Fui correndo comprá-la hoje. O livro saiu da vitrine e a vendedora me confessa que não pode mais vendê-lo. Diante da minha insistência, acaba por admitir que os livros de Zweig foram levados para o fundo da loja, e, após me fazer prometer discrição, concorda finalmente em me ceder um exemplar. Parece que a lista de obras proibidas já está pronta e que esses livros serão destruídos. Quer dizer, então, que não temos mais o direito de ler, em nossa própria casa, o que bem quisermos, não temos mais o direito de falar? Eles desejam sem dúvida nos proibir de pensar... Mas isso não vão conseguir. Que façam picadinho dos nossos ótimos livros, já que são temporariamente mais fortes que nós, mas não poderão jamais, em tempo algum, transformar nosso espírito em pasta de papel! Quando começarão as revistas domiciliares, as buscas nas bibliotecas particulares? A *Bíblia*, sem dúvida, é um livro subversivo, visto não ser ariano! Todos os autores judeus estão proibidos, mas, graças a Deus, vamos poder ler à vontade Paul Bourget, Henry Bordeaux e Abel Bonnard...

Paris, 15 de agosto de 1940

Voltando para casa ontem, acompanhei do metrô um espetáculo deplorável. Foi próximo à estação La Motte-Picquet, no trecho em que a linha é de superfície. No meio da avenida La Motte-Picquet, notei uma coluna de soldados franceses cercada de soldados alemães. Estes franceses eram prisioneiros conduzidos de um campo a outro. Um senhor, sentado na minha frente, também observava a cena. Fazia anos que eu não chorava, mas senti as lágrimas me descerem pelo rosto. O desconhecido à minha frente também chorava e me disse baixinho: "Veja isto, minha senhora, prisioneiros franceses na nossa cidade, em Paris... tocados como animais..."

Hoje, porém, o metrô me oferece uma cena reconfortante. Um soldadinho francês bem-modesto, mas limpo. Não parecia um militar; sem dúvida pertencia ao serviço de saúde. Perto dele, um soldado alemão alto, gordo, rosado, o corpanzil comprimido num uniforme impecável. Está fumando. Todos fumam no metrô, embora seja proibido — um monte de avisos em alemão deixa isso claro. Passado um momento, ele olha para o francês com um sorrisinho condescendente e um ar paternalista. De repente, num gesto rápido, estende ao rapaz o maço de cigarros. Sem dúvida, o francesinho deve estar louco de vontade de fumar... Vê-se em seus olhos, nos quais sequer um cílio se mexe. O rapaz recusa simples, clara e categoricamente, com um "não, obrigado" glacial. Jamais saberá quanto prazer me deu este soldadinho desconhecido, derrotado, vendido, mas orgulhoso e digno mesmo assim!

Paris, 18 de agosto de 1940

Será uma impressão? Achei Jean Cassou muito menos prostrado do que na semana passada. Reconheci o Jean Cassou de 1936. Ontem, Madeleine Le Verrier me emprestou um panfleto que acabara de receber. Tirei cópia.

Cassou já o tinha visto em vários lugares. Será que os redatores dos *33 Conselhos a quem vive em território ocupado* saberão um dia o que fizeram por nós e, sem dúvida, por milhares de outros? A luz na escuridão... Temos certeza agora de que não estamos sozinhos. Existem outros que pensam como nós, que sofrem, que organizam a luta. Logo uma rede se estenderá por toda a França, nosso pequeno grupo de dez será um elo da grande corrente. Estamos realmente felizes. Cassou me contou que Marcel Abraham zombou dele quando o ouviu explicar nosso projeto... Mas, é claro, aderiu imediatamente... Há mais de dez anos ele se envolve de perto na vida política. Muito ativo, conhece todo mundo em Paris e será um conselheiro valioso. Também fez contato com o escritor Claude Aveline. Nós o conhecemos, todos, de longa data e há muito valorizamos a sinceridade de suas convicções, sua inteligência e seu talento. Está conosco, assim como o editor Émile-Paul e o irmão. A editora não adotou o horário alemão, e o ato de não adiantar o relógio foi o primeiro protesto dos dois. A partir de junho, ambos assumiram claramente o partido da resistência, aceitando de boa vontade nos receber toda semana no escritório, na rua de l'Abbaye, 14. Assim, é lá que a "conspiração" vai se organizar.

Christiane Desroches, egiptóloga, ligada ao Museu do Louvre, também fará parte do nosso grupo. Eu a conheço desde 1936, quando trabalhamos juntas em diversas organizações da Frente Popular. Apresentei Jean Aubier ao grupo. Muito mais jovem que todos nós, ele poderá penetrar no mundo dos estudantes. Além disso, seu perfeito conhecimento do alemão nos será de grande valia. Fiz Cassou rir quando me rotulei na confraria. Sou uma "lebre de recados". É o nome dado, nas casas de alta costura, aos aprendizes que correm de um ateliê para outro. Praticamente já não podemos usar o telefone. Por isso eu, a "lebre de recados", me encarregarei de transmitir as palavras de ordem, as tarefas ou os conselhos de um para outro. Aveline já nos batizou de "Franceses livres da França"... e depois, agimos como "profissionais". Diante de certos sinais — salvo engano, tomara —, sentimos que a nossa situação nos museus nacionais está por um fio. A atividade pregressa de Jean Cassou, sua luta em favor da Espanha republicana, sua colaboração em jornais de extrema esquerda, suas amizades, convicções, tudo o torna suspeito aos olhos dos nossos novos patrões... Para mim, o ar do museu tornou-se irrespirável. Cassaram-me praticamente tudo o que eu tinha a fazer ali. Meu antigo trabalho é realizado por "voluntárias" que lá se encontram como que por milagre. Mulheres charmosas, muito elegantes e afortunadas, das quais ninguém ouvira falar até hoje. Dão-se admiravelmente bem "com qualquer um que conviva de perto com o Marechal". Falam de Vichy revirando os olhos, da França renovada, regenerada, revigorada pela provação. Pessoalmente, estou lá como um peixe fora d'água. Ninguém me esconde que é sabido que colaborei em jornais inconfessáveis, que dei aulas na Universidade operária, que conduzi visitas operárias nos museus e que minhas opiniões não são as de uma mulher do mundo... do mundo "deles"... O conservador não me aconselhou gentilmente a "promover" meu filho a oficial da Marinha? Ser mãe de um oficial da Marinha aparentemente apaga um bom número de pecados. A minha declaração de que não falaria mais ao microfone da "Radio-Paris" enquanto os alemães estivessem na cidade foi acolhida friamente, e pedi — sem rodeios — que me dispensassem das apresentações aos oficiais alemães, recebidos pelo conservador com uma cordialidade desconcertante. Jean Cassou e eu não pesamos muito na balança administrativa da França "nova" e, rindo (para manter o costume), nos perguntamos que diabo faremos para viver quando formos despedidos...

Paris, 1º de setembro de 1940

A sra. Cassou voltou. Recebeu-nos em sua casa hoje, a mim, Jean e Colette Duval, os irmãos Émile-Paul, Marcel Abraham, Christiane Desroches, Claude Aveline e Jean Aubier. Marcel Abraham já nos trouxe documentos. Sentimos que está feliz com essa atividade que preenche seus dias sem objetivo. Ele deve, em princípio, retomar seu curso no liceu Carnot, mas conseguirá isso, sendo "não ariano" e tendo colaborado diretamente com vários ministros tão pouco sintonizados com o gosto atual? Preocupamo-nos com ele. Jean Duval, cujas atividades e opiniões são menos notórias, retomará com naturalidade seu curso no liceu Condorcet, e Colette continuará, sem dúvida, a escrever seus livros para a juventude... Dizemos "sem dúvida", pois que fim levará a *Nouvelle revue française*, das Edições Gallimard, que editava suas obras de um vigor tão juvenil e salutar?... Christiane Desroches é egiptóloga e continua ligada ao Museu do Louvre. Sua militância social em 1936-37 é pouco conhecida dos "figurões" e ela não terá qualquer aborrecimento. Não nos preocupa. Neto de um grande industrial, Jean Aubier luta contra as dificuldades técnicas que atingem o "negócio" do avô. Claude Aveline decidiu trabalhar para os amigos e editores Émile-Paul. Jean Cassou e eu ainda somos (por quantas semanas, porém?) funcionários públicos. Este é o inventário material. Quanto ao moral, estamos todos em boa forma. Conhecemos uns aos outros e nos admiramos tanto quanto nos amamos. Discutimos nossa futura atividade. Os "papos inconsequentes" estão banidos de uma vez por todas. Começaremos pela distribuição de panfletos. Colette, Christiane e eu vamos tirar o máximo de cópias que pudermos dos *33 Conselhos a quem vive em território ocupado*. Em seguida, editaremos nossos próprios panfletos e, quando pudermos contar com um mimeógrafo, publicaremos um jornal... Com ar misterioso, Cassou nos informa estar na pista desse mimeógrafo. Receberemos mais detalhes a esse respeito em nossa próxima reunião. Decidimos nos reunir os dez na terça-feira, às seis da tarde, no escritório de Émile-Paul.

Paris, 22 de setembro de 1940

As coisas vão indo melhor e mais depressa do que pensei. O misterioso mimeógrafo de que Cassou nos falou na semana passada não é outro senão o do Museu do Homem! Ele esteve com o dr. Rivet. "Trabalha-se" no Museu do Homem. Já foi divulgada a bela carta aberta do dr. Rivet ao marechal Pétain, na qual tudo que reprovamos quanto ao marechal está expresso de maneira elegante, ponderada e firme. Cassou nos entregou uma centena de cópias da carta para distribuição imediata. Marcou um encontro para mim com o doutor. O fato de a minha sala ser no palácio de Chaillot facilita enormemente a minha tarefa. Um telefone interno liga o Museu das Artes e Tradições Populares ao Museu do Homem. A sorte está do nosso lado!

Paris, 25 de setembro de 1940

Nosso primeiro panfleto mimeografado, *Vichy faz a guerra*, teve uma tiragem de milhares de exemplares. Franceses atiraram em franceses em Dacar. É o início da guerra civil que contribuirá para a nossa liberação. Cassou redigiu esse pequeno texto mordaz, espirituoso, muito curto e que tem a vantagem de poder ser facilmente copiado.

Já demos um grande passo desde o nosso primeiro panfleto datilografado, publicado em 19 de setembro...

O dr. Rivet me pôs em contato com seu assessor, Boris Vildé, que é o mentor da atividade antialemã no Museu do Homem. Conheço superficialmente Vildé da época em que fui secretária da comissão científica da APECS (Associação para o Estudo da Cultura Soviética). Vildé havia feito para nós uma palestra sobre as explorações árticas. Eu já admirava sua inteligência fria e brilhante, sua personalidade excepcional. Estou feliz e orgulhosa de me aproximar dele. Russo — filho da Revolução —, embora tenha apenas 33 anos, ganha a vida desde os 11. Sua vida tem sido uma aventura prodigiosa. Naturalizado francês, lutou na guerra até pouco tempo atrás. Prisioneiro, salvou-se apesar de um ferimento no joelho. Percorreu trezentos quilômetros a pé e cá está, trabalhando duro. O doutor me disse: "Vildé é filho da Revolução, traz a Revolução dentro dele, conhece a técnica revolucionária." A despeito das reticências, entendo que Boris, por intermédio da embaixada dos EUA, espera adquirir a confiança do Serviço Secreto. Ouvi dele que é preciso, antes de tudo, fundar um jornal. Jean Cassou será seu redator-chefe. Expliquei-lhe meu jeito de divulgar e de atrair o interesse de nosso pequeno público. O único risco que corremos é que me peguem, mas, pelo menos, estarei sozinha. Espero receber já de manhã, anonimamente pelo correio, panfletos que serão copiados e distribuídos em ambientes bem distintos. Minha auxiliar mais pitoresca é uma *concierge*, a sra. Homs. De ouvido grudado o dia todo na rádio de Londres, ela anseia por "servir". Atrás do seu balcão, distribui os panfletos com grande destreza. Uma de suas locatárias os reproduz aos punhados. Um farmacêutico e a mulher também são ótimos divulgadores. Sob seus cuidados, os panfletos são copiados novamente e enviados a Fontainebleau, onde são mimeografados. Nós os "esquecemos" nos trens do metrô, nas agências postais, nas caixas de correio. A sra. Jean Cassou os enfia sob os cortes de tecido nos grandes magazines. Por todo lado, mãos os encontram, olhos ávidos os leem.

Tenho visto muitas outras pessoas se engajarem na boa causa. Quinta-feira, depois que o museu fechar, Vildé irá até a Brasserie du Coq, na praça do Trocadéro, conhecer Jean Cassou. Saboreio, desde já, o prazer de apresentar um ao outro. Esta noite, assim que escurecer, colarei nos muros do meu bairro uma remessa inteira de cartazes que fabriquei com etiquetas adesivas. Sobre as etiquetas, com a ajuda da máquina de letras grandes do museu, escrevi: "Viva o general De Gaulle." Distribuí cartazes similares a todos os nossos amigos que se divertem como crianças com a ideia de colá-los, seja num mictório, numa cabine telefônica, nos corredores do metrô... Maurice Braudey, o único guarda do museu que é dos nossos, faz melhor ainda: segue os caminhões alemães em sua bicicleta e neles gruda, cuidadosamente, pequenos cartazes sobre os quais datilografei — sempre com a ajuda da máquina de letras grandes — "Apoiamos o general De Gaulle". Maurice Braudey também espalha panfletos na periferia, nos meios operários em que milita há muitos anos.

Paris, 20 de outubro de 1940

Jean Cassou foi demitido e, 15 dias depois, a sra. Agnès Humbert foi dispensada de suas funções. O sr. Jaujard, diretor dos museus nacionais, mostrou-se irrepreensível diante de ambos. A ordem veio de Vichy, pois para ele não há motivo algum para a demissão. Ao sr. Jaujard cabe apenas o direito, o dever, de executar a ordem. Ele me perguntou se sou registrada no Partido Comunista. Respondi que não, mas acrescentei algo que ele, afinal, já sabia: que fui durante muito tempo secretária da APECS, redatora na *Vida operária*, bem como em várias revistas de vanguarda, e secretária da Associação dos Intelectuais Franceses... "Juntamente com o que existe de melhor na França", me respondeu cortesmente o sr. Jaujard. Falamos, então, de Cassou. Ele o admira e aprecia. "Ele honra não só os museus nacionais, mas a França." Essa foi a conclusão de seu julgamento. A estima do nosso chefe nos acalenta e, ao que parece, nos tranquiliza. Temos alguns meses de salário a receber... um dia de cada vez! Vamos "ver no que vai dar". Marcel Abraham será demitido. Georges Friedmann foi afastado do curso que ministraria em Toulouse, onde resolveu morar enquanto durar a tempestade.

Nossas reuniões das noites de terça-feira no escritório de Émile-Paul são valiosas. Cada um leva as notícias que tem. Circulando de boca em boca, com certeza não são alvissareiras. Ainda assim, transmitidas por Marcel, Claude ou Jean, adquirem um tom meio parisiense, meio maroto, que nos desperta o riso.

Jean Cassou simpatizou um bocado com Vildé. Claude Aveline também acaba de conhecê-lo. Os dois sentem, como eu, que Vildé está em contato com uma organização muito poderosa. Será o *Serviço de Inteligência*? O *Deuxième Bureau*? Ou, quem sabe, um grupo francês nascido dos acontecimentos atuais? Não sabemos. Todos admitimos que não devemos fazer perguntas. Vildé tem a nossa confiança, cabe a ele nos guiar. Infundimos nos companheiros que não o conhecem a fé que depositamos nele. Entendemos que ele irá buscar ingleses no Norte e que os conduzirá ou fará conduzir até a zona livre... de lá para a Espanha ou Portugal, onde serão repatriados... Ele falou também de jovens franceses que seguirão o mesmo caminho para se juntarem ao Exército de De Gaulle.

Que situação estranha a nossa! A maioria já acima dos quarenta, correndo como estudantes animados e fervorosos atrás de um chefe sobre o qual nada sabemos, de quem sequer vimos uma foto. Terá havido, ao longo da História, algo parecido? Milhares de pessoas seguindo, repletas de uma fé cega, um desconhecido. Pode até ser que esse estranho anonimato lhe seja conveniente: a mística do desconhecido!

Paris, 15 de novembro de 1940

Semana passada, Vildé apareceu no meu escritório muito chateado. Explicou que esperava dois ingleses por aqueles dias e eis que lhe avisam que são cinco. "Onde esconder esses homens?", pergunta com tristeza. Respondo que não moro na minha casa, mas na de mamãe. Ainda assim, acredito que ela, apesar do perigo e das ameaças divulgadas pelo rádio, dará asilo a um jovem inglês.

Não me enganei. Mamãe na mesma hora concordou em acolher o rapaz. Nós o instalamos no quarto de Jean e inventamos uma história para contar à empregada. Pierre está viajando. A presença do inglês não irá incomodá-lo. Impusemos uma única condição: ele não porá os pés fora do apartamento durante sua estada. Será nosso prisioneiro. Não me agrada nem um pouco a ideia de que ele se deixe colher como uma flor durante um passeio na *Paris esfuziante*.

Paris, 20 de novembro de 1940

O inglês que Vildé nos levou não era inglês, mas polonês. Um jovem cadete, tímido, bem-educado, temeroso de incomodar e, sobretudo, de nos causar problemas. À mesa, antes de atacar a comida, nos pergunta com uma simplicidade deliciosa: "Sem cupons?" Nós o tranquilizamos. "Não é caro demais?" Nós o tranquilizamos, invariavelmente, uma vez mais, e Léopold, com a consciência tranquila, come com o apetite característico dos seus vinte anos...

Sem que o esperássemos, Pierre retornou de viagem e simpatizou com nosso jovem amigo. Praticamente não conseguem se entender; a conversa entre eles lembra uma pantomima. No momento da despedida, Pierre e Léopold se emocionam. Já era noite quando levei Léopold ao metrô onde Vildé o aguardava. Logo, ele será acompanhado até a zona livre. Próximo a Vierzon, ficará abrigado num castelo. De lá, irão conduzi-lo até a fronteira espanhola, que ele terá que cruzar a pé. Em Barcelona, o cônsul da Inglaterra o manterá sob seus cuidados. Desta vez, sim, estamos realmente filiados a uma organização, uma organização de verdade! Vou poder garanti-lo aos companheiros que ainda têm suas dúvidas. Na semana passada, ainda implicavam comigo, e Marcel Abraham dizia, zombando: "Essa danada da Agnès nos obriga a seguir sei lá eu quem... vai ver é Casimir de La Rocque[1] em carne e osso!..."

Paris, 25 de novembro de 1940

Um telefonema de Vige me faz correr para a casa dela. O tom do convite não deixa dúvidas: algo de grave está acontecendo com Vige e Jean. Chegando lá, me pergunto o que pode ter ocorrido. Tiapa, o filho mais velho, lhes dá trabalho. Seus 15 anos são turbulentos. Na semana anterior, usava um alfinete de fralda na lapela.

"Minha insígnia", me disse ele. "Um alfinete de fralda inglês."

Já teve problema como os "tiras" dez vezes, e desde os tumultos do 11 de novembro a inquietude dos pais redobrou. Será que foi preso? Não, é o próprio Tiapa quem abre a porta. Seu rosto estranho emoldurado pela bela cabeleira dourada envelheceu. Ele está tranquilo e sério. Seu avô, Paul Langevin, é que acaba de ser preso sem qualquer motivo. Já faz 48 horas que desapareceu, ninguém sabe onde está. O chefe de polícia, avisado, afirma nada saber. Terá sido deportado para a Alemanha? Vige e Jean me pedem para fazer algumas visitas e prevenir os amigos que podem, quem sabe, conseguir notícias. Querem, acima de tudo, que a rádio francesa de Londres seja informada desse sequestro arbitrário. Escreverei imediatamente para Georges Friedmann, em Toulouse. Ele fará o que for preciso para que os que estão na zona livre tomem ciência do que se passa em Paris. Os acontecimentos do 11 de novembro parecem ter aberto as cortinas... Eis o regime de Terror que aguardávamos...

---

[1] O coronel François de La Rocque, presidente do Croix-de-Feu, depois do Partido Social francês, apelidado de Casimir por seus adversários. (N.E.)

Paris, final de novembro de 1940

O comitê de redação do nosso jornal está formado. Marcel Abraham, Jean Cassou, Claude Aveline. Vildé diz que podemos dispor de três páginas. A primeira será redigida por "aqueles senhores", os cavalheiros misteriosos que fornecem o papel e garantem o serviço de impressão. O nosso grupo de dez ficará com quatrocentos a quinhentos exemplares. Cabe a nós providenciar uma distribuição meticulosa, sobretudo a pessoas capazes de reproduzi-los. O nome do pato? Vildé sugeriu *Libération*, mas a ideia nos pareceu um pouco prematura. Decidiu-se (quem? onde? ignoramos) que será *Résistance*. Discutimos tendências políticas. De Gaulle contará com toda a nossa simpatia respeitosa... Devemos ser prudentes e conhecer seu ideal político; ser circunspectos durante algum tempo ao falar desse velho imbecil, o marechal. Todos sabemos quanto vale este Franco em miniatura. No entanto, muitos ainda não abriram os olhos. O futuro se encarregará de esclarecê-los. Mas correremos o risco de prejudicar a nossa causa se os alertarmos de maneira muito brusca. Estamos acumulando, a partir de hoje, documentos sobre o "velho". Trechos das *Mémoires* de Poincaré, Lloyd George e Clemenceau nos serão úteis quando chegar a hora. Nós o ajudaremos a mergulhar na lama onde ele já chafurda... Oh! Montoire![2*]

Devemos redigir o jornal na casa dos Martin-Chauffier, onde reside Claude Aveline no momento. No final do dia, Vildé me disse que Lewitsky virá pegar os "papéis". Lewitsky? Isso mesmo, responde Vildé, ele está conosco desde o primeiro dia. Fico contente em saber. Eu o conheço desde que fui trabalhar no palácio de Chaillot. Era sempre a ele que me dirigia quando precisava de alguma informação quanto ao Museu do Homem. Admiro tanto a sua cortesia, aquela cortesia inteligente dos russos... Fico felicíssima de saber que ele é um dos nossos!

Paris, dezembro de 1940

O primeiro "pato" pôs seu ovo. Oh! O nosso primeiro comitê de redação!

Jean Cassou, Marcel Abraham e Claude Aveline estão comovidos, mas não deixam de brincar à maneira dos parisienses. Nos reunimos no escritório

[2] *Em Montoire-sur-le-Loir se deu o encontro entre Pétain e Hitler para definir a política de colaboração franco-alemã. (N.T.)

de Martin-Chauffier[3], onde há uma minúscula lareira. Como é bom não se sentir congelado, e nós quatro nos encantamos com esse conforto. Simone Martin-Chauffier nos traz uma bandeja com chá — chá de verdade — e torradas amanteigadas. A atmosfera é amena. Os homens escrevem, discutem. Eu "bato" seus artigos. Claude, que acompanha atentamente as operações militares na Líbia, redigirá algumas linhas sobre a situação das tropas inglesas... De gozação, nós o chamamos de "Coronel X". Nos primeiros números, é sobretudo importante explicar, com base em provas, que a escassez de víveres que nos assola não decorre do bloqueio inglês, mas do roubo alemão em todos os setores da nossa economia. Marcel já está de posse de documentos irrefutáveis, e Jean Cassou, com uma facilidade que lhe invejamos, escreve num cantinho do escritório comentários espirituosos, mordazes, comentários que se espalham e que propagamos de porta em porta... propaganda da boa. Pusemos sobre a lareira uma foto do Marechal e, assumindo ares de conspiradores, decidimos que, se algum dia os Fritzes aparecerem aqui (mas por que diabos apareceriam?), diremos que os três amigos estão escrevendo em conjunto uma peça de teatro. O projeto fica em cima da mesa para as finalidades práticas. Naturalmente, sou a datilógrafa. A lareira acesa servirá para queimar os artigos em andamento. O cenário está pronto. De que temos medo? Claude argumenta que eu não devia andar por aí com a minha pequena máquina de escrever... Mas, meu Deus, o fato de caminhar pela rua em plena luz do dia com uma máquina portátil não prova, obrigatoriamente, que fabricamos um jornal clandestino!

Paris, 18 de dezembro de 1940

Paul Langevin está preso em La Santé, sem aquecimento e sem luz. Afora isso, é bem-tratado. A família pode visitá-lo durante alguns minutos. Não foi feita nenhuma acusação contra ele. Apesar do surgimento de cartazes nos muros de Paris com a inscrição "Soltem Langevin", dos protestos de seus alunos e das providências dos amigos, Paul Langevin continuará nas mãos dos alemães. É inútil dizer que seu moral está ótimo. Ele confessou a Jean que, ao longo da vida, resolveu uma série de problemas, mas que desta vez, por mais que se esforce, acha que nunca descobrirá o motivo de sua prisão.

---

[3] Louis Martin-Chauffier se encontrava então retido na zona livre por conta de seu trabalho jornalístico.

Paris, final de dezembro de 1940

Pensei em Édouard D., que deve estar de volta. Falei dele aos meus companheiros. Todos concordam que seria uma boa aquisição para o nosso grupo. Eu me lembro da sua atividade em 1936 quando, chefe de gabinete de um ministro da Frente Popular, trabalhava conosco de forma tão simples, tão cordial, sem economizar tempo nem esforço. Sem dúvida colaborará de boa vontade no jornal, divulgando-o em seu meio, ao qual temos pouco acesso...

— É uma boa ideia, Agnès... Vá falar com ele.

E lá vai Agnès com cem números do *Résistance* em sua pasta. Encontra um senhor simpático, sim, mas com um certo ar de distância. Um senhor que não tem senão um assunto: os netos. Mostra a foto das crianças, conta suas gracinhas, seus dodóis, em todos os detalhes, e Agnès olha sua pasta abarrotada de *Résistances*. Édourard D. insiste, incansável, em sua ladainha sobre o tema: a arte de ser avô. Quando ele a convence de que todo esse sentimentalismo ciciante tinha como objetivo impedi-la de falar de coisas sérias, ela resolve, de chofre, pedir sua opinião sobre os acontecimentos. Acontecimentos? Por pouco ele pergunta "que acontecimentos?", obrigando-a a pôr os pingos nos is. A Vitória? Uma utopia! De Gaulle? Um louco!...

— Veja bem — conclui, afinal —, pensei muito e sou totalmente a favor de Pierre Laval e do Marechal!

É de gente assim que será preciso desconfiar depois, quando a França voltar a ser livre. Desde já teremos que fazer a lista negra dos camaleões, dos fracos, dos imbecis. A Quarta República não terá o que fazer com eles, ou melhor, saberá direitinho o que fazer com eles!

Paris, final de dezembro de 1940

Encontrei, totalmente por acaso, o arquiteto Adolphe Dervaux. Há anos não o via. Ele não mudou, continua entusiasmado, inflexível, ardente... Falamos dos tempos atuais, e suas reações são as minhas. Almoçamos juntos. Conto-lhe, pouco a pouco, o meu "trabalho". Minha atividade parece interessá-lo. Ele me confidencia que tem um amigo, Roger Pons, capitão aviador da outra guerra, que é capaz de desencavar documentos, plantas. Sinto que todo o sangue que corre em meu corpo sobe para o meu rosto. Até que enfim! Vejo a possibilidade de fazer um pouco além de apenas propaganda. Mas será que esse Roger vai querer confiar em mim? Adolphe Dervaux tem plena consciência de que o amigo arriscaria um bocado ao confiar numa desconhecida que não oferece garantia alguma. De súbito, proponho o patrocínio de Jean Cassou. Pena que citei seu nome, mas a presa vale a pena! Adolphe Dervaux conhece superficialmente Cassou, mas Roger Pons, diz ele, o admira tanto por sua atividade social quanto por sua arte. Impulsivamente, combino um encontro para domingo de manhã na casa de Adolphe Dervaux. Jean Cassou se encontrará lá com o aviador. E, afinal, teremos documentos. Estou convencida. Me despeço de Adolphe Dervaux absolutamente certa do sucesso da minha manobra... Desço a rua Dunkerque sem prestar atenção na neve derretida, na lama, nas lojas, cujas vitrines só exibem artigos desprezíveis. Não penso noutra coisa a não ser na minha ideia. Até hoje o que fiz? Propaganda inofensiva que provavelmente não foi ouvida senão por pessoas que pensam como nós. Agora tenho planos. Adolphe Dervaux não mencionou um campo de aviação que acaba de ser projetado não muito distante de Paris? Um plano, sim... e, de súbito, por conta da mudança de humor que me é característica, me vejo abatida. Um plano, sim, mas o que farei com ele? Repassarei aos outros, que o usarão da maneira que bem conheço. Sim, por meu intermédio, haverá viúvas, mães desoladas, filhos sem pais. Valores morais, valores intelectuais que talvez sejam aniquilados antes de dar sua contribuição ao mundo. Por meu intermédio direto, pessoas inocentes — franceses — serão mortas ou feridas, crianças, mutiladas... Que fim levaram minhas belas teorias humanitárias? Será que é loucura minha me ocupar de trabalho tão sujo? Não irei ao encontro de domingo. Não direi nada a Jean Cassou.

Quando paro diante do metrô, ergo os olhos e vejo, caminhando na direção da *gare de l'Est*, dois alemães. Três carregadores vão à frente, com muitos embrulhos de todo tipo. Fardos de tecidos sobre os quais se acham amarradas sei lá quantas caixas de sapatos. De repente, vem à minha lembrança imagens de filmes sobre a colonização. Trata-se de documentários, do tipo *Afrique vous parle*, que expõem longas teorias sobre negros carregando a bagagem de dois ou três exploradores — ou aproveitadores — brancos. Meu coração sempre se condoeu diante dessas imagens. E, agora, na frente desta estação, estou diante do mesmo espetáculo, só que mais sórdido ainda, nessa neve derretida. E eu assisto a ele, imóvel, horrorizada. É preciso pôr um ponto final nisto, eles não podem nos colonizar, levar todos os nossos produtos nas costas dos nossos homens, enquanto caminham de mãos vazias, rosto beato, cinturão e botas lustrosas. Não, isso não pode acontecer. E para que esta cena não se repita, é preciso matar. Matar como animais selvagens, matar para viver. Matar traiçoeiramente, planejadamente, matar inocentes. É preciso e eu o farei. Falarei logo com Jean Cassou sobre o encontro que marquei para ele, e domingo iremos juntos encontrar Roger Pons, que nos dará o que for preciso para facilitar um massacre. Que trabalho sujo!

Paris, final de dezembro de 1940

"Minha cara, este Roger será nosso 'assassino de aluguel'", me diz Jean Cassou, quando saímos da casa de Adolphe Dervaux, onde acabamos de ser apresentados a Roger Pons, aviador de 1914-18 e da guerra da Espanha. Além disso, ele é um projetista. Pertence a um grupo de oficiais. Só lhes faltava o elemento de ligação para que seus documentos pudessem ser discretamente entregues a quem deles fará bom uso. Roger Pons esbanja vitalidade, entusiasmo, como se tivesse vinte anos. Assim, Adolphe Dervaux reencontrou todo o ardor demonstrado no passado quando combateu por Alfred Dreyfus, na condição de *dreyfusiano* de primeira hora. Isso mesmo, nossa manhã não foi perdida...

Paris, final de dezembro de 1940

Esta noite, no restaurante Closerie des Lilas, encontrei-me com Roger Pons, que apresentei a Vildé. A simpatia entre ambos foi mútua. Roger prometeu, entre outras coisas, uma planta de uma garagem de aviões, garagem subterrânea que acaba de ser construída, ao que parece, em Dreux. Vildé se mostrou extremamente interessado. Propus pô-los em contato com alguns espanhóis que estão meio escondidos. Milicianos da guerra da Espanha, conhecem a manobra que consiste em explodir um tanque com a ajuda de uma granada bem-plantada. Essa manobra pode ser ensinada aos nossos militares, pois Vildé me deu claramente a entender diante de Claude que, pelo que sabe, já temos em Paris mais de doze mil homens armados, chegando mesmo a nos encarregar de providenciar a formação de "dezenas" militares. Antoine Schlicklin, a quem chamamos de "sr. de Saint-Maur", já se encontra, a partir de agora, na pista de "professores de educação física" para treinar nossos jovens da periferia. Mais um agente muito dedicado que acabo de apresentar a Vildé e Lewitsky. Faço o papel de um cão de caça levando a presa até seu dono.

Paris, janeiro de 1941

Ontem, Marcel Abraham tirou de sua pasta um exemplar do *Matin*. Na primeira página, algumas linhas anunciavam a prisão de Nordmann, um advogado, por difundir o panfleto *Résistance*. Ficamos consternados. Faz pouco, estive com Vildé na Brasserie du Coq e ele me disse que, sem dúvida, era um dos nossos e que seus assistentes cometeram imprudências. Sinto que não quer tocar no assunto. Por isso não lhe faço pergunta alguma. Ele se afasta alguns instantes para falar com um rapazinho moreno que traz na lapela o logotipo dos automóveis Ford. Obviamente, o rapaz espera Vildé. Eu os observo. Vildé dá as ordens, o jovem as recebe com respeito e atenção ao mesmo tempo. De volta à minha mesa, Vildé me diz em poucas palavras que aquele com quem acaba de falar é conhecido pelo codinome de "Garoto".[4]

O "Garoto" faz chegar os documentos às mãos dos ingleses. Viajará amanhã para a zona livre, acrescenta Vildé. Conversamos discretamente sobre documentos e armas. Naturalmente, ignoro os detalhes, mas pus Vildé em contato com Émile Delion, que me apresentou Madeleine Le Verrier. Émile Delion deverá realizar, por estes dias, uma importante manobra em Marselha. Vildé me dá os parabéns por tê-lo integrado ao grupo. Sua aprovação me deixa muito contente, e acho que aquilo que Vildé me disse no início da nossa colaboração irá se concretizar: "Muitos de nós serão fuzilados e todos acabaremos na prisão." Sem dúvida, a nossa atividade vem ficando mais séria nas últimas semanas e nossa organização se amplia.

Paris, 20 de janeiro de 1941

Vildé acaba de conseguir uma licença para tratamento de saúde. Mas o estado de seu joelho o atormenta menos que os tempos que correm... Nordmann não foi libertado, fala-se à boca pequena de outras prisões. Quando Vildé partir para a zona livre, Lewitsky ficará em seu lugar.

---

[4] René Sénéchal.

Já faz alguns dias que está entre nós o amigo Georges Friedmann. Ele chegou discretamente a Paris e está morando com Jean e Colette Duval. Participou da nossa última reunião na casa de Émile-Paul, e tive tempo de apresentá-lo a Vildé, que muito lhe agradou. "Precisamente o tipo de jovem comunista que conheci na União Soviética", me disse Friedmann. Os dois voltarão a se ver em breve em Toulouse, para onde Vildé deve partir. Friedmann vai se ocupar do jornal na zona livre. Quem sabe encontre quem o imprima em Toulouse. Ele acha mais importante fazer propaganda na zona livre do que na zona ocupada. Vildé é da mesma opinião, pois, segundo ambos, em território ocupado os próprios alemães se encarregam desse trabalho, enquanto na zona dita livre a peste é menos evidente aos olhos, orelhas e narizes e, sobretudo, aos cérebros mal-informados.

Paris, 25 de janeiro de 1941

Aonde foi que me levaram? Jamais saberei! Era um restaurantezinho charmoso na *rive gauche*. Aquecido e íntimo. As ruas estão tão escuras que mal se reconhece Paris. Trabalhamos a tarde toda, Jean Cassou, Abraham, Aveline e eu. O jornal deve sair em 1º de fevereiro. Por volta das oito da noite, nos reunimos para oferecer um jantar a Georges Friedmann que deve voltar logo, tomara, para o outro lado da linha. Durante três horas, esquecemos onde e como vivemos para unicamente nos divertirmos. Nenhuma "vagem" à vista na salinha escolhida por nossos amigos. Apenas parisienses legítimos. Em nossa mesa, Simone Martin-Chauffier e nossos três redatores do *Résistance*. Friedmann parecia feliz por ser o centro de tanta afeição. Jean e Colette Duval levaram o filho André, que de repente deixou de ser criança para se tornar um rapaz bem-posto e direito. Trocamos receitas de pratos... ouço Friedmann zombar da comida que o obriguei a comer ontem lá em casa... couve-nabo refogada e morcela. Ele nunca saberá quanto tempo esperei, quanto frio senti, diante daquela maldita salsicharia na rua des Cinq-Diamants, onde, afinal, consegui uma mísera porção de morcela, sem gordura e sem gosto... mas "sem cupom"...

Paris, 28 de janeiro de 1941

De todo jeito, vai ser preciso pensar em ganhar a vida. A situação de demitido do governo de Vichy é muito agradável, pois temos mais liberdade e podemos trabalhar de coração leve para o *Résistance*. Essa atividade, porém, do ponto de vista alimentar é nula. Sempre nos faltam 19 *sous* para inteirar vinte quando se trata de comprar selos para enviar o pato.

Conspirei com Iria Deslous.[5] Jean Cassou a conheceu em minha casa. De imediato se encantou com sua beleza, sua vivacidade e sua inteligência cristalina. Ela nos aconselha a simular a compra de uma galeria de arte de algum *marchand* judeu, mediante um acordo por instrumento particular que lhe devolva o negócio por ocasião da partida dos alemães. A retomada extraordinária do comércio de quadros fará com que ganhemos muito bem durante os próximos meses. Sugiro como nome para a nossa nova loja "Ao Desembarque", mas Cassou sofistica: "Ao desembarque de Cítara". Ei-nos sócios fictícios. Ida Cassou parece gostar do projeto e se diverte conosco como se fôssemos crianças brincando de comerciantes.

Paris, 30 de janeiro de 1941

Cassou e eu saímos à procura de uma galeria desocupada. Passamos a tarde toda andando, discutindo e brigando. Ficamos exaustos.

Paramos alguns minutos para descansar num café. Mostro a Jean meu último feito. "Bato" em letras vermelhas numa nota de cinco francos, azul e branca, "Viva o general De Gaulle". Dificilmente se jogam fora cinco francos... a gente repassa. É só o que peço. Cassou ri e me confessa que percorre "os mictórios". O general De Gaulle que perdoe estes humildes criados pela indigência de seus meios de ação...

Paris, 5 de fevereiro de 1941

O "Garoto" me trouxe alguns milhares de envelopes. Quatrocentos foram dados a Antoine Schlicklin (codinome do sr. de Saint-Maur) juntamente com o arquivo do *Résistance*. Ele se encarrega de mandar bater os endereços. Tenho estado um bocado com Lewitsky ultimamente; ele me mostrou a "agência de correios" do grupo: uma comerciante de objetos sacros em Auteuil. É lá que, no futuro, os documentos terão que ser depositados. Quando os envelopes ficarem prontos, preciso fazer a expedição de buscar o jornal com o livreiro

---

[5] Iria Deslous, representante oficial do Museu Nacional de Artes e Tradições Populares.

Müller, na rua Monsieur-le-Prince. A senha? Perguntar se Müller pode encontrar para mim uma edição original das *Fábulas de La Fontaine*. Lewitsky me dá más notícias de Nordmann — ele não foi solto, ao contrário. Conseguiu enviar roupa de baixo suja para casa, uma meia e um par de ceroulas manchadas de sangue. Sabemos o que isso significa. Lewitsky me garante que é indispensável adotarmos nomes falsos; doravante o dele será Chasal. Eu retomarei o pseudônimo de *La Vie Ouvrière*, Delphine Girard, que data do dia em que Gaston Monmousseau cismou de me chamar de Delphine de Girardin da classe operária!... Tudo indica que teremos que ser muito prudentes. Especialistas da polícia chegaram de Berlim. Que fiquem todos avisados!...

Paris, 14 de fevereiro de 1941

Um telefonema de Iria Deslous nos convoca com urgência, a Cassou e a mim. Sentimos nitidamente que há "problemas à vista", mas o que será? Perdemo-nos em suposições tolas. Iria, de hábito tão comedida em seu modo de falar, usa um tom totalmente diferente. Existe, sem dúvida, algum problema.

Ela vai logo nos informando, simplesmente, que Lewitsky e a noiva, Yvonne Oddon, bibliotecária do Museu do Homem, foram presos há 48 horas. Uma dúzia de outros colaboradores do museu passou por um interrogatório, mas foi liberada. O dr. Rivet teve tempo de escapar. Está na zona livre, fora de alcance. Iria nos aconselha a destruir com urgência todos os papéis comprometedores. Corremos para fazer isso imediatamente.

Paris, 18 de fevereiro de 1941

Cheguei em casa ontem e encontrei o "Garoto". Ele vinha da casa de Vige e Jean. Eu sequer sabia que se conheciam. Trouxe para mim uma carta de Vildé, já a par da prisão dos companheiros. Ele me pede para dar continuidade ao jornal, a fim de inocentar nossos amigos da acusação que pesa sobre eles. Nem precisava pedir, o número de 15 de fevereiro está pronto, nós o datilografamos, Colette, Christiane e eu. Os irmãos Émile-Paul acham possível em breve pôr um mimeógrafo à nossa disposição.

Onde encontrar nossos homens de ligação? Vildé fora, Lewitsky preso, a corrente está partida... O "Garoto", que me diz chamar-se Sénéchal (pela identidade falsa, Raymond Sauvet), parece nada saber a respeito dos nossos misteriosos "cavalheiros". Cita um sujeito de quem jamais ouvi falar: Georges Ithier, escondido no momento num hotel muito discreto atrás da estação Saint-Lazare. Jean Cassou guardou em casa o mapa aéreo que lhe pedi para buscar com Roger Pons há três dias, uma planta e informações sobre a garagem dos submarinos em Saint-Nazaire. Entrego ao "Garoto" a minha assinatura à guisa de senha e o mando buscar os documentos na casa de Cassou. Amanhã à noite o "Garoto" deixará tudo em Toulouse, juntamente com alguns números do *Résistance* e a nossa correspondência.

Paris, 20 de fevereiro de 1941

Jean Cassou não quis que eu fosse sozinha procurar Ithier, que mora num hotel-bordel para soldados alemães. O pessoal do nosso grupo ali se esconde e esconde soldados ingleses com toda a segurança. A gerente e a filha são gaullistas devotadas. O inglês é a língua usual do local. Ithier foi com o dr. Rivet para a zona livre. Ele "passa" constantemente soldados ingleses e gaullistas. Em pouco tempo, me conta, instalará uma missão regular até a Espanha. Nascido no Panamá, Ithier fala igualmente bem inglês, espanhol e francês. Está de partida por estes dias, levando uma correspondência volumosa para a zona livre. Suplico a Friedmann para fazer de tudo para pôr Vildé a par da nossa atividade, que continua incessante, e para retê-lo na zona livre.

Paris, março de 1941

Volto da casa dos Cassou. Fui até lá para discutirmos nossos planos comerciais, mas Cassou me explica algo que há semanas eu já pressentia, ou seja, que o clima está quente demais para ele em Paris. Pressionado pelos amigos, Claude Aveline já partiu, e Marcel Abraham se prepara, muito sabiamente, para nos deixar. Parece indispensável que Cassou e a família sigam seus exemplos o mais rápido possível! É um duro golpe para mim a partida forçada de meus companheiros. Roger Pons, a quem eu era menos ligada, também se foi. Um de seus amigos, porém, que apelidamos de "Manon", passará para mim as informações e os documentos fornecidos pela "dezena" militar. Do lado de lá, o trabalho continua. O pessoal está reunido... Mas o que será do jornal sem seus três redatores? Jean e eu estamos de acordo quanto a pedir a Pierre Brossolette para nos ajudar a prosseguir. Nós o conhecemos há pouco tempo na casa de Madeleine Le Verrier. Afora seu grande talento jornalístico, tudo nos leva a simpatizar com ele. Afinal, não abandonou todas as atividades para evitar ter que transigir com os ocupantes ou com Vichy? Parou de escrever e de usar o microfone. Para viver e sustentar a família, comprou uma livraria-papelaria em frente ao liceu Janson, e lá a sra. Pierre Brossolette, tão digna e intransigente quanto o marido, vende, com um sorriso, canetas e gramáticas latinas à garotada da escola, cujos pais decerto ignoram a identidade verdadeira desses novos comerciantes instalados no bairro.

Pierre Brossolette aceita, de forma muito cordial, ser o redator-chefe do *Résistance*. Nós lhe concedemos esse título pomposo em meio a gargalhadas. Jean Duval será o vice-editor. Quanto a mim, continuarei em meu modesto papel de datilógrafa, secretária, elemento de ligação e, para resumir, "lebre de recados". Ultimamente o número dos meus clientes aumentou bastante e realmente corro como uma lebre, da qual o metrô seria a toca, distribuindo os jornais por todo lado onde eles nos são solicitados. As comunicações estão difíceis, mas conseguimos tudo com um pouco de boa vontade.

Paris, março de 1941

O "Garoto" voltou são e salvo de Toulouse. Desta vez, disfarçado de mecânico. Mas critico o disfarce. Seu "macacão" dá a impressão de ter saído da loja, limpo demais, elegante demais. "Da próxima vez, você me verá de padre", diz ele, rindo. E me explica como a viagem se tornou perigosa. Os alemães agora estão "acompanhados" de confiáveis policiais durões. Infelizmente não pude lhe dar notícia alguma de Lewitsky e Yvonne Oddon. Por outro lado, ele me traz boas-novas de Vildé, que faz um excelente trabalho em Toulouse, onde com frequência se encontra com Friedmann. O "Garoto" deverá estar com ele. Precisaremos ter o número de 15 de março pronto. A srta. B., a filha da gerente do nosso famoso hotel-bordel, toma parte ativamente em nosso grupo agora. Conheci em sua casa — onde fui levar papel e carbono — um rapaz encantador, Pierre Walter. Ele é muito ligado a Lewitsky e Vildé. No momento, vive bastante retirado do mundo nessa casinha discreta, pois já faz alguns dias que desconfia de estar sendo seguido. Preocupa-se muito com Ithier, que não manda notícias desde sua última viagem. Morro de medo de que tenha sido preso na linha demarcatória. Marco um encontro com o "Garoto" na casa de Jean e Colette. De algumas semanas para cá nossas reuniões de terça-feira são lá. Achamos de bom alvitre mudar constantemente o nosso "centro". Tenho certeza de que todos os companheiros ficarão contentes de conhecer o jovem Sénéchal, tão garoto ainda, mas tão corajoso e tão articulado!

Paris, março de 1941

A reunião de hoje na casa de Colette e Jean Duval, na rua Monsieur-le--Prince, foi especialmente animada. Os homens estavam em forma. Cassou leu para nós o *Pantagruel*, jornal clandestino, e todos tínhamos diversos panfletos para mostrar. Como é encorajador saber que milhares e milhares de parisienses desconhecidos, anônimos, que trabalham como nós, e muitas vezes melhor que nós, organizam a resistência que logo se tornará a luta libertadora. O jovem Sénéchal foi o centro da reunião, à qual compareceu sem saber o nome dos donos da casa e sem ter ideia, entre todas aquelas pessoas, de quem eram os anfitriões. Eu lhe disse somente (adquiri uma prudência digna dos Sioux) que ele subisse ao segundo andar e que, ao chegar lá, se anunciasse como amigo de Agnès.[6] Pierre Brossolette também estava presente, muito alerta, muito espirituoso. Ele se mantém atento a tudo que acontece em nossa pequena organização e parece dar sua plena aprovação. Colette, já faz algum tempo, assumiu uma atividade muito perigosa sobre a qual brincamos com ela. Enfia panfletos nas sacolas de compras das donas de casa no mercado, explicando-lhes que a escassez de gêneros não é causada, como querem fazer crer os alemães, pelo bloqueio inglês, mas sim pelo roubo dos ocupantes, que esgotam todas as nossas reservas.

Paris, março de 1941

Já não é mais possível ter dúvidas de que nosso amigo Ithier foi preso. Ele escreveu para a gerente do hotel, srta. B., pedindo que esta lhe enviasse livros. Foi pego na linha demarcatória, decerto com três ingleses, documentos militares e a correspondência, incluindo a carta que mandei para Friedmann. O caso de Ithier parece muito sério. Confiamos que ele não dirá nada. Minhas

[6] René Sénéchal mencionou esta reunião a Gaveau, a quem considerava um de seus chefes e que, na verdade, era um agente da Gestapo.

cartas continham o nome e o endereço de Friedmann. Isso compromete um pouco também este último. Seja como for, o que escrevi só faz sentido para ele. Todos os nomes são falsos, nossa organização se chama o Círculo Alain Fournier, nome sobre o qual concordamos um dia para o caso de Fritzes curiosos quererem saber o motivo de nossas reuniões. Somos amigos de Alain Fournier e desejamos honrar a memória do grande escritor de várias maneiras, principalmente publicando uma coletânea de algumas de suas cartas. A ideia de batizar assim a nossa "confraria" decorreu naturalmente do fato de nos reunirmos sobretudo no escritório dos irmãos Émile-Paul, editores do *Grand Meaulnes*.

Estamos desolados com o destino do nosso pobre Ithier, mas nos convencemos, de tanto falar nisso, de que esse infortúnio não terá outras consequências para a nossa organização e de que o nosso companheiro sairá desta sem grandes danos...

Paris, 18 de março de 1941

O "Garoto" deve ter partido hoje de manhã. Deixei outras cartas para Friedmann num hotel de Belleville onde o rapaz se escondia. Como o "Garoto" sabe, os envelopes levam apenas as iniciais... é mais prudente. Essas cartas contêm principalmente instruções a serem transmitidas a Vildé.

O navio de Jean[7] ancorou definitivamente na Martinica. Ele tomou todas as providências para se casar com Monique por procuração e, uma vez casada, minha norinha espera obter autorização para se juntar ao marido. Assim, fomos ao joalheiro para encomendar as alianças. Não há mais platina, ouro branco ou amarelo para comprar. É preciso que o próprio cliente forneça o material. Mamãe deu a própria aliança; a mãe de Monique, um anel. "Certo, mas...", nos explica o joalheiro, "é preciso descontar 30% do peso do ouro fornecido por nós. Esse dízimo (se ouso chamá-lo assim) é exigido pelas autoridades ocupantes". Por isso dois jovens franceses não podem se casar atualmente sem que os alemães reclamem uma espécie de direito sobre eles... Não quero macular com a minha raiva a felicidade antecipada da minha querida Monique... Aos vinte anos, temos tanto orgulho de encomendar alianças. Não quero ser uma sogra rabujenta e me calo, mas sinto ódio.

---

[7] Meu filho mais velho, tenente da Marinha.

Paris, março de 1941

Ah, que dia! Hoje de manhã, eu batia tranquilamente nosso próximo número do jornal quando a campainha me chamou à porta. Abro. Vildé! Um Vildé sorridente, sem maquiagem ou disfarce.

—Você é louco!

Foi assim que o recebi! Ele não tomou conhecimento das cartas endereçadas a Friedmann, contando o que se passa em Paris e alertando-o sobre o perigo de uma volta intempestiva.

— Eu precisava voltar — afirma, lacônico.

O "Garoto" não apareceu em Toulouse, provavelmente foi preso. Continuo a repreender Vildé, suplicando que ele retorne sem demora para a zona livre. Ele zomba com afeto de mim e me conta, sem detalhes, que sua presença em Paris é absolutamente necessária.[8]

— Certo, mas e se você for preso?

Ele ri e responde:

— Minha cara, acabaremos todos na prisão, você sabe.

Ele se diverte com a foto do Marechal que adorna meu quarto...

— Isto — explico a ele — é para o pessoal da Gestapo!

Rimos os dois como tolos. É o crucifixo que os huguenotes penduravam preventivamente em casa no século XVI para despistar o pessoal da Liga!

Vildé perdeu a pista de Pierre Walter. Toda orgulhosa, digo que o conheço e prometo levá-lo no mesmo dia à casa de Jean e Colette, onde nos reunimos todos... Dou o endereço a Vildé, sem fornecer seus nomes, e combinamos de nos encontrar na rua Monsieur-le-Prince às seis horas...

Pego Pierre Walter em sua toca e, sem deixar de olhar para trás várias vezes a fim de me assegurar de que não nos seguem, chegamos juntos à casa de Jean e Colette, onde todos nos esperam. Vildé nos põe a par de suas diferentes missões na zona livre... Lyon, Toulouse, Marselha. Sua inteligência extraordinária nos parece cada vez mais evidente, bem como suas nobres qualidades morais. Falamos da possibilidade de imprimir o jornal na zona livre. Vildé tem um bocado de atividades novas a arrematar. Despeço-me dele e de Pierre Walter... Voltaremos a nos encontrar no mesmo lugar na próxima semana...

---

[8] Havia sido chamado por Gaveau, que mandou prendê-lo alguns dias depois!

Paris, março de 1941

Um telefonema de Pierre Walter me chama com urgência a seu hotel. Ontem ele jantou fora com Vildé, que se ausentou por alguns minutos para ir buscar documentos de identidades falsos que Simone Martin-Chauffier deveria providenciar. Ela o aguardava num café da praça Pigalle. Passada uma hora, Vildé não voltou. Pierre vai procurá-lo no café. Encontra Simone, mas Vildé não foi visto. Que fim terá levado? Ficamos todos muito nervosos. Ainda temos a esperança de que, percebendo que o seguiam, ele tenha se escondido imediatamente à espera do momento propício para partir rumo à zona livre.

Corri para transmitir minha angústia aos Cassou, que vivem adiando a partida de uma semana para outra. Insisto para que partam logo! Vige me faz prometer deixar Paris. Certo, mas... e mamãe? Para mim é difícil deixá-la sozinha neste momento. A empregada só fica até as cinco horas. Esses problemas domésticos me levam a renunciar imediatamente à partida. Além disso, por que eu seria visada? Fiz tão pouco, agi tão discretamente!... Não há motivo para me prenderem!

Paris, final de março de 1941

A correspondência com o pessoal de Toulouse fica cada vez mais difícil, exceto com os cartões "familiares". É verdade que através deles conseguimos dizer muita coisa.

Iria Deslous irá a Marselha a negócios. Vai passar três dias por lá. Está disposta a servir de correio. Madeleine Le Verrier se prepara para partir rumo à zona livre. Espera chegar à América do Sul e, de lá, viajar para Londres. Jean Cassou e a família não terminam os preparativos de viagem. Essa lentidão me deixa nervosa.

Paris, 28 de março de 1941

Nos encontramos novamente, Pierre Walter, Jean e eu, num café da rua Saint-Lazare. Walter é um rapaz charmoso — tão espontâneo, tão sincero —, que pergunta como deve chamar Cassou.

— Ora... de Jean — responde Cassou simplesmente.

E Pierre retruca:

—Vejam só, esta é a nossa recompensa. Se eu o conhecesse antigamente, em circunstâncias normais, teria que chamá-lo de "doutor", e agora, de cara, chamo de "Jean"!

Nenhuma notícia de Vildé. Praticamente já abandonamos qualquer esperança. Com certeza foi preso. Pierre tem planos um bocado romanescos através dos quais espera localizar nosso companheiro, seja na *Sûreté*, na prisão de Cherche-Midi ou na de Fresnes.

Combinamos novas atividades. Apresentarei a Walter o substituto de Roger Pons. Pierre Walter, por sua vez, me colocará em contato com um certo Pierre, que, a pedido de Vildé, deve substituí-lo junto a nós.

Paris, março de 1941

Ontem ainda encontramos um jeito de rir preparando o jornal na minha casa. Eu já havia ido buscar na livraria de Pierre Brossolette o "artigo de fundo", um belo panfleto em que Pierre explica onde foi parar o bacalhau pescado pelos habitantes da Terra Nova durante a campanha de 1939-1940.

Tomamos chá enquanto trabalhávamos e, no final do dia, Christiane chegou de Toulouse trazendo uma baita salsicha mandada por Friedmann. Imediatamente, eu a dividi em três partes, sobre as quais tiramos a sorte, rindo como crianças.

Iria ainda não voltou de Marselha. Estou nervosa. A última vez em que andou por lá teve sérios problemas com a polícia de Vichy.

Paris, 30 de março de 1941

Uma amiga de Iria Deslous, a sra. D., me liga chorando para dar uma notícia terrível. Iria morreu! Morreu em três dias, sozinha em Marselha, de meningite tuberculosa. Não tinha família, mas muitos amigos, como eu, choram a sua perda. Os Cassou, os Duval, ninguém é capaz de acreditar que não mais veremos essa figura tão bela e impulsiva... Iria morreu!!

Paris, 31 de março de 1941

Mamãe deve ser operada amanhã. Nosso médico garante que não é nada grave, mas uma cirurgia numa mulher muito frágil, de 72 anos, é sempre arriscada... Há três dias não faço outra coisa senão cuidar de mamãe. Jean Cassou foi sozinho à casa de Pierre, nosso novo elemento de ligação, agora que Vildé definitivamente nos deixou. Minha cabeça está cheia de tristeza: mamãe doente, Vildé preso, Iria morta...

Consegui uma ambulância. Não se trata de um feito qualquer, pois a falta de gasolina é total. Mamãe será operada depois de amanhã. Está incrivelmente alegre, confiante e calma.

Paris, 3 de abril de 1941

A operação foi um sucesso. O cirurgião, o dr. Lebovici, é amigo de Jean e Vige. É dos nossos e fez de tudo para me demonstrar sua solidariedade. Mamãe parece tão encantada com a internação quanto com o médico e as enfermeiras. Vou custar a esquecer a nossa saída de casa, no dia 1º. Aquela descida atrás de mamãe na maca... Um cortejo fúnebre. Jamais, em tempo algum, senti o coração tão pesado. A vida de cão na clínica me fará bem. Aguentei tantas emoções, tanta tristeza nesses últimos dias que meus nervos estão à flor da pele. Por que volta e meia me vem à cabeça essa saída de casa que tanto me assombra? Não sou mulher de "pressentimentos". Apesar de tudo, me vejo totalmente desarvorada. Durmo numa caminha de armar ao lado de mamãe e saio apenas durante uma hora por dia, para tentar comprar uma ou outra guloseima para ela. Dei um pulo na livraria Müller e ajudei os companheiros a enrolar plantas e mapas de artilharia que seguirão para a zona livre. Não fiz — como manda o figurino — pergunta alguma, mas Müller me disse simplesmente, rindo, que entre seus livrinhos existe o bastante para fuzilar um regimento inteiro. Ele terá notícias de Yvonne Oddon e de Lewitsky por intermédio do advogado deles, com o qual está em contato. É ligadíssimo a Pierre Walter e se desmancha em elogios a ele. Sua atividade é muito mais importante do que eu pensava. Nenhuma notícia de Vildé. Nem ousamos verbalizar nossos receios.

Paris, 8 de abril de 1941

Meu irmão se ofereceu para fazer companhia à mamãe ontem a fim de que eu comparecesse à nossa reunião das terças-feiras, que aconteceu na casa de Jean Aubier. Lá recebemos Léo Hamon, que trabalha ativamente em

Toulouse. Ele veio a Paris para estudar o ambiente e estar conosco. Era muito ligado a Nordmann, que acaba de ser julgado, e nos fala da bela atitude dele. Nordmann se defendeu, nos disse Aubier, com uma dignidade tamanha que impressionou os juízes. Foi condenado a apenas dois anos. Tendo se declarado culpado, afirmou odiar o hitlerismo por três motivos: por ser francês, judeu e socialista. Nordmann se deu relativamente bem. Léo conhece ainda o livreiro Müller, também este muito mais ativo do que eu imaginava. Jean Cassou me fala de Pierre, nosso novo chefe. Vou conhecê-lo, diz ele, assim que mamãe ficar boa, daqui a uns dez dias. Marcamos encontro para a próxima terça na casa de Jean e Colette. Já estarei, a esta altura, totalmente livre de preocupações quanto à saúde de mamãe e poderemos ter uma conversa frutífera. Após a reunião, Pierre Brossolette e Léo me levaram para jantar. Falamos do trabalho a fazer depois da liberação. É tão bom, tão reconfortante, preparar o nascimento da imprensa da Quarta República! Continuamos sem a menor notícia de Vildé.

Paris, Páscoa, 13 de abril de 1941

Minha hora de folga esta tarde passei com Léo. Ele quis ver a reação do bom povo de Paris diante das "atualidades alemãs" num cinema popular. Consideramos tal reação amorfa, ponto final!

Léo me levou o texto do último discurso do presidente Roosevelt. Vamos fazê-lo circular, é muito encorajador.

A convalescença de mamãe transcorre normalmente. Ela terá alta da clínica na quarta-feira. É impossível conseguir uma ambulância para levá-la de volta para casa. Encontrei, com enorme dificuldade, um carro de aluguel... um "dinossauro". Um perfeito exemplar de 1900!... Mamãe ri da ideia de chegar em casa num veículo da sua época.

Meu diário termina em 13 de abril. Entretanto, minhas lembranças são tão claras que posso escrevê-las seguindo uma ordem rigorosa. Tudo está anotado em minha memória como se escrito em cadernos, tudo se encadeia, basta virar lentamente as páginas. Praticamente cada uma dessas páginas está ilustrada com uma imagem bárbara. Muitas mulheres, milhares e milhares de mulheres, viram as imagens que vou descrever. Foram, como eu, personagens quase insignificantes que povoaram essas ilustrações como um "acessório da História contemporânea". Meu testemunho será mais um entre tantos outros. Não terá senão uma qualidade: a Verdade, a Verdade absoluta. Minhas companheiras estão aí, elas sabem que as cores de que me sirvo para pintar essas imagens são propositalmente menos vivas que as naturais. Preferi assim. São imagens como as de antigamente, de Épinal ou de Orléans, malpintadas, a cor escorrendo aqui e acolá.

Imagens sem arte, imagens reais...

Paris, 15 de abril de 1941

Por que em certos dias sentimos o coração leve? Nenhuma razão especial. Achamos tudo bonito, estamos contentes com o mundo... e conosco. Para mim, o dia 15 de abril foi um dia assim.

Mamãe tinha me pedido para dar um passeio. Eu caminhava sempre avante na rua ensolarada. Dava para sentir o final do inverno, e a primavera se mostrava alegre. Como era bom viver! Ao fazer a volta na rua Geoffroy-Saint-Hilaire, percebo diante da clínica uma viatura alemã e digo a mim mesma:

"Ora, ora, será que tratamos também dos Fritzes na nossa casa de saúde?"

Subo a escada. No andar do quarto de mamãe, dois "cavalheiros" aparentemente me aguardam.

— Sra. Agnès Humbert?

— Sim.

— Polícia alemã. Queremos fazer uma pequena revista em sua casa. Poderia nos acompanhar? Não vai demorar.

Por que olhei o relógio elétrico? Ele marcava meio-dia e vinte. Digo a mim mesma tolamente: "Você foi presa ao meio-dia e vinte." Peço que me deixem dar algumas instruções às enfermeiras quanto aos cuidados com a minha doente. Tenho tempo de tranquilizá-la, entregar-lhe documentos, algum dinheiro que não vale a pena deixar que levem, bem como meu brilhante ao qual dou algum valor. Garanto-lhe que nada tenho de comprometedor em casa e que logo estarei de volta.

Na viatura que nos conduz à minha casa, os policiais demonstram uma cortesia forçada. Um se parece estranhamente com Lindberg, o outro tem cara de bronco. Só o motorista usa uniforme verde acinzentado. Para minha surpresa, entendo perfeitamente a conversa dos três. Nunca imaginei que minhas lembranças da infância sobrevivessem tanto tempo. Naturalmente, não admito saber a língua deles.

Desde o início da revista, os títulos da minha biblioteca os irritam. Um deles encontra o manuscrito da última obra de Friedmann, o outro, a foto do autor. Imediatamente perguntam se ele é judeu, e respondo:

— É um oficial francês.

O tom da nossa conversa muda na mesma hora.

— Responda sim ou não.

— Sim, mas que diferença faz para vocês que ele seja ou não judeu?

O fato de ter um amigo não-ariano significa, sem dúvida, o confisco imediato da minha linda maquininha de escrever, do meu estoque inteiro de papel e de rascunhos de resenhas de arte e de folclore. Os dois desmontam minha mesa de jantar, cujo sistema de pranchas para aumentar o tamanho lhes parece ofensivo. Vasculham meu armário de roupas e emitem rosnados de triunfo ao descobrirem ali uma caixa que obviamente imaginam ser uma copiadora. Mas ela contém apenas um aspirador de pó! Nosso faqueiro também lhes causa forte comoção. No quarto de Pierre, se apossam de um vidro de nanquim que sem dúvida os intriga. Um púcaro do meu quarto abriga umas cinquenta moedas, o que os levará a deduzir que li um panfleto incitando os franceses a retirar tais moedas de circulação. Em seguida, os dois descobrem uma folha de papel, deixada, sem querer, entre outras duas... No alto da página se lê, indiscutivelmente, as palavras: "Tire cópias, faça circular." É a primeira página do *Résistance*, felizmente incompleta. Instada a prover explicações, confesso com uma relutância calculada que se trata da cópia de um panfleto instruindo os franceses a guardarem suas moedas. Digo que abandonei esse trabalho, que mal sei bater à máquina, mas que tirei cinco cópias do panfleto, depositadas por mim mesma nas banquetas do metrô. A história é plausível e não me custará mais que dois ou três meses. Sorrio ao pensar que o arquivo do *Résistance* — quatrocentos nomes e endereços — se encontra tranquilamente escondido sob o carpete da escada, entre dois andares. Além do arquivo, todas as cópias dos panfletos editados após setembro de 1940. Depois de me pedirem cerimoniosamente permissão, os dois usam meu telefone para prestar contas ao chefe do sucesso da missão. Lembro-me, então, de que o discurso de Roosevelt, que Léo me trouxe dois dias antes, continua na minha bolsa! Peço para ir ao banheiro. Eles concordam, mas antes me arrancam a bolsa e me avisam para não fechar a porta. Ouço nossa corajosa cozinheira exclamar:

— Puxa vida, isso está errado, está muito errado!

É desagradável andar com dois desconhecidos sem saber aonde vão nos levar. Quinze minutos mais tarde, fiquei sabendo. Eu estava na rua des Saussaies, no recinto da nossa *Sûreté* nacional. Levam-me ao mezanino, a um pequeno escritório de teto baixo, mobiliado em estilo Fallières. Na parede, um quadro de péssima qualidade retrata uma mulher costurando sob uma lâmpada. É tolice, mas o quadro monopoliza a minha atenção. Passo por três escritórios contíguos, um desembocando no outro. No último, há um oficial sentado, que me pergunta se sou mesmo a sra. Agnès Humbert e me diz sem rodeios que estou nas mãos da Gestapo e que descobrirei que a polícia alemã em nada se parece com a polícia francesa. Em seguida a esse preâmbulo animador, dois ou três oficiais entram na sala. Estou de pé no centro, os alemães circulam à minha volta, me examinam dos pés à cabeça. Todos gritam juntos, enquanto um grande aparelho de rádio transmite, no volume mais alto possível, sei lá que música. É uma algazarra indescritível. Por que diabos me vem à cabeça, a essa altura, o filme dos tempos heroicos do cinema mudo, *O gabinete do dr. Caligari*? Sem dúvida, o lado irreal dessa cena imbecil, que ao que tudo indica deveria servir para me impressionar, me recorda tudo que o *Dr. Caligari* tinha de irracional.[9] Uma datilógrafa está presente, parece servir de intérprete. Peço a ela, por favor, para me traduzir os gritos dos cavalheiros, pois, acrescento, caso se trate de perguntas, terei prazer em responder. Ela me informa (o que eu já havia entendido) que eles reprovam as minhas mentiras e que me ameaçam com o rigor das leis alemãs. Enfim, sem qualquer razão aparente, a cena muda, os figurantes se retiram e me deixam sozinha com a datilógrafa e o capitão inquiridor. Ele me garante ter confiscado toda a minha correspondência com Vildé e já saber de *tudo*. Como jamais troquei cartas com Vildé, fico imediatamente tranquila quanto à extensão dos danos. O capitão, a despeito do que disse, não sabe muita coisa. Claro que confesso conhecer Vildé, Lewitsky e Yvonne Oddon e ter com eles relações estrita-

[9] Hoje, esses métodos são risíveis! No entanto, foi assim que as SS começaram a "trabalhar" em Paris. Vendo que não conseguiam coisa alguma com aquela encenação ridícula, aperfeiçoaram a tática. Assim é que, aos poucos, chegamos ao banho gelado, aos choques elétricos e ao restante!

mente profissionais, declaração esta há muito combinada entre nós. Quando me perguntam se conheço René Sénéchal, respondo que não, mas me lembrando do seu cartão de visitas na minha bolsa, resolvo, custe o que custar, dar sumiço nele. Aproveitando um momento em que o capitão lê os inofensivos papéis confiscados em minha casa, enfio descaradamente o cartão e o envelope na boca. Consigo falar apesar da presença do cartão, que umedeço com saliva para que amoleça. Finalmente, consigo partir o cartão e engoli-lo. A datilógrafa, perspicaz, diz ao chefe que estou comendo alguma coisa. Prevendo que isso pudesse acontecer, seguro na mão um vidro de aspirinas que uma fada madrinha por acaso botou em minha bolsa e, mostrando o remédio, reconheço, com efeito, ter engolido um comprimido para aliviar a dor de cabeça... Começo a me cansar de ficar em pé no meio da sala e, me aproximando de uma grande poltrona de couro, descanso um joelho no braço da mesma. Um oficial superior, provavelmente coronel, entra no escritório e, considerando sem dúvida pouco correta a minha postura, decide me ensinar as boas maneiras alemãs, desfechando com a bota um formidável pontapé na poltrona que vai parar um metro adiante. Surpresa, por pouco não perco o equilíbrio. Trazem uma refeição para o meu inquiridor, que come com apetite, sem interromper o trabalho. De vez em quando, me faz alguma pergunta ridícula. Então, a porta de comunicação com a outra sala se abre e vários homens à paisana surgem cercando Vildé. Um Vildé emagrecido e que parece mais alto. Seu rosto bonito está emoldurado por uma barba loura que lhe cai muito bem! Assim, ele faz lembrar Édouard Manet quando jovem. Sua indumentária é estranha: calça azul e um jaquetão preto debruado, e traz as mãos algemadas nas costas! Quando anda, vacila, dando a sensação de ter perdido a noção de equilíbrio. Me olha longamente nos olhos com uma expressão de indizível tristeza. Jamais esquecerei aquele olhar! Bruscamente, levam-no para o terceiro escritório, e a porta se fecha novamente. O capitão me pergunta se reconheci aquele homem. Respondo que sim.

— Ele mudou desde que está conosco, não é mesmo? — comenta com um riso sarcástico.

O sujeito que apelidei de "Lindberg" volta. Ele me conduz à sala contígua, juntamente com a datilógrafa, e continua o interrogatório. Driblo todas as armadilhas. Ele me faz as perguntas mais incríveis sobre minha infância, instrução, minhas predileções, meu casamento e minha vida privada. Ansiosa, pergunto a mim mesma como estará se desenrolando o interrogatório de

Vildé na sala vizinha. De repente, me apresentam dois números do *Résistance* que conheço bem por tê-los datilografado, e mal. Estão manchados por um carbono gorduroso demais e cobertos com as minhas digitais. Ambos se encontravam com Vildé, que os recebera de mim na última vez em que esteve na minha casa. "Lindberg" me pressiona com perguntas. Nego com insolência. Ele manda bater as primeiras linhas do jornal na minha máquina de escrever. O teste é conclusivo... e seria mais ainda se o imbecil comparasse as minhas digitais com as que cobrem literalmente o *Résistance*! Mas "Lindberg" parece não conhecer seu ofício. Continuo a negar e afirmo poder provar que não sei bater à máquina. A diretora da École G. poderia testemunhar que em 1º de fevereiro de 1941 me inscrevi em seu curso de iniciantes. Os professores sabem que naquela data eu desconhecia a arte de introduzir uma folha de papel numa máquina (de fato, me inscrevi na École G. Desejando, então, aprender como funcionava o mimeógrafo, achei prudente começar o curso do início, a fim de não chamar atenção). Relembrava eu, assim, meus primeiros passos na arte da datilografia quando, diante dos meus olhos, me aparece o rosto deslumbrante de Iria Deslous que, com sua voz clara e risonha, parece me dizer: "Ande, vamos lá, acabe com estes caras!" Por que pensei nela naquele instante? Quem haverá de saber? Ela não deixou ninguém neste mundo, morreu logo após a publicação do jornal incriminador. Passo então a contar que Iria, precisando de uma máquina para bater seus artigos sobre folclore que saíam no *Visages de France*, havia pedido emprestada a minha, que ficou mais de um mês com ela, tendo talvez servido para sabe-se lá o quê... Explico que a máquina me foi devolvida por um desconhecido na noite em que, esbaforida, eu preparava a ida de mamãe para a clínica. Estou no meio do meu romance quando a porta se abre novamente e sou confrontada com o "Garoto". Eu tinha jurado não conhecer René Sénéchal... Percebo que ele confessou ter me visto. Então volto atrás e digo que, na verdade, entrei em contato com esse jovem, sim, que me foi apresentado com o nome de Raymond Sauvet por um tal sr. Durandeau. Personagem fictício, vê-se logo, inventado naquele momento, contudo plausível. Leitor na sala de leitura do Museu de Artes e Tradições Populares, esse Durandeau me pôs em contato com Sauvet, que levava minha correspondência para a zona livre.

Tais mentiras não iriam prejudicar o "Garoto", já que eu via as cartas que enviei por seu intermédio em cima da mesa, bem debaixo dos meus olhos. Tranquilizado quanto à identidade e a todos os pormenores de "Durandeau", "Lindberg" resolve se dar ao trabalho de obter todos os detalhes a respeito de Georges Friedmann. As cartas apreendidas com o "Garoto" não me perturbam em excesso, mas como contêm seu endereço, fica difícil negar que ele não esteja, no mínimo, a par da nossa atividade. Minha única tarefa, a mais urgente, será inocentar meu companheiro. Não sei até que ponto os alemães se abstêm de prender os refugiados na zona livre. Talvez esses sejam denunciados à polícia de Vichy! Durante duas horas intermináveis me fazem pisar em ovos. Friedmann, sua família, seus antecedentes, suas avós, sua situação militar, sua fortuna, ideias políticas, atividades. Enfrento tudo da melhor maneira possível. Então, o acólito de "Lindberg", que o ajudou na busca em minha casa hoje de manhã, entra na sala e, com uma voz que pretende fazer soar assustadora, me diz que estou "em situação de detenção". Sorrio, o que o deixa furioso. Depois de cochichos e conciliábulos, me perguntam se conheço o professor Cadou. Entendi. Trata-se de Cassou! Não estão com ele, já que confundem seu nome. Obviamente declaro não conhecê-lo. Chega, agora, o capitão inquiridor e me diz que eu comparecia regularmente a reuniões na rua Monsieur-le-Prince, nº 30. Declaro formalmente desconhecer a residência de meus amigos Duval, e sequer conhecer morador algum daquela rua. Entendo, então, o capitão ordenar a "Lindberg" e seu colega que me conduzam, juntamente com o "Garoto", até a casa em questão. Ouço claramente quando ele diz:

—Vocês verão *in loco* se ela conhece ou não a casa.

Lá vamos nós. Sinto que somente a minha calma é capaz de salvar a situação, pois de repente me lembro de que é terça-feira e que são seis e meia da tarde. Todos os nossos companheiros estão reunidos neste momento na casa dos Duval, na rua Monsieur-le-Prince, nº 30, e me aguardam... Todos os membros do "Círculo Alain Fournier". A cada toque de campainha, Pierre "entoará" sua piadinha: "Vinte e dois, chegaram os Fritzes!" Tocaremos a campainha, Pierre repetirá a brincadeira de costume e desta vez será verdade... os Fritzes em pessoa adentrarão a casa conduzidos por mim! Como a personalidade se divide nos momentos mais trágicos! Sinto vontade de rir. O "Garoto" está impassível. Ele conhece o lugar das nossas reuniões e certamente já percebeu que neguei tudo. Ainda não prevejo direito o que irá acontecer, mas sinto uma coisa: a liberdade de todos os meus amigos e a vida da maioria deles está em jogo. É preciso salvá-los. O que fazer, salvo manter uma calma absoluta? Quando eu tinha 15 anos, lamentava viver num século em que nada acontecia... viver uma existência cotidiana, trivial e chata. No momento, tenho a impressão de me vingar dessas horas mornas e de viver algumas que fazem jus, decerto, àquelas de 1792. "Lindberg" manda parar a viatura na esquina da rua Monsieur-le-Prince com a rua Vaugirard. O motorista ajusta o retrovisor a fim de observar melhor a minha expressão. O outro policial me encara, enquanto "Lindberg" salta levando o "Garoto" até a porta da casa de meus amigos. Eu, desligada de tudo, fixo o olhar na esquina do teatro do Odeon com um pedacinho do Jardim de Luxemburgo. Espero estampar no rosto uma expressão semelhante à de um cervo, mas meu coração bate tão forte que posso escutá-lo. O policial, quase grudado em mim, também deve perceber o ruído lento e surdo deste coração que a minha força de vontade não consegue controlar. Quanto tempo ficamos ali?... Cinco minutos no máximo... O "Garoto" deve ter negado também, já que está voltando com "Lindberg". Eles entram na viatura e com uma voz cortante, Lindberg grita para o motorista:

— *Nach* Cherche-Midi!

O carro dá a partida. Os companheiros estão salvos. Desta vez!

III

A PRISÃO DE CHERCHE-MIDI

Cá estamos na prisão de Cherche-Midi. Descemos do carro e "Lindberg" toca a campainha. Vejo, vindo em nossa direção, à luz pálida da tardinha, um "cavalheiro" carregando um melão. Está a dez metros de nós. Busco seu olhar, procuro, mendigo um sorriso. É uma questão de superstição, quero ganhar um pequeno encorajamento do último francês que verei em... quantos meses? Mas o sujeito com o melão burguês não sorri para mim, embora decerto tenha entendido meu convite, pois, prudente, faz um desvio e muda de calçada.

São oito da noite, comi pela última vez ontem à noite. As sete horas e meia de interrogatório me deixaram um buraco no estômago. Já dentro do prédio, aviso, de uma forma demasiado altiva, sem dúvida, que estou com fome. Respondem-me grosseiramente que isto é uma prisão, não um hotel. Sou avisada de que a última refeição é servida às quatro da tarde. No entanto, assim que a porta da minha cela é fechada, eu a vejo entreabrir-se de novo e a mão de alguém, emergindo de uma manga verde, me estende meio pão. Imediatamente me arrependo do tom agradecido do meu "obrigada", saído tão depressa da minha boca, mas estou faminta demais para mostrar dignidade. Devoro meu pão preto com prazer e bebo água na minha caneca, uma pavorosa caneca de esmalte posta ao lado de um balde higiênico. No chão, num canto, uma bacia de esmalte marrom avermelhado, uma mesinha de madeira branca, um tamborete e uma cama, cujo estrado foi substituído por três tábuas sobre as quais se assenta um colchão de palha fininho. Dois cobertores de crina completam o conforto da cela. As paredes caiadas estão manchadas e cobertas de pichações. A cela parece comparativamente mais alta que larga: um genuíno armário. Diante da porta, bem no alto da parede, um basculante deve deixar entrar uma claridade parcimoniosa.

Por ora, uma lâmpada pendurada num fio ilumina a cena. Reconfortada pela refeição, me ponho a rir, de nervoso sem dúvida, diante da ideia de que meus companheiros estão provisoriamente salvos. Cassou saberá amanhã que fui "pega". Vai se mandar. Pierre Brossolette manterá a calma durante algum tempo. Apenas Jean e Colette Duval estarão comprometidos, mas os Fritzes não sabem seus nomes e tudo anda bastante "comportado" na casa deles. Talvez corram o risco de uma revista, mas provavelmente não serão presos.

Penso em mamãe, na sua inquietação, e também na de Pierre. Me deito no catre, totalmente vestida, pois suponho que o interrogatório será retomado esta noite. É o costume deles. Acho que estou meio febril. Tenho uma ideia fixa. Olho o teto. Esta cela deve ter o tamanho de uma tumba. Me deitaram numa tumba. Lá no alto, por cima de tudo, há uma lápide, uma lápide com a seguinte inscrição: "Aqui descansa Agnès Humbert, morta em 15 de abril de 1941." Também há flores, sim, há flores... "Aqui descansa"... Não, que idiotice. Nada de ficar pensando bobagens desse tipo.

Levanto da cama e grudo o ouvido na porta. Ouço cochichos e uma voz de homem:

— Boa noite, gente.

E vozes femininas:

— Boa noite, Jean-Pierre.

A voz de homem prossegue:

— Vamos ficar calados, esta noite é o Fernandel que está de guarda.

Não creio que o nosso famoso comediante tenha se tornado carcereiro. Com certeza se trata de um apelido.

Apagam a minha luz. Me deito de novo: "Aqui descansa Agnès..."

Não, já chega, preciso dormir, estou exausta. Durmo, mas de hora em hora acendem a luz, e a carcereira me observa pelo postigo... sem dúvida temem que me ocorram ideias sombrias. O passo cadenciado da guarda, o tilintar do molho de chaves, o barulho de ferragem das armas que se entrechocam não me impedem de pegar no sono de novo.

Cherche-Midi, 16 de abril de 1941

A luz penetra na minha cela pelo basculante lá no alto. Tudo parece ainda mais sujo que à noite. Estou extenuada, mas ainda assim dormi.

Entreouço cochichos que pouco a pouco ficam mais nítidos. São quinze para as oito. Vozes claras femininas, que quase podem ser confundidas com as de crianças.

— Bom dia, Sylvie, bom dia, Renée, bom dia, Josette... Dormiu bem, Line?

Tudo possui um tom tão alegre, tão jovem... Será que estou presa num pensionato?

Então, uma voz de homem:

— Deve estar na hora...

E todas as vozes em uníssono — vinte, trinta vozes talvez — respondem em coro:

— Bom dia, Jean-Pierre.

E a do homem prossegue:

— Salve a bandeira...

E, assoviando, ele simula um toque de clarim... Silêncio e, em seguida, a *Marseillaise*, cantada em surdina pelas mesmas vozes que, ainda há pouco, desejavam um bom-dia a Pierre. A *Marseillaise* é arrematada por um grito entusiasmado:

—Viva o general De Gaulle!

A casa é bem-frequentada, mas nada entendo da vida na prisão. Todas essas pessoas se falam, se conhecem pelo nome, dão a impressão de verem uns aos outros.... Cadê a bandeira? Será que estão todos numa sala enorme e eu, numa cela vizinha? As conversas são retomadas, e depois ouço um barulho de botas, alguém agita um molho de chaves. Escuto assoviarem *Au clair de la lune*, e meus companheiros se calam como um bando de pardais apavorados com a chegada do gato.

São oito horas. Um grande pandemônio, as portas se abrem, cela por cela, e um suboficial me convida a passar minha caneca e meu balde higiênico. Uma jovem me entrega uma vassoura pequena e com um gesto me manda limpar a cela. Lanço um rápido olhar para o corredor margeado de portas de um marrom horroroso. Não há salão algum. Os presos decerto falam entre si pelas frestas sob as portas ou pelos postigos. Uma alemã de blusa preta, na qual está pregada a insígnia do Partido Nacional-Socialista, entra na minha cela. Suponho que seja a diretora da prisão. É amável, amável demais, melosa. Faço questão de informá-la de que não tenho pente, nem sabonete, nem roupa de baixo. Ela responde que nada pode fazer a respeito, que a minha família certamente cuidará, em breve, das minhas necessidades. Propõe que eu escreva para eles, depois volta para me dizer que estou incomunicável e que não tenho o direito de mandar ou receber notícias.

Os policiais que me prenderam ontem à noite confiscaram minha bolsa, meus documentos, objetos pessoais e mil e quinhentos francos. Concordaram em me deixar o lenço, dizendo que era a única coisa da qual eu precisaria na prisão. O lenço é ridiculamente pequeno e puerilmente bordado de rosas. Minha única bagagem...

Aqui nos tornamos seres primitivos, já senti isso, seres para os quais as condições materiais são primordiais: comer, lavar-se, fazer suas necessidades, estancar o próprio sangue... "Eles" podem nos impedir de tudo isso, pois estamos todos enclausurados em armários, à sua mercê. Podem fazer o que quiserem conosco. A quem nos resta recorrer? Esta é outra impressão estranha, a de estar totalmente sob o poder destes soldados. Antigamente, a ideia de que um homem fosse capaz de me insultar não me ocorreria, nunca pensei nisso, mas, se essa coisa monstruosa e improvável acontecesse, eu sabia que podia contar, para me defender (supondo-se que não pudesse fazê-lo sozinha), com meus filhos, com a lei, a polícia, sei lá... Aqui, somos totalmente indefesos, a dignidade da nossa atitude precisa bastar para tudo!

Ainda não tive vontade de me apresentar aos meus colegas. Ouço e tento me orientar. Li e reli o regulamento. Ele determina que devemos nos levantar sempre que um alemão se dignar de nos dirigir a palavra. Toda vez que escuto passos se aproximarem da minha porta, pulo da cama. Que me encontrem de pé, mas não quero, de jeito algum, dar a impressão de me levantar para essa gente. Espero em vão o prosseguimento do meu interrogatório.

O que andarão fazendo os meus companheiros? E mamãe, como estará? Será que voltou para casa sem dificuldade, sem grande sofrimento?...

Aparentemente, entre meio-dia e duas horas não há guardas no corredor, e os prisioneiros conversam de cela para cela, imagino. Por volta das dez horas, me deram um pratinho de sopa de legumes e meio pão preto. Às quatro, margarina e um pedaço de salsicha. Às seis da tarde, os guardas dão uma volta de chave na porta de cada cela e ostensivamente abandonam o andar. Há apenas uma ronda de vez em quando. Toda vez que soa um ruído de botas na escada, alguém assovia *Au clair de la lune*. Passado o perigo, ouve-se *Cadet Rousselle* e, imediatamente, as conversas são retomadas. Pouco a pouco, me familiarizo com os barulhos da casa, como se estivesse num hotel novo.

Percebo que Jean-Pierre[1] é oficial da Marinha. Parece instruído e espirituoso. A cela vizinha à minha é habitada por Jean, um marinheiro bretão a julgar pelo vocabulário.

Às sete horas, puxamos em coro o grito da casa: "Nossa França viverá", repetido três vezes. Por volta das oito, as conversas baixam de tom e, em seguida, ouvem-se os boas-noites de Sylvie, Line, Renée, Josette, Jeannot, Henriette e as outras e, finalmente, o boa-noite a todas de Jean-Pierre, ao qual ele acrescenta alguns conselhos discretos às que serão interrogadas no dia seguinte. Além disso, pede às que têm religião que rezem para que nossos companheiros Catherine e Christian não sejam executados... Diz isso do jeito mais natural do mundo, como se quisesse preservá-los de um interrogatório chato qualquer, de alguma punição... Então é verdade. As execuções começaram, e aquela primeira execução misteriosa em Paris, a de Bonsergent, sobre a qual tanto falamos em nossas reuniões, é um fato, um fato consumado.

Cherche-Midi, 17 de abril de 1941

O segundo dia me parece mais longo. Nada para ler. Nenhum trabalho manual. Calculo que minha cela meça um metro e sessenta por dois metros e quarenta. Deitada no catre, sonho acordada. Estou na companhia de todos os meus amigos. Até hoje acho que não pronunciei uma palavra sequer capaz de prejudicá-los. Esta é a minha única ambição: não lhes criar problema algum. Invento histórias e preparo as respostas para as perguntas que possam, eventualmente, ser feitas. Todas as minhas invenções parecem se encadear e são bastante críveis. A falta de papel e caneta me incomoda um bocado, mas tenho quase certeza de que minhas "histórias" se sustentam. Decerto não fico deitada mais de dez minutos seguidos. Toda vez que as botas se aproximam da minha porta, me levanto... a pergunta me ocorre mil vezes: quem me interrogará? Quando será o próximo interrogatório?... Essa ginástica física e moral vai com certeza deixar meus nervos em frangalhos. Escuto todas as vozes do corredor e as que consigo ouvir no pátio. Nenhuma atende pelo

[1] Honoré d'Estienne d'Orves, capitão de fragata da França livre. (N.E.)

nome de Yvonne Oddon. Sem dúvida, ela não está no meu pavilhão. Estará mesmo em Cherche-Midi? Que fim terão levado Vildé, Lewitsky e o "Garoto"? Que tormentos andarão enfrentando?

É divertido acompanhar o desenho das manchas, das rachaduras na parede suja da cela. Nela se encontra tudo que a imaginação deseja ver. Identifico, nitidamente, o perfil de Jean Cassou; um pouco mais adiante, uma mancha de umidade é uma pantera esculpida no mais puro estilo Antoine Bourdelle... Há, também, o lento avanço do sol, que se mostra parcimoniosamente sob a forma de uma mancha de alguns centímetros quadrados. De vez em quando, uma pequena sombra passa lá em cima e se projeta na parede. Demoro a descobrir de onde vem. É a sombra de um pássaro que atravessa o pátio Como é bonita a sombra de um pássaro, principalmente na parede sombria de uma prisão. Esta noite me apresentarei a meus colegas. Suas conversas são agradáveis. É Jean-Pierre quem dá o tom. Será bom falar, vai me distrair da fome, pois já estou com muita, muita fome.

Cherche-Midi, 18 de abril de 1941

A acolhida de Jean-Pierre foi cordial, mais que isso até. Ele soube, em poucas frases, me fazer sentir que pertenço ao "clã", que de hoje em diante não estarei nunca mais sozinha, que já não sou mais uma unidade, não faço mais parte do "pessoal lá de fora"... Sem poder me ver, minhas colegas, por intermédio de Jean-Pierre, perguntam a minha idade, meu estado civil e o motivo da minha prisão. Conheço o perigo de falar livremente na prisão e respondo evasivamente quanto ao motivo que me trouxe a Cherche-Midi. Os risos das companheiras e o "Ah! Está certo" de Jean-Pierre me dizem que eles entendem a minha discrição. Faço várias tentativas para descobrir a melhor forma de ser ouvida. Parece que é deitada de bruços: a voz passa bem por debaixo da porta pesada. Os outros me pedem as últimas notícias da Rádio-Londres. Anuncio a subida ao trono do jovem Pedro, rei da Iugoslávia, e a importante manifestação em Belgrado diante das embaixadas da União Soviética e da Grã-Bretanha. A conversa prossegue durante algum tempo. Depois, após o grito da casa: "Nossa França viverá!", repetido três vezes, o silêncio se instala e todo mundo aparentemente se deita para dormir.

Imagino as outras celas. Devem ser muito parecidas com a minha. Cada uma é o cenário de um drama. Um ser humano ali se debate. Fisicamente este ser está só, mas jamais se viu tão acompanhado moralmente até chegar aqui!

Pelos fragmentos de conversa que ouvi, por essa *Marseillaise* entoada em surdina, sabemos todos que formamos um bloco e que este bloco é sólido.

Um indivíduo à paisana, alto e gordo, entra na minha cela. Lê o regulamento redigido pelos meus instrutores especialmente para mim. Fico sabendo que não tenho direito a "nenhum benefício prisional": correspondência, visitas, livros, trabalhos manuais, cigarros, jornais, alimentos. Resumindo, me diz ele com uma ênfase especialmente pesada, a mim se aplica o "regime de extremo rigor". Tenho apenas o direito de receber lingerie limpa de casa. Essa tolerância me diverte, pois no momento disponho apenas, em termos de roupa íntima, do meu lencinho. Me penteio com uma travessa de cabelo e, como não tenho espelho, me olho na água da minha bacia, que não se turva por não conter qualquer espuma de sabonete. Antes de fechar novamente a minha porta, o indivíduo gordo repete com um ar superior e terrível:

— Nenhum outro benefício prisional...

Zombeteira, respondo:

— Que pena, na semana passada o senhor me levou ao cinema.

Ele parece escandalizado. Essa gente não entende uma brincadeira.

René Sénéchal está aqui. Lewitsky se encontra no terceiro andar. Fiz com que soubesse através da comunicação codificada da prisão, de porta em porta, que estou por perto, em boa saúde e com bom moral. Ele me fez saber que mandava um beijo. É extraordinário que nos beijemos na cadeia, onde vivemos trancafiados entre quatro grossas paredes. Sei agora que Yvonne está no corredor do outro lado do pátio. Não posso me comunicar com ela. Vildé não veio para cá. Supõe-se que esteja em Fresnes. Jacotte, a secretária do Museu do Homem, acaba de ser presa. Eu não sabia que a moça "trabalhava" conosco. Ela se apresenta e, de maneira habilidosa, me faz habilmente saber que jamais me viu... Me informa ainda que Pierre Walter também está detido. Sua prisão, ao que parece, foi dramática.

Os dois estavam juntos. Os policiais, os mesmos que me pegaram, a trataram com brutalidade e ameaçaram estrangulá-la com a própria echarpe. Acredita-se que a prisão de Müller seja iminente. Penso em nosso último encontro, quando enrolamos juntos aqueles enormes mapas de artilharia e ele me disse, rindo, que seus livros contêm munição bastante para fuzilar um regimento. Onde os alemães terão encontrado o fio condutor que lhes permitiu prender todos nós?

Nenhuma notícia dos Duval, dos Cassou e dos outros. Se tivessem sido presos, passariam por uma acareação comigo. Será que Friedmann está mesmo fora de alcance? Ele ignora todas as "histórias" que contei. Não quero pensar nisso e penso sem parar.

Jean-Pierre me explica hoje a arte e a forma de ver os colegas entre meio-dia e duas horas, quando os guardas estão ausentes. Pegar a colher na mão direita, munir-se de um pedaço de barbante, um cadarço de sapato ou outra coisa do gênero, subir na cama e trepar na mesa, da mesa passar para o tamborete, localizar o batente do basculante acima da porta, introduzir aí as costas da colher, fazer rodar o mecanismo no meio do batente e, assim, abrir o basculante. Tomar cuidado, então, para prender bem o cordão a fim de poder puxar para si o basculante e fechá-lo em caso de perigo. Tudo funciona à perfeição, e vejo diante de mim Sylvie, Sylvie que tem uma voz tão bonita. No momento, ela se encontra de castigo, ou seja, não tem colchão e lhe tiraram todas as roupas, menos a saia e o casaco. Alimentação: pão e água. Ela me manda por via aérea uma tira de pano que lhe serve de bandagem e nela ponho alguns torrões de açúcar que me deram hoje de manhã. Nós duas nos divertimos com as minhas tentativas de remessa. É preciso ter boa pontaria em Cherche-Midi. Ouvi a pobre Sylvie gemer a noite toda. Ela falava dormindo: "Estou com frio, estou com muito frio." Congelamos, literalmente, nestes prédios velhos onde o sol nunca entra. Eu rio observando, do alto do meu basculante, a fileira de portas que margeia o corredor. Elas realmente são bonitas demais para serem de verdade. Se as víssemos no teatro, reclamaríamos do exagero. Essas dobradiças e fechaduras enormes serão do tempo de Luís XIV ou de Napoleão? Não consigo identificar direito.

Cherche-Midi, 24 de abril de 1941

A porta se abre num rompante. A sra. Blumelein — esse é o nome, ao que parece, da nossa diretora — joga um emaranhado de coisas sobre a minha cama: objetos de toalete, lingerie e cobertores. Sai sem dizer uma palavra. Não imaginei que fosse sentir tanta emoção ao ver minhas roupas, ao ver os objetos chegados de casa. Sabe-se agora, enfim, onde estou. Proíbo a mim mesma de pensar na família. É preciso anestesiar a sensibilidade, mas todas essas coisas familiares me amolecem, é um sentimento perigoso que devo repelir. Preciso ser dura. Esta noite, sempre por via aérea, tentarei passar lingerie e meias para Sylvie, que sente tanto frio... A vida de minhas companheiras se enrosca na minha como as gavinhas de uma videira. Faz apenas nove dias que estou em Cherche-Midi e já vejo a nossa vida de prisioneiras em primeiro plano — minha vida particular, minha casa, minha família aos poucos vão ficando fora de foco. No primeiro dia, quando estava meio febril, eu dizia: "Aqui repousa Agnès Humbert, morta em 15 de abril de 1941." Pensando bem, há uma certa verdade nisso, foi uma outra vida que começou aqui, uma outra vida, ou melhor, uma morte provisória. O pessoal lá de fora, como chamamos, nada tem a ver conosco, não nos entenderia. Temos *nossas* brincadeiras, *nossas* alegrias, *nossas* preocupações. Somos egoístas, vivemos entre nós.

A "acolhida de uma novata" tornou-se uma cerimônia, melhor dizendo, um ritual... Um ritual importante para nós. Toda vez que ouvimos uma agitação, sabemos que há uma nova pensionista. E à noite, quando ficamos sozinhos, quando a guarda está ausente e existem somente as rondas a nos preocupar, Jean-Pierre interroga a "novata" e lhe dá as boas-vindas. Além disso, faz algumas recomendações essenciais. Ela nos transmite as últimas informações lá de fora e também algumas lorotas, sem dúvida. A "novata" de hoje chora muito, ouvimos seus suspiros, seus soluços. Imploramos para que se acalme. Insistimos que tudo acaba dando certo, desde que se fique firme, que jamais se confesse coisa alguma. Os soluços redobram. Jean-Paul consegue, afinal, algumas respostas seguidas. Ela tem vinte anos. É viúva de guerra, o filhinho tem três meses. Havia saído atrás de leite para o bebê quando a prenderam na rua e a trouxeram para cá. Cansou de dizer que o bebê estava sozinho em casa, cansou de chorar, de implorar, mas aqui está nesta cela, impotente! É horrível demais, ninguém diz uma palavra... Apenas o silêncio responde. Finalmente, Jean-Pierre, com uma voz hesitante, balbucia:

— Sabe, nesses casos... a Cruz Vermelha...

Mas não completa a frase; sabe que não há nada a dizer, e a jovem mãe responde:

— O que quer que a Cruz Vermelha faça? Ninguém sabe que estou aqui, que o bebê está sozinho. Ninguém. Nem a *concierge*, ninguém...

Cherche-Midi, 30 de abril de 1941

Esse ruído incessante de chaves que se entrechocam leva Mimi, nossa animadora, a dizer: "Quando for solta terei que comprar um molho de chaves, vou ficar muito chateada de não ouvir mais essa música... Infelizmente nas lojas não se encontram mais chaves tão grandes, tão pesadas... Que pena..." Quanto a mim, não me curei da mania de dar um salto, de me pôr de pé, cada vez que ouço passos se aproximarem da minha porta. Hoje de manhã, porém, não me levantei à toa. Um jovem alourado abre a cela e com um gesto me convida a segui-lo, dizendo laconicamente: "*Dribunal.*" Que sorte! Vão me julgar! Não pegarei mais de três meses por ter divulgado esse panfletinho mandando juntar as moedas, único pecado que confessei.

No posto da guarda, encontro o colega de "Lindberg". Ele me aguarda com um ar de mastim. Desta vez, usa uniforme. No quepe, vejo a insígnia das SS: a caveira e as duas tíbias entrecruzadas. No ombro, as letras GFP.[2] É um "autêntico", algo que niguém diria olhando a sua cara. Ele me leva, sem dizer nada, até a *Sûreté*, na rua des Saussaies. Quando fui presa, me recusei firmemente a assinar o depoimento redigido em alemão. Hoje de manhã, o depoimento é traduzido. Escrevo alegremente as 15 páginas desse encantador romance e assino, declarando ter dito toda a verdade, nada mais que a verdade. "Lindberg" está presente. Pede a minha opinião sobre o general De Gaulle. Desta vez não minto e respondo que até os últimos dias de junho de 1940 nunca tinha ouvido falar dele, mas que depois da vergonha da derrocada, depois do que vi nas estradas, uma voz, uma única, encheu-me de coragem para sobreviver. Essa voz foi a do general De Gaulle. Permiti-me continuar

[2] GFP: a *Geheime Feldpolizei*, polícia secreta de campo, encarregada das revistas e das prisões. (N.E.)

falando animadamente com sinceridade e, então, olhei para "Lindberg". Não era imaginação minha. "Lindberg" estava com os olhos marejados, andou para lá e para cá, assoou o nariz e me disse:

— Muito bem, minha senhora. Foi muito bonito o que disse. Escreva aí.

Um verdadeiro sucesso, arranquei lágrimas de um SS! Jamais imaginei possuir tamanho dom de persuasão!

Antes de deixar a *Sûreté*, peço aos comissários permissão para receber livros. Esse pedido deve ser muito cômico, sem dúvida, pois me respondem com um baita acesso de riso.

— Livros? Para a senhora... Ah, não! A senhora não pode ter livros, a senhora...

Por que todas as minhas colegas têm livros para ler, por que esse regime de favores especiais?

Como a vida em Paris, vista do carro que me leva de volta à prisão, me parece longínqua e estranha. Estou encarcerada há 15 dias, e essa impressão de não pertencer mais ao mundo dos vivos se confirma, fica mais clara ainda.

Cherche-Midi, 11 de maio de 1941

Dèxia[3] recebe notícias de fora. Entendo que seus amigos as escondam em sua lingerie. Hoje, ela nos anuncia que o general De Gaulle pediu que se faça silêncio entre três e quatro horas da tarde. Sou a única que tem relógio. Ainda não entendo por que me deixaram ficar com ele. Por isso me ofereço para avisar a hora certa aos colegas e sugiro a Jean-Pierre que peça para Sylvie cantar para nós às três da tarde *Le Chant du départ* e, passado o silêncio de uma hora, todos juntos, a prisão inteira, entoaremos uma *Marseillaise* como jamais se ouviu... Jean-Pierre aprova a minha ideia e a transmite para o andar inferior (suspeito que ele disponha de um buraco de comunicação). Renée, que é a "telefonista" para o pátio, grita nossa palavra de ordem a plenos pulmões. Os ocupantes das celas comuns, os do térreo, os do terceiro andar, todos ouviram.

Às três horas, bato três vezes com a colher na minha bacia de esmalte e, com sua bela voz cálida e singela, Sylvie canta:

La Victoire en chantant nous ouvre la barrière [A Vitória cantando nos ergue a barreira]

---

[3] Élisabeth, condessa de La Bourdonnaye.

Jamais as palavras do velho hino revolucionário me emocionaram tanto. As últimas... "por Ela um francês deve morrer" caem num silêncio recolhido, total: um silêncio que dura uma hora. O regulamento jamais foi tão rigorosamente cumprido! Quatro horas: bato quatro vezes. Todas as janelas se abrem a fim de que "os lá de fora" possam nos ouvir. A pedido de Jean-Pierre, entoamos o último verso, aquele que o pessoal de 1792 cantava de joelhos:

Amour sacré de la Patrie... [Amor sagrado pela pátria]

Eu não sabia que éramos tantos. Essa *Marseillaise* parece inchar, vira algo concreto, palpável. Logo estará alta demais, grande demais para os muros da prisão. Certamente, eles explodirão, o teto voará pelos ares. Sei que os sentimentos que me sufocam são partilhados por todos. Como é bela a força das emoções coletivas! Nossos guardas, surpresos diante do silêncio seguido dessa explosão musical, tentam em vão nos calar... Mas como? O "barulho" está por todo lado! Pontapés de botas nas portas, gritos, palavrões... O canto estanca e o silêncio se instala.

Aos sábados e domingos, nossas portas são sempre cuidadosamente trancadas a partir do meio-dia. Não há sentinelas no corredor, mas apenas, de vez em quando, uma ronda. Quando ela passa, se somos pegos de surpresa, um "vinte e dois" soa subitamente e faz-se silêncio. Do contrário, assobiamos *Au clair de la lune*. Jean-Pierre organiza para os feriados a "rádio Cherche-Midi". Ao longo da semana, prepara um programa. Um de cada vez, falamos de uma lembrança particular, contamos um caso, uma viagem. As que têm voz bonita são chamadas a contribuir. Sylvie é a nossa cantora realista, o *Galoubert*, seu triunfo. Renée sempre faz sucesso com *Jean François de Nantes* e *La Marie-Jésus qu'est un bateau*, e Léa, com sua voz tão pura, não se cansa jamais de cantar para nós *Brave Marin*, que Jean-Pierre pede sem parar, juntamente com a *Chanson de Solveig*. Ele faz as vezes de locutor e sempre intercala uma música, de maneira muito feliz, entre duas narrações de histórias. Muitas vezes, ele prefere falar de suas viagens. Nossa amiga Dèxia, que conta como era a vida por aqui no século XVIII, nos apresenta lembranças vívidas de gente famosa que conheceu. Preparar nossos textos sem lápis nem papel é uma enorme distração para cada um de nós. Tanto nos comunicamos pelos basculantes abertos quanto pelos postigos, bem como deitadas no chão de bruços, quando se trata das que têm um vão amplo sob a porta.

Ontem à noite, Jean-Pierre, em seu basculante, cantava com Mimi. Para nossa satisfação, os dois relembraram, um por um, os velhos sucessos do passado. Chegaram a *La Petite Tonkinoise* depois de passar por *Viens, Poupoule* e *Elle était souriante.* Nos divertimos tanto que ninguém ouviu o "vinte e dois" de alerta. Dois "espinafres", sub-repticiamente, calçados de meias, surgiram no corredor e empreenderam uma ronda silenciosa. De repente, entram na cela de Jean-Pierre e, então, ouvimos choverem golpes em cima do nosso amigo. Como deve sofrer este oficial francês por apanhar covardemente de dois soldados alemães... Tenho certeza de que a minha indignação é partilhada por todas as companheiras. Quando tudo se acalma, transmito a Jean-Pierre a nossa solidariedade. Então, esbanjando dignidade, ele me responde com uma calma absoluta:

— Não, Agnès, ninguém tocou em mim. Vocês confundiram o barulho dos meus livros que caíram no chão com golpes... Eles apenas gritaram, só isso!

"Eles" foram rápidos: na noite seguinte, véspera do julgamento de Jean-Pierre, ouvimos uma agitação em sua cela. Era a primeira visita do seu advogado, um oficial alemão, advogado de profissão. Não ficou mais que cinco minutos com o cliente. Ouvi o diálogo, a ênfase recaiu sobre perguntas do tipo: "Você quis prejudicar o Terceiro Reich?" E Jean-Pierre: "O senhor não espera, imagino, que eu diga que não." Pobre Jean-Pierre! Felizmente, ele não tem a menor ilusão quanto à eficiência dos argumentos do seu advogado de defesa!

Amanhã, tenho que acordar para o seu julgamento.

Há uma grande encenação. Soldados de capacete, armados até os dentes... Observo a escolta pelo meu postigo, mas ainda não consegui ver o nosso amigo.

Acompanhamos, dia após dia, o progresso do julgamento de Jean-Pierre. Hoje, ele concluiu alegremente seu relato dizendo: "Meninas, vou me aproximando cada vez mais das Valas de Vincennes." Quando chega da audiência, antes de se permitir falar de si próprio, quer saber sobre nós... Quem foi interrogada hoje? Quem foi castigada? Há pouco ele teve a alegria de ver a esposa e de descobrir que seu quinto filho é um menino... Philippe d'Estienne d'Orves já fez seis meses!

A condenação à morte era esperada. Quando ele voltou, cantamos *La Marseillaise*. Os guardas não disseram nada.

O serviço de desinfecção aparece para tentar nos livrar dos percevejos. Sou transferida bruscamente para a cela vizinha à de Jean-Pierre. Ela é quase totalmente escura, a janela obstruída pela parte mais alta da capela de um convento que deve ficar na rua de Sèvres. Inspeciono minha nova habitação. Na parede, na altura da minha testa, há uma pequena mancha de sangue, de mais ou menos quarenta centímetros, um pouco adiante, outra, maior, mais escura, seguida de vez em quando por três manchas similares, sempre maiores e mais escuras. Sem precisar forçar muito a imaginação, é possível reconstituir a cena. Os boches pegaram o prisioneiro pela nuca e bateram sua testa contra a parede. Bateram cinco vezes, até chegar a esta grande mancha enegrecida. Faz parte dos costumes hitleristas, os *Livres blancs*, *bruns* ou *noirs* nos puseram a par...

Após as seis da tarde, Jean-Pierre e eu conversamos de coração leve. Pela primeira vez, podemos ser francos, estamos seguros de que não nos ouvem. A parede não é grossa, e a nossa conversa se estende noite adentro. Eu lhe explico o nosso "caso". Ele concorda comigo. Vou me safar, não existe nenhuma prova séria contra mim. Praticamente já cumpri minha pena pelo panfleto que falava das moedas. Jean-Pierre viu o *Résistance* em Londres e me mostra como reatar a corrente a fim de continuar o trabalho assim que eu for solta. Desta vez irei até a zona livre, com certeza existe um bom trabalho a fazer por lá. Ele me diz que aguarda o pior para si mesmo, tudo conspira contra ele e não há como esperar ser perdoado. Recomenda que eu diga que não foi o general De Gaulle que o mandou voltar à França. Ele voltou livremente, por vontade própria. Me garante que a missão que impôs a si mesmo teve um sucesso parcial, que seu sacrifício e o de seus companheiros não serão em vão. Está feliz por ter "acobertado" vários amigos e assim evitado um número muito grande de prisões. Recebo dele instruções e o encargo de agradecer, em seu nome, a um oficial da Marinha reformado que mora no Egito e que conheci no passado. Apesar de tudo, brincamos, nos descrevemos fisicamente um para o outro, a fim de não nos enganarmos quando nos virmos em minha casa... depois, quando "voltarmos a falar de tudo isso"... Porque não quero, não, não quero crer que o executarão e sinto que ele se diverte entrando no jogo, pensando neste futuro que talvez não chegue a ver... Pergunto-lhe se acha que o general De Gaulle assumirá o governo após a libertação. Ele fez a mesma pergunta ao general, que respondeu ser um soldado e nada mais...

Ele pressente que será transferido para Fresnes. Sabe que partirá de forma precipitada e sem aviso prévio. Assim, alegremente, despede-se de todas. Cada uma de nós tem uma palavrinha pessoal. Ele nos agradece pela nossa acolhida, pelas histórias que, afirma, tanto o distraíram e fizeram com que deixasse de pensar em si próprio durante as horas sombrias. Nenhuma amargura, nenhuma sombra de tristeza.

Cherche-Midi, 15 de maio de 1941

Desta vez, é depois da sopa que estes cavalheiros mandam me buscar. No posto da guarda, encontro um indivíduo "à paisana" que ainda não conheço. Ele me pega brutalmente pelo pulso e passa nele uma corrente por cujas extremidades me puxa, como fazem os domadores de ursos. Refeita da surpresa, comento:

— Ao menos assim, todos na rua vão saber que não passeio com um alemão por prazer.

Ele não dá mostras de entender meu francês e me faz entrar apressadamente na viatura que nos conduz, mais uma vez, até a *Sûreté*, onde sou recebida pelo capitão que me interrogou no primeiro dia. Sua primeira pergunta é se entendo alemão. Não titubeio e espero que a datilógrafa-intérprete me traduza a pergunta para depois responder que desconheço totalmente a sua língua. Ele me mostra uma cadeira e faz sinal insistentemente para que eu me sente nela e não noutra. Pressinto uma armadilha. Naturalmente, a cadeira indicada está caindo aos pedaços. Se me sentasse nela, cairia no chão. O cavaleiro teutônico teria rido um bocado e, além disso, esperava me privar de minha absoluta segurança. Depois de fazê-lo entender que sua cadeira estava quebrada, procuro outra, não sem antes me olhar no espelho sobre a lareira e dizer à datilógrafa que gostei de rever a mim mesma e de constatar que o meu rosto não está horrível demais depois de um mês na prisão. O capitão, furioso, pede à moça para me explicar que não estou ali para me divertir. Respondo já haver notado. O interrogatório tem início com um questionário inteiramente consagrado a Jean Paulhan. Nego conhecê-lo, não sei sequer onde fica a rua em que mora... rua des Arènes? Nem sabia que existia uma rua com esse nome em Paris, mas em Nîmes... Quando o capitão me diz que sabe que conheço Paulhan, juro jamais ter ouvido esse nome, no entanto... não existe uma marca de aviões chamada assim... Paulhan? Mas não sou entendida em aviões... Finalmente, ele se dá conta de que zombo dele e me ameaça com a fúria atroz do Terceiro Reich. Diz que Paulhan está preso, algo de que duvido, já que os detalhes que me fornece sobre ele me parecem vagos. Acaba, afinal, me enviando ao comissário que me prendeu, que dá prosseguimento ao interrogatório. Este me cozinha em fogo brando e termina com a tradicional ameaça do revólver, cujo efeito é tão somente me fazer rir, o que o deixa um bocado aborrecido. Sei que eles não cumprem suas ameaças, por isso posso me permitir uma coragem de fachada...

Os retornos à prisão são sempre muito comoventes, como também o são, aliás, as partidas. O corredor se agita. A caminho da saída, ouvimos: "Acima de tudo, aguente firme, negue, não confesse jamais", e quando chegamos: "Correu tudo bem, sem surpresas desagradáveis?" Somos sempre circunspectas quanto às respostas, mas acabamos contando a verdade às amigas através do basculante. A colega em frente faz leitura labial e repassa o que lê para a seguinte. Uma aproveita a experiência da outra. A palavra de ordem para todas é: negar, negar, negar.

Ontem de manhã lavamos tudo, varremos tudo. A visita de um general explica esta agitação inusitada que, no entanto, não nos livrou dos percevejos. Descobrimos que o general exigiu para todas nós um passeio cotidiano.

Assim, vamos sair de nossos armários. As habitantes do corredor descem para o pátio e lá, em silêncio, lentamente, andamos em círculo. Marchamos uma atrás da outra, com uma distância de um metro a nos separar. Muitas de nós vacilam. Estamos desabituadas de andar ao ar livre. Mesmo o ar deste pátio sórdido parece demasiado intenso, e a claridade do dia dói nos olhos. Sinto-me entorpecida e imagino em que estado devem se encontrar Mimi e Christiane, presas já faz três meses! Estão tão pálidas! E o cabelo parece morto. É estranho ver todas essas jovens sem maquiagem. Elas têm cara de mortas. Hoje à noite, a grande brincadeira será nos reconhecermos umas às outras.

— Quem estava de *tailleur* preto? Dèxia?

— Oh! — exclama uma voz. — Eu não a imaginava assim, achava que era gorda e usava óculos...

Ouço uma baixinha perguntar:

— Como é o nome daquela com o *tailleur* marrom com gola de pele?... Agnès... Claro que não, Agnès é mais velha, tem um filho que vai se casar...

E me sinto estupidamente encantada com essa avaliação da minha aparência jovial feita por Jeannot[4], a mocinha de blusa branca, que tem 17 anos, o que não irá impedir que acumule duas penas de morte só para si.

Os dias são ocupados como que por encanto. Os sonhos aqui adquirem uma importância extraordinária. Cada mulher se transforma numa "Intérprete de Sonhos" e fornece explicações mais ou menos engenhosas para o que sonhou na noite anterior. É impressionante ouvir as pessoas que falam dormindo. À noite, pela janela aberta, às vezes percebo vozes de homem... fragmentos de frases incompreensíveis pronunciadas num tom estranho, perturbador. Alguns riem, e é lúgubre. Em geral, todas nós dormimos bem. Efeito do brometo que nos ministram generosamente e que absorvemos, sem notar, na sopa. Tenho direitinho na cabeça, agora, todas as respostas para as perguntas que possam surgir. Tento não pensar mais no "caso". Refaço viagens em minha mente: Grécia, Iugoslávia, Turquia. Revejo os dias tão cheios, tão felizes, com amigos iugoslavos em Dubrovnik. Que terá sido feito deles, desses rapazes repletos de fé entusiasta? Estarão combatendo ou mofando, como eu, inúteis e enraivecidos, entre as quatro paredes de uma prisão?

[4] Jeanne Poulain.

Penso em todos os momentos felizes da minha vida. As horas felizes, sim. As outras precisam ser esquecidas, sobretudo aqui. É preciso esquecê-las sob pena de ganhar rugas. As rugas do rosto são feias; as do coração, mais ainda. Revejo, hora a hora, a minha inesquecível viagem à União Soviética: Kiev, Moscou, Leningrado. Adoraria desenhar camundongos, mas eles não frequentam o nosso andar... Os percevejos, em compensação, abundam. Talvez seja possível treiná-los, já que existem pulgas de circo... Estudo as moscas. Elas têm um jeito tão gracioso de limpar as patas. Nunca temos tempo, na vida normal, de apreciar os gestos comedidos de uma mosca... Passeio mentalmente pelos salões do Museu do Louvre. Tento reconstituir certas telas particularmente queridas. Mas eis que existe um canto, um detalhe, e mesmo às vezes um personagem inteiro que ficou desfocado, ou pior, que desapareceu totalmente da memória. Para ser franca, mesmo sem leitura, sem trabalho de espécie alguma, os dias podem ser um bocado ocupados.

"Os Espinafres, os Espinafres, os Espinafres estão aí." Nosso último achado, entoado com a melodia de *Montagnards*, toda vez que um ruído suspeito de botas se faz ouvir nas escadas.

Estamos felizes, pois Catherine e Christian receberam o perdão. Devem partir em breve para a Alemanha, mas a vida lhes foi poupada.

O jovem Philippe, encarregado da vassoura, entoa mensagens de porta em porta. Vai ser solto. Escrevo para mamãe. Como papel de carta, uso a folha fina que embrulhava o limão, nossa sobremesa no domingo passado. Com a ajuda de um grampo, perfuro as seguintes palavras: "Roupas recebidas, boa saúde, caso sem grande gravidade, beijos." Em seguida, o nome e o endereço. Passo o papel para Philippe, que prontamente o faz desaparecer dentro da camisa.

Sinto uma fome terrível. Não consigo me habituar à fome. Grito para as amigas que pretendo mascar a palha do meu colchão, e todo mundo ri! Por intermédio delas, percebo que pouco a pouco estão me privando de sopa, a sopa que é a base da nossa alimentação. As outras presas recebem grandes tigelas contendo um litro. A mim, em vez de prato fundo, cabe um prato raso e mais ou menos um quarto do volume de uma xícara de chá. Jean-Pierre diz que eles tentam me abater fisicamente reduzindo minha cota alimentar, e moralmente, me privando da leitura e de trabalhos manuais. No final das contas, acho que prefiro este método àquele empregado pelos comissários da pobrezinha da Yéyette.[5] Presa há 15 dias, sua dieta não mudou, mas ela está num buraco negro. No dia em que fez vinte anos, nos perguntou com sua bela vozinha aguda de criança: "Está de dia?", quando manchas parcimoniosas de sol tingiam nossas paredes. Yéyette, segundo seus inquiridores, tem realmente muito pouca memória.

Também inventei jogos. Me entretenho com partidas intermináveis de jogo de varetas, varetas que obviamente são palhas. Foi assim, acho, que o jogo nasceu na Idade Média, com a palha com que se forravam os salões no inverno. O papel que embrulhava o limão desta semana serviu para fazer uma bola. O papel é amarrado com fios de lã arrancados do cobertor. Esta bola é uma incansável fonte de prazer. Jogo pingue-pongue. Meu prato serve de raquete, o adversário imaginário, claro, é a parede que me rebate a bola! Depois, tem o tênis. A bola é rebatida uma hora com a mão esquerda, outra com a direita. Outra distração: contar quantos aviões passam acima de nós durante o dia... Par? Ímpar? É assim que jogo paciência. Depois, conto e reconto pela milésima vez as tábuas do assoalho... uma, duas, três, quatro, cinco, seis, sete... lógico que sei que são sete, o número da sorte.

Outro dia, meu jogo de bola ficou, sem dúvida, barulhento demais. A sra. Blumelein abre bruscamente a porta da minha cela. Ela acha indecente que, na minha idade, ainda se possa brincar. Examina a bola, me pergunta de onde veio, depois manda que eu me dispa e me revista de alto a baixo. Passa os dedos entre os meus cabelos, sem dúvida para se assegurar de que não escondi outros brinquedos... Concluo que deve ser muito perigoso jogar bola na Alemanha. Para me castigar por essa atividade reprovável, me transfere de cela na mesma hora. Me joga com brutalidade numa cela nojenta. Os azulejos se quebraram e foram substituídos por papelão. No chão, há restos de comida que, pelo aspecto, devem ter semanas... e percevejos passeiam tranquilamente. A escuridão é a mesma que a de um forno!

[5] Henriette Dauquier.

Aconteceu como imaginávamos. Daqui a pouco levarão Jean-Pierre. Ele só teve tempo, a despeito das reprimendas dos guardas, de nos dar um adeus coletivo. Alguém começou a cantar: "É apenas um até logo, irmãos..." Tomara que ele tenha ouvido!

Faz pouco, Mimi teve a rara e invejável alegria de ser levada para o banheiro. Nele temos ao mesmo tempo o prazer de tomar banho e ver o que se passa na rua du Cherche-Midi. Numa varanda em frente à prisão, Mimi vê um homem. Esperando ouvir notícias, ela lhe dirige a palavra e não obtém resposta alguma. Insiste e recebe de volta as seguintes pérolas de galanteria: "Ei, cala a boca, cadela... Se não tivesse trepado com um boche, você não estaria aí."

"Isso é o que o pessoal lá de fora pensa de nós", diz Mimi, chorando de raiva...

Cherche-Midi, 6 de junho de 1941

Faz 52 dias que fui emparedada viva, sem notícias de mamãe nem de casa. Às vezes penso que mamãe morreu, depois imagino todas as catástrofes possíveis se abatendo sobre meus amigos: Jean Cassou preso, investigações, revistas, prisões, tortura. Será que "escorreguei" sem saber? Será que disse alguma coisa que indiretamente possa prejudicá-los? Ando na minha cela, da porta até a janela, da janela à porta. Três passos de ida, três passos de volta. Meu vizinho de cima anda de dez a doze horas por dia. Pobre-diabo, não faz a menor ideia de como seu estilo "leão enjaulado" me dá nos nervos.

Léa, que foi minha vizinha logo que cheguei aqui, prometeu mandar notícias para minha família, por intermédio da irmã. Léa é apenas testemunha de um "caso". Tem permissão para ver os parentes de vez em quando e, com frequência, os encarrega de missões. No momento, o comprimento do corredor me separa de Léa. A comunicação é quase impossível, mas ela consegue me fazer saber que tudo vai bem lá em casa, que me mandam beijos e tomam providências a meu respeito... O que podem fazer por mim, santo Deus? Tudo que lhes peço é que vivam... que vivam com o menor sofrimento possível. Encosto a cabeça na porta, o ouvido grudado no postigo. Vejo tudo rodar à minha volta. Sinto calor, depois sinto frio, ranjo os dentes. Está tudo bem, tudo bem em casa. Talvez seja uma fórmula para me tranquilizar. Léa, porém, acrescentou: "Sua mãe está com problemas na vista, como sempre." A irmã de Léa esteve mesmo lá em casa... Está tudo bem, tudo bem!

Cherche-Midi, 8 de junho de 1941

O que vai acontecer? É felicidade demais de uma só vez. Ontem, as notícias de casa, e hoje a sra. Blumelein entreabre a minha porta e, com um sorriso meio azedo, me entrega um livro: *A tragédia de Ravaillac*, dos Irmãos Tharaud. A partir de hoje, aparentemente, terei direito a receber livros. Mas essa alegria corre o risco de me fazer esquecer do meu trabalho, o único do dia, que consiste em soar as horas e meias horas. Ninguém na prisão tem relógio. O tempo todo eu ouvia vozes chorosas me perguntarem: "Agnès, que horas são?" Então, assumi a função de relógio. Com a ajuda da minha colher, faço soar as horas na minha bacia de esmalte. Parece que essa pequena atividade fraciona os dias das minhas colegas, que me agradecem, dizem, por ajudá-las a contar o tempo...

Não sou especialmente pudica. As contínuas revistas da sra. Blumelein, que inspeciona até a sola dos meus pés, há muito me despiram do que me restava de preconceito a esse respeito. Ainda assim, essa ausência de pudicícia não impede em absoluto que eu me sinta envergonhada quando, diariamente durante a minha toalete, um clique me avisa que a sentinela levantou a pequena placa de metal que obstrui o postigo. O alemão ouviu o som da água correndo, e seu olho azul se dá ao luxo de observar uma parisiense se lavar com água fria numa horrível bacia de esmalte marrom. Os artigos de higiene se resumem a uma escova de dentes plantada num copo de ração usado pelos soldados. Essa presença, que por dignidade desejo ignorar, me enfurece.

Cherche-Midi, junho de 1941

Com o calor intenso, os percevejos se tornam insuportáveis. Blumelein, que Dèxia acaba de batizar de "Florida", diz que a temperatura chega a 45 graus em nossas celas. Ela se pergunta como não sufocamos. O odor fétido que emana dos nossos baldes higiênicos é abominável. Como nos livrar destes recipientes que contêm a água que nos lavou, que lavou os nossos dejetos cotidianos? Para coroar, a maioria dos baldes não fecham direito. Os nervos de algumas mulheres não "aguentam" mais. Hedwige, a polonesa, tem uma crise atrás da outra. Uiva como um cão, e a ouvimos rolar de um lado para o outro no chão, jogar-se na mesa ou no tamborete. À noite, em meio ao silêncio, esse ruído é terrível. Marie, uma outra polonesa que vive pertinho de mim, enforcou-se com a ajuda de um novelo de lã de tricô firmemente preso ao gancho da janela.

Cherche-Midi, junho de 1941

Ensaiei tudo. Parece impossível obter das "autoridades ocupantes" o empréstimo temporário de uma tesoura para cortar as unhas. As minhas estão tão compridas que fazem concorrência com as das damas chinesas do Velho Regime. Meus dentes não conseguem mais roê-las. Tento rir disso, mas sinto dor realmente, tanto nos pés quanto nas mãos. Explico à sra. Blumelein que o comprimento das minhas unhas é tamanho que elas se tornaram verdadeiras armas e que estou pensando seriamente em tentar uma fuga, auxiliada por essas ferramentas perfeitas. A sra. Blumelein esboça um pálido sorriso e me garante, como todo o pessoal sob as suas ordens, não dispor de nenhuma tesoura... E a porta se fecha novamente diante de Agnès-das--unhas-compridas!

Cherche-Midi, 22 de junho de 1941

Ao servir a sopa, a prisioneira de serviço me diz rapidamente, pela fresta da porta, que os russos entraram na guerra às cinco horas da manhã de hoje! Ao que parece, foram os alemães que deslancharam a ofensiva. Não sei de mais nada, mas estou louca de alegria. Não consigo ficar parada. Ando, pulo, canto... Como vou passar a notícia para as colegas antes do meio-dia? É preciso esperar mais de uma hora! Talvez Paul esteja a par da novidade. Paul, o alemãozinho das brigadas internacionais. Vão fuzilá-lo por estes dias. Se ele sabe, garanto que a morte lhe parecerá menos dura. "Eles" virão, afinal, em socorro da Civilização!

O dia inteiro, pela centésima vez, quem sabe, refaço a minha viagem à União Soviética. Penso hoje em Maria X., conservadora do Museu de Etnografia de Leningrado que, para cumprir o regulamento, prendera sua máscara contra gases no escritório, no trinco da janela, exatamente como fiz no palácio de Chaillot, onde ficou a minha, horrorosa. Ela me disse: "Sabe, somos parecidas, estaremos juntas na luta..." Maria me disse isso em 14 de agosto de 1939... e agora, lá está ela na luta, e eu, aqui, estupidamente amarrada.

Desde hoje pela manhã passei a receber, finalmente, uma tigela normal de sopa e a tomá-la como gente grande. Me pergunto como ainda estaria em pé sem as contribuições de minhas colegas, principalmente de Dèxia. Esta noite, ouvimos se elevar da rua uma belíssima voz de mulher. Com certeza não cantava por dinheiro, mas para algum prisioneiro encarcerado aqui. Tomara que ele tenha ouvido! Imagino sua emoção. Sem dúvida a escolha das canções tem um significado. Outro dia, foram os bretões que vieram nos oferecer um concerto de gaitas de foles e canto. Também eles não queriam ganhar dinheiro.

Cherche-Midi, 9 de julho de 1941

Está chegando o aniversário da minha velha mãezinha. Gostaria tanto de lhe escrever! Há quase três meses nada sei dela, salvo que está viva. Eu, que sempre me mantive em contato com aqueles que amo via correio, telégrafo, telefone! É como a greve de fome. Somos torturados nos primeiros dias, mas depois, pouco a pouco, a gente se habitua, o mal se torna surdo, ficamos entorpecidos. Hoje, estou pensando mais que de costume na minha velha mãezinha. Então, Blumelein abre a porta da minha cela e, com um sorriso meloso que não me diz nada de bom, me entrega um envelope, uma folha de papel e dois lápis... "para o caso de um deles se quebrar", diz ela. Explica, de um jeito meio obscuro, que o "capitão" quer me agradar devido à minha conduta exemplar e à boa impressão que tem de mim. Para provar sua estima, vai permitir que eu escreva para minha mãe. Blumelein também me diz que o soldado de guarda tem ordens expressas a meu respeito e pegará a minha carta às cinco horas. Essa solicitude intempestiva não deixa de me preocupar. Escrevo uma carta em que os parabéns inofensivos acompanham alguns comentários sobre a sua saúde.

Conforme o combinado, a sentinela pega a carta às cinco horas. Dez minutos depois, vêm me buscar. Lá embaixo, dois comissários me aguardam numa sala. "A caligrafia é a mesma, não há a menor dúvida", dizem. E me mostram várias cartas minhas endereçadas a Friedmann. Eu as identifico. São as que entreguei a Georges Ithier em fevereiro. Foram encontradas com ele por ocasião de sua prisão na linha demarcatória. Nelas falo de tudo que nos interessa, os nomes estão camuflados. Sou intimada a fornecer a chave para os códigos da nossa correspondência. O que significa o "Círculo Alain Fournier"? Quem são Vige, Tiapa e Jean? Léon? Maurice? Eles riem. Claro que é Vildé o que se chama Boris. Quem é Jacqueline H.? E o sr. e a sra. Lucien F.? Esses últimos não estão diretamente implicados no "caso", mas se eu responder, talvez invadam a casa deles, quem sabe eles guardem algum panfleto ou tenham outra atividade qualquer que desconheço. Não há outra coisa a fazer: "bico calado", como se diz nas altas rodas. Gritos, ameaça de morte iminente. Não faço menção de reagir. Então me dão a entender que, se eu não falar, pegarão mamãe. A ameaça faz parte da rotina. A única maneira de evitar que a cumpram é fingir indiferença.

— Ora, o que querem que eu faça? Podem pegá-la.

Mamãe tem 73 anos, está doente e praticamente cega.

Eu disse: "Podem pegá-la." Eles responderam que iriam até a casa dela na mesma hora. Custei a dormir na noite passada. Meu sono rápido foi entrecortado, povoado de pesadelos horríveis. Vejo mamãe sendo levada pelos alemães, vestida de branco, seus olhos não passam de buracos escancarados dos quais o sangue escorre sem parar. Não faço outra coisa senão pensar no sr. Lewitsky, o pai do nosso amigo. Ele tem 77 anos, desconhece por completo a atividade do filho. Trancaram o infeliz em Cherche-Midi durante dois meses para conseguir confissões de Anatole Lewitsky. Será que ele cedeu? Claro que não...

Os dias passam. Perguntei à enfermeira, "irmã" Lia, uma báltica esquiva, se não haveria em algum lugar na prisão uma senhora bem idosa quase cega. Ela responde que não, e tenho certeza de que não está mentindo. Mas existem muitas outras prisões. Minha ansiedade ainda não passou, mas, pouco a pouco, diminui.

Somos feitos de quê, afinal? Em meio aos piores tormentos morais, encontramos ainda um jeito de rir, de rir de coração leve. Hoje de manhã, da minha porta, assisti a uma cena cômica. Nosso guardião instrui um "novato". Ensina-lhe o duro ofício que consiste em vigiar mulheres trancafiadas em armários nauseabundos. Explica que quando ele aparece, nós gritamos "vinte e dois", que significa "*zwei und zwanzig*". Por que gritamos "*zwei und zwanzig*"? Mistério! E solenemente oferece explicações, mas nenhuma satisfaz. Ele conclui dizendo que é preciso curvar-se às evidências: "Vinte e dois" quer dizer "atenção, a sentinela chegou".

É pelas pequenas coisas que compreendemos, que medimos a extensão da nossa solidão física, da qual, no fundo, sofro bem pouco. Entretanto, ontem, descendo a escada para fazer o que se convencionou chamar de "passeio", Jacotte apertou a minha mão ao passar, apertou minha mão sobre o corrimão da escada. Não consigo esquecer essa sensação cálida, essa sensação física de carne humana roçando a minha pele. Uma carícia, após três meses de solidão absoluta, fica marcada. E o prazer que se sente revela o deserto em que se vive aqui. O mesmo acontece com a feiura e a sujeira reinantes. Acabamos, com o tempo, não prestando mais atenção. Ainda assim, eu, que não choro nunca, que não derramei uma única lágrima depois de ser presa, comecei a soluçar como criança ao receber, trazidas pelo guardião (um pobre-diabo, esse aí), duas flores enviadas por Jacotte. Uma rosa vermelha e uma centáurea-azul. As cores de Paris! Eu não via o menor pedacinho de verde, o mais ínfimo vestígio de natureza há mais de três meses. Bastam duas flores mandadas por uma amiga gentil para romper meu equilíbrio, minha indiferença fingida!

As meninas do corredor estão desoladas, deprimidas. Os reveses russos abateram seu moral elevado. Há seis semanas, elas anteviam uma vitória imediata dos russos. Algo próximo de um milagre. E agora, a tomada de Smolensk foi confirmada; Kiev, aquela cidade linda de que tanto gosto, está momentaneamente perdida. A entrada em Moscou e a entrada em Leningrado são favas contadas. Sabemos que mesmo que Moscou caia, a guerra continuará. A vitória vai demorar mais, porém não será menos completa. Sabemos disso, nós, as mais velhas, e tentamos convencer as garotas cuja ansiedade e confusão entendemos.

Dèxia foi solta. Defendeu-se com uma postura notável. Fez chegar a mim uma parte de seus "tesouros". Pinça de sobrancelhas, bicarbonato e alguns produtos farmacêuticos. Todas as "liberadas" deixam assim seu legado para as companheiras que permanecem nas sombras.

Conseguimos, afinal, distrair as mais melancólicas, as mais afetadas pelos desastres do "Leste". Ontem nos trouxeram uma "novata". Ela chora sem parar. Chora, não. Urra e soluça a noite toda. Mimi, exasperada, grita: "Se ela continuar assim, enfio a minha cabeça no balde e fecho a tampa." Rebelde diante de todas as palavras de consolo habituais, a "novata" não responde a nenhuma das nossas perguntas e continua a soluçar mais forte ainda... Finalmente, alguém lança mão do argumento definitivo:

— Sabe, eles nunca executaram mulheres, ao menos até agora.

Mesmo essa garantia não acalma a desesperada... Só de madrugada, ela consegue, afinal, falar:

— É o seguinte: eu tinha um porco. É, um porco. Moro no campo... Não sabia que a gente não tem o direito de ter um porco sem dizer a "eles"... Tem mais, batizei esse porco de "Hitler". Não sabia que a gente não tem o direito de pôr o nome de Hitler num porco... Foi por isso que me trouxeram para cá... E agora, o que vão fazer comigo?

Não conseguimos responder porque fomos tomadas por um ataque de riso... Ela bem que entendeu o que fizeram com ela, a pobrezinha... Batizar com esse nome o próprio porco não custa hoje mais que uns nove meses... Tem gente aqui que diz que nem chega a tanto... Todo prazer tem seu preço!

Cherche-Midi, agosto de 1941

Já faz alguns dias, fala-se na nossa transferência para a prisão de La Santé. Todo o corredor está em ebulição. Garantem que estaremos menos mal-instaladas do que aqui. Que teremos mais ar. Não há palavras para descrever como as meninas se divertem com a perspectiva de fazer a viagem num "camburão".

IV

A PRISÃO DE LA SANTÉ

La Santé, 27 de agosto de 1941

Há 25 anos eu não via a prisão de La Santé. De lá para cá a hera cresceu, emprestando um ar acolhedor e provençal a este pátio que me parecia tão inóspito em 1917! Naquela época, eu frequentava a Santé para visitar meu pai[1] quando foi preso. Nem desconfiava então que voltaria aqui um quarto de século mais tarde, num camburão, cercada de soldados alemães!

Fui instalada no térreo, cela 32. Primeira divisão. Minha cela é grande, arejada. Nada de balde higiênico, mas sim um urinol. Não faltam, porém, a tradicional caneca de pó de pedra e a bacia de esmalte marrom. Batizo imediatamente meu tamborete de "Médor", pois ele é preso à parede com a ajuda de uma corrente grossa, que afinal é fácil de desatar sempre que desejo usá-lo para olhar pela janela, da qual vejo o pátio.

Há silêncio nas celas de La Santé. É praticamente impossível a comunicação com os colegas, salvo por intermédio do pessoal de serviço ou algumas frases apressadamente lançadas ao pátio. Conversas, porém, estão fora de cogitação.

Na noite da minha chegada, Florida entra em minha cela, como ótima anfitriã que é, para saber se estou satisfeita com as minhas acomodações. Ela bebeu. Estou deitada. Ela se senta na minha cama e começa a acariciar meus cabelos. Não sou especialmente corajosa e tenho dificuldade para superar meu medo, para manter o sangue-frio e para, com firmeza, fazê-la entender que aquilo que procura ela terá que buscar noutro lugar...

---

[1] O senador Charles Humbert.

Prisão de La Santé, outubro de 1941

Os dias passam com tranquilidade. Recebi lã e pano de casa. Tricoto, costuro, leio. À noite, ouço a conversa dos homens do outro lado do pátio. Tento falar com eles, mas não consigo me fazer ouvir. Fiquei sabendo da tentativa de assassinato de Laval. Infelizmente, ele não morreu! Um senhor, tipo "bem-posto", passeia no pátio no domingo. Seu guarda é bem distraído. Ele aproveita para me jogar chocolates deliciosos e me dar notícias. Segundo ele, a situação foi sanada no Leste.

Fui interrogada pelo promotor, que alegou querer me conhecer antes do julgamento. Fez grandes elogios às mulheres francesas e me disse que, se o Exército francês contasse com mulheres em vez de homens, os alemães jamais teriam entrado em Paris. Tenta me fazer crer que fui denunciada por Pierre Walter e diz que sou acusada de fornecer informações militares. Sorrio, porque sei que disso ele não tem prova alguma contra mim e, quanto a Pierre, conheço sua lealdade total. Pede que eu lhe dê informações sobre Jean Cassou, do qual, naturalmente, jamais ouvi falar. Os danos nesse caso não devem ser muito grandes, já que meu inquiridor desconhece tanto seu prenome quanto sua profissão. Nenhuma alusão aos Duval, a Friedmann nem a Pierre Brossolette. Estão todos livres, que alegria! Ele tenta me fazer falar sobre a minha vizinha de cela em Cherche-Midi, Renée Guitton, e não sente vergonha de me recitar uma lista de boatos idiotas colhidos a meu respeito no corredor da prisão por seu serviço de informações. De modo geral, é meloso, obsequioso, gordo e imbecil.

Recebi a visita de mamãe, pude conversar com ela durante 15 minutos. Física e moralmente ela está bem melhor do que há um ano. Parece convencida de que serei solta em breve. Temo uma reação violenta da sua parte quando souber que não voltarei tão cedo assim.

Prisão de La Santé, novembro de 1941

Já faz quatro meses que estou na Santé. Os dias se sucedem, silenciosos e quase idênticos. Algumas grandes alegrias, como a entrada dos Estados Unidos na guerra e notícias bem melhores do *front* russo. Pude ver Yvonne Oddon no pátio. Ela me disse que o nosso processo vem sendo adiado de semana em semana. Tempo a ganhar para os homens, que, coitados, não se darão tão bem quanto nós.

Ouvi gritarem no pátio que Jean-Pierre foi executado em agosto. Não posso acreditar nisso. É estranho como a minha mente se recusa a aceitar as más notícias! Elas me parecem inacreditáveis. No entanto... Será possível que d'Estienne d'Orves não mais exista? Que todo o seu heroísmo tranquilo se encerre aqui? Penso nas suas confidências sobre o tratamento odioso que lhe deram em Berlim, para onde o arrastaram assim que foi preso. Os castigos que aguentou por lá, quando ainda sofria um bocado por conta dos ferimentos na cabeça, recebidos por ocasião de sua dramática prisão em Nantes. Eles o puseram numa cela sem colchão, sem mesa nem tamborete, e seu balde não tinha tampa. Só quem já esteve preso sabe o que significa um balde sem tampa numa pequena cela mal-arejada. Ele ficou cerca de um mês em Berlim antes que o trouxessem de volta a Paris. No trem para cá, foi instalado na primeira classe, o oficial que o acompanhava lhe ofereceu charutos... Depois, sem motivo algum, ao chegar em Cherche-Midi, ficou um mês trancado na solitária antes de ser acomodado em definitivo na cela da qual, para nossa felicidade, conversou tanto conosco.

Prisão de La Santé, 15 de novembro de 1941

O frio é intenso. Para aquecer meu moral tenho somente algumas brincadeiras, supremo egoísmo, saboreadas por mim mesma apenas. Uma guardiã vem me perguntar, bloco e papel na mão, se sou judia. Volta três vezes, três semanas seguidas, e reclamo que essa pergunta é sempre feita, invariavelmente, às segundas-feiras às dez da manhã. Na terceira negativa, digo:

— Garanto, minha senhora, que não tive tempo de me converter ao judaísmo nessa última semana.

A mulher me olha, desconfiada, por cima dos óculos, e vai embora sem sequer esboçar um sorriso.

Recebi a visita da advogada contratada por mamãe a conselho de amigos. Ela é deslumbrante, tem uma elegância ostensiva e excêntrica. Será que meus parentes imaginam que seus belos olhos seduzirão meus juízes? Ela me informa, rindo despreocupada, que falou com o promotor a meu respeito e que este pediu para mim a pena de morte... mas isso não importa, acrescenta condescendente, pois as mulheres não são executadas. "Você irá para a Alemanha, só isso." Respondo que nada fiz para merecer tamanho rigor, mas, adotando de repente um ar grave, minha bela advogada quer saber por que fui me... me meter com gente desse tipo... agentes da Inglaterra, minha senhora, agentes notórios. No-tó-rios... Eu devia, é claro, ter me aconselhado com esta muito dúbia sra. Christo antes de começar a trabalhar contra os alemães...

Prisão de La Santé, 20 de dezembro de 1941

Hoje de manhã vieram me dizer para aprontar imediatamente a mala. Vou ser transferida para Fresnes para o julgamento.

No camburão, Yvonne e eu entabulamos uma conversa agradável. Seu moral é magnífico e em tudo ela vê o lado cômico.

V

A PRISÃO DE FRESNES

Prisão de Fresnes, 20 de dezembro de 1941

Somos instaladas em Fresnes, na ala dos homens, 1ª divisão. Minha cela é a de número 59. Aqui faz um frio implacável, glacial. Entre meio-dia e duas horas, ouço Pierre Walter e René Sénéchal falando um com o outro. Eu adoraria tomar parte na conversa dos dois, mas como neguei conhecer Pierre e não confessei ter visto o "Garoto", salvo uma vez, acho mais prudente ficar calada. Ainda mais que as duas celas vizinhas à minha estão vazias e podem, não se sabe quando, enclausurar uma "mosca leva e traz". Cantarolo o último verso da canção composta por Yvonne Oddon em Cherche-Midi:

...Se você tem segredos (bis)
Evite revelá-los (bis)
Há um inseto que prolifera
É a mosca das celas
Ela ouve e conta tudo
Que é dito por baixo das portas
Ela ouve e conta tudo
Que é dito pelo buraco da fechadura
Trá-lá-la, trá-lá-lá
Trá-lá-lá, trá-lá-li, lá-lá! (bis)

Prisão de Fresnes, 25 de dezembro de 1941

Sinto um frio atroz. Meu guardião, um austríaco, ex-combatente da guerra de 1914-18 e ele próprio ex-prisioneiro político, tenta me demonstrar sua solidariedade.

Hoje de manhã, ele me disse que era Natal e que, como ele, provavelmente tenho filhos, mas que não devo ficar triste. Ao mesmo tempo, me entrega dois romances policiais e me faz prometer lê-los. "Para não pensar", acrescenta. Ao meio-dia, os soldados no posto da guarda entoam uma canção natalina. O "sargento" manda, grosseiramente, que se calem. Castiço, esse sujeito! Eu o escuto a toda hora bradar piamente "*Heil Hitler!*", e obviamente deve achar indecente que seus homens cantem assim em homenagem ao nascimento de um judeu impuro.

Prisão de Fresnes, 1º de janeiro de 1942

O rapazinho de serviço, que me entrega minha tigela e recolhe meus dejetos toda manhã, me deseja alegremente "um feliz Ano-Novo, a libertação e a vitória". Com o consentimento do nosso guardião, aperto-lhe a mão e lhe passo chocolates, pois faz algum tempo recebo comida de casa, embora morra de medo que Pierre e mamãe estejam se privando dela em meu benefício! Pierre Walter, coitado, não recebe nada, e o escuto dizer que sente muita fome. Acrescenta rindo:

— Tomara que me fuzilem logo, que não me deixem morrer lentamente de fome.

É terrível, não posso fazer nada por ele!

Meu simpático guardião me transfere para a cela 70. Acha que nela faz um pouco menos de frio, mas me parece que a 70 é igual à 59. Quando ele entra, apesar de suas luvas e casaco, finge tremer e às vezes chama um colega para mostrar o desconforto que o Terceiro Reich oferece aos prisioneiros políticos.

A água brota da parede e ali congela. A quantidade de lesmas impressiona. É uma distração enorme organizar corridas de lesmas e apostar comigo mesma quem chegará em primeiro lugar a esta ou àquela mancha, a este buraco ou àquela pichação na parede. Minha cama não é úmida, mas efetivamente encharcada. A despeito das meias soquetes de lã, meus dedões enegreceram. Suponho que já começaram a congelar, mas tudo bem. Unto-os com a banha que me trouxeram ontem no jantar e acho que vou melhorar logo. Começo a me perguntar se o nosso processo não terá sido adiado para as calendas gregas. É enervante pensar diariamente: "Será que é hoje?" Não há biblioteca aqui, mas nosso bom austríaco me traz livros. Ando mergulhada atualmente em volumes salteados de Alexandre Dumas. É absolutamente apaixonante, não penso em outra coisa senão nessas intrigas rocambolescas...

Prisão de Fresnes, 8 de janeiro de 1942

Meu guardião mete a ponta do nariz pelo meu postigo e anuncia que o julgamento está para começar: até que enfim!

Às oito e meia, ainda não é dia no corredor. Lâmpadas azuis lançam uma luz triste e irreal a espaços regulares. Retiram-nos, um a um, das celas e nos posicionam de ambos os lados do corredor, separados por uma distância de apenas dois metros. Como somos numerosos! Muitos eu não conheço. Jamais vi este senhor que parece um grande mutilado. Ele anda com bastante dificuldade, chegam a deixar que Pierre Walter o ajude. Chamam-no de Andrieu, nunca ouvi falar dele. Vejo Vildé na penumbra. Ele sorri para mim. Envelheceu e parece ter perdido um bocado de seus belos cabelos louros. Lewitsky emagreceu; Müller, o livreiro, continua o mesmo, elegante, cabelos grisalhos, jaquetão cinza, gravata cinza. Yvonne Oddon está com boa aparência e vislumbro pela segunda vez Sylvette Leleu — uma mulher bem bonita —, sobre a qual pouco sei, exceto que administra uma garagem em Béthune, que "trabalhou" admiravelmente bem e que tem uma coragem excepcional. O "sargento" conta e reconta os presos. Ao todo, somos 18. Ele está atarefado e, é claro, comicamente solene. Avisa que vai permitir que o sr. e a sra. Simonnet (que não se veem há um ano) se beijem e, voltando-se para os interessados, manda que cumpram sua ordem. Faz-se silêncio. Então, o "sargento" lhes diz, afinal, para saírem da fila e se beijarem. A ordem é executada diante de seus 16 "cúmplices" que riem às gargalhadas. O "subalterno" nos lança o olhar enfurecido de quem não consegue entender em absoluto a nossa hilaridade.

Cá estamos cercados de soldados armados. Dá para sentir que "eles" desejam nos impressionar. Através de longos corredores escuros, nos conduzem a um patiozinho em que foi montada uma tenda militar que parece nova em folha. Forraram o interior com um pavoroso papel de parede verde com desenhos à Luís XVI. A bandeira hitlerista adorna a parede do fundo e diante dela vê-se uma mesa, que provavelmente acomodará em breve os oficiais, também coberta por uma bandeira. À direita, outra mesa, nua. É a dos advogados. Em frente a essas duas mesas, 18 cadeiras — cadeiras feias de madeira clara, pretensiosas, de estilo "moderno", para salas de jantar de burgueses provincianos. No centro da tenda, uma imensa estufa para aquecer, novinha. Nenhuma foto de Hitler nas paredes. Terá sido esquecimento? Em compensação, há um mapa da França em que se veem traçados vários itinerários em cores diferentes. Os de Vildé e do "Garoto", sem dúvida, e talvez os de Ithier. Nossos juízes surgem em meio a um grande barulho de botas, armas e uma comoção de advogados atribulados. Noto no meio dessa gente toda um soldado francês com um uniforme tão bem-cortado que deve ter sido feito sob medida... Ostenta uma cruz de guerra. Carrega com grande cuidado duas valises — nossos dossiês e provas da acusação —, faz reverências aos alemães, evitando nos dirigir um olhar que seja. Será que não existem puxa-sacos no Exército alemão e é preciso buscá-los no que restou do Exército francês? Suponho que este fantoche elegante deve ser "filhinho de papai" na vida civil!

Abaixando-nos para fingir que atamos os cordões dos sapatos, trocamos gracinhas, algumas "piadas" que fazem pensar que vamos passar por uma banca examinadora, o gênero de "piada" que diz respeito ao currículo escolar: "literatura romântica" ou "arquitetura francesa do século XVIII". Só que desta vez não se trata de literatura nem de arte, mas da vida de homens, de homens excepcionais. Embora todos saibamos disso, nenhum de nós quer admiti-lo, nem para si mesmo, nem para os companheiros. O "Garoto" está bem-disposto. Sua advogada (que é a minha) lhe disse que ele não será executado por conta da pouca idade. Os oficiais ocupam seus lugares na mesa vestida de vermelho com a suástica. Eu me lembro que foi Claude Aveline quem disse, no passado, que essa cruz negra nadava em sangue. Eles são quatro: o presidente, alto, magro, jovem, com ar inteligente e distinto; o promotor, que me causou uma péssima impressão quando esteve comigo na prisão de La Santé, e dois assessores, velhos, altos, gordos, cabelo à escovinha, cara suína. Além deles, há um intérprete e um meirinho.

Jacotte, Yvonne e eu arriscamos algumas brincadeiras, em voz baixa, sobre este "Jogo de Massacre", e todos rimos. O promotor manda nos dizer que logo estaremos chorando. Parece totalmente furioso com o fato de não nos deixarmos impressionar por esta encenação. Ao redor de todo o aposento, a intervalos regulares, posta-se um soldado armado. Uma senhora de luto sorri para mim. Não sei quem é. Depois, de repente, me lembro: é Dèxia. Mas sua aparência está tão melhor que em Cherche-Midi que não a reconheci. Está aqui, sem dúvida, na condição de testemunha. Ou será que a prenderam de novo? Perto da porta, uma enfermeira alemã, muito digna, parece aguardar. O que faz aqui?

A sessão de hoje é destinada às formalidades e, antes da sopa, nos acompanham de volta às celas.

Prisão de Fresnes, 9 de janeiro de 1942

O mesmo jogo de ontem.

Qualificação e apresentação dos acusados ao promotor pelo presidente. Ele diz ter 18 "nacionalistas" franceses para julgar. A palavra "nacionalista" me diverte um bocado. Jamais imaginei esse adjetivo aplicado a mim! O presidente sublinha que, dos 18, dez de nós usávamos identidades falsas. Faz aos homens um elogio impressionante, principalmente a Vildé. Chama atenção para o fato de que Vildé teve a força moral para estudar sânscrito e japonês dentro da prisão. Virando-se para nós, comunica seus sentimentos respeitosos com relação a todos. Diz que sabe que nos portamos como bons franceses e que seu duro dever é portar-se, como alemão, à nossa altura. Acrescenta supor que, passado um ano, somos capazes de avaliar, pelo regime ao qual fomos submetidos na prisão, a estima que nutrem por nós... Quanto a isso creio termos permissão para acrescentar um ponto de interrogação (mental, é claro), pois até hoje não notamos nenhum tratamento especial.

Prisão de Fresnes, 14 de janeiro de 1942

Novamente a mesma cena hoje, só que para a leitura da peça de acusação. Creio que ninguém se desapontou. Ouvimos tudo que esperávamos. Eu, talvez, um pouco mais do que imaginava. Sou acusada do "delito" de redigir, editar e difundir o jornal antialemão *Résistance* e do crime de espionagem.

A enfermeira continua em seu posto e o presidente, de modo cortês, pergunta às "senhoras" se elas desejam a presença da "irmã". Só então entendemos, todos ao mesmo tempo, que a enfermeira está presente para nos umedecer as têmporas, caso as emoções do interrogatório nos façam desmaiar. E, com uma gargalhada geral, respondemos ao presidente que qualquer socorro médico nos parece supérfluo, ao que o presidente por sua vez responde, não sem um sorriso, que esta também é a sua opinião...

Prisão de Fresnes, 20 de janeiro de 1942

Os dias passam, tristes, escuros, gelados. O julgamento deve seguir seu curso, pois toda noite, às seis horas em ponto, ouço Yvonne chamar Lewitsky: "Boa noite, Toto." Em seguida, escuto duas ou três palavras que se referem ao "caso". Um conselho, um encorajamento. No silêncio absoluto, essas palavras caem como uma salva de artilharia num funeral. A conversa não tem como prosseguir, pois, imediatamente, ao ouvir esse barulho de vozes, um dos cães policiais late no pátio. Seu latido é seguido pelos de outros cães sujos, em outros pátios, e esse alarido alerta os guardas.

Ontem ouvi os gritos de um homem que era torturado, e quando os gritos cessaram vieram risos, risos grosseiros. Passei o dia todo assombrada por esses dois sons: os gritos, os risos. Impossível decidir qual dos dois soou mais aterrador. Creio que foi o riso.

Do outro lado do pátio (sem dúvida quando os cães se encontram ausentes), ouvem-se nitidamente as conversas dos homens.

— Paul não fala mais... Você bateu na parede dele?

— Bati, não houve resposta.

— Então... aconteceu?

— Parece... Coitado, ele era um rapaz muito bacana.

— Olha, o Louis está avisando que amanhã teremos sardinhas de novo... as defumadas, sabe, aquelas que arrancam o céu da boca...

Para sentir menos frio à noite, cubro a cabeça com uma ponta do cobertor. Meu hálito funciona como aquecimento central. Isso chateia os anjos guardiões, que acham que estou morta e entram em pares ou trios na minha cela com uma lanterna. Suas botas me acordam, e quando me mexo, eles rosnam e fingem verificar a camuflagem da janela.

Há muitos suicídios.

Prisão de Fresnes, 3 de fevereiro de 1942

Finalmente, vêm me buscar na minha cela. Terceiro ato... Meu interrogatório começa. Preciso resolver os mesmos problemas de 15 de abril passado. Felizmente, tenho boa memória. O presidente me faz todo tipo de perguntas sobre as reuniões da rua Monsieur-le-Prince. Nego ter conhecimento de tais reuniões. Ele argumenta longamente, muito longamente, acerca das minhas cartas para Georges Friedmann. Conto "histórias", que, a rigor, podem ser plausíveis. A acusação de espionagem em si carece de provas materiais. Mas existe a questão da mochila deixada na casa de Jean e Colette. Custo a me livrar daquela maldita mochila, mas consigo fazê-lo relativamente bem. Finalmente, voltamos mais uma vez às nossas reuniões na casa dos Duval e passamos, em seguida, às considerações gerais. Ouço o presidente dizer ao promotor: "Estudei tanto este caso do *Résistance* que sou capaz de dizer, com toda a sinceridade, que conheço a vida dessa gente melhor do que a minha, muito melhor do que a minha." Se o presidente tivesse me visto sorrir naquele momento, talvez fosse menos assertivo!

Afinal sou reconduzida à minha cela. Os interrogatórios devem prosseguir assim, um a um, a fim de evitar que ouçamos os depoimentos uns dos outros.

Prisão de Fresnes, 4 de fevereiro de 1942

Hoje de manhã, fui acareada com Müller e Lewitsky. Entendo ser preciso, para que suas "histórias" se sustentem, que eu confesse ter estado com Müller para buscar quatrocentos números do *Résistance*, e havê-los enfiado em envelopes deixados em diferentes caixas de correio. Vejo que essa confissão alivia bastante meus dois amigos. O presidente, então, com uma seriedade que insiste em sublinhar, me adverte que pela última vez vai me pedir para dizer a verdade sobre as reuniões da rua Monsieur-le-Prince, que essa verdade contará a meu favor e que os meus amigos que moram nessa rua, seja no número 28 ou no 30, nada sofrerão em decorrência da minha franqueza. Aliás, se suas atividades são neutras, eles nada têm a temer. Mais uma vez, afirmo não saber de nada. Então, um advogado, um francês, se inclina sobre mim, suave e insinuante: "A senhora está errada em insistir neste depoimento." Furiosa, jogo na cara dele: "Segundo o senhor, vale mais a pena entregar os companheiros, não é?" Um amplo movimento de braços envoltos em mangas volumosas me responde.

Provavelmente foram Jean e Colette Duval que me mandaram as obras de Descartes nesta semana. Será que existe lugar melhor que este para se ler o *Discurso do Método*?

E me habituar a crer que não há nada que dominemos de todo, salvo os nossos pensamentos...

Jamais Descartes foi mais verdadeiro, jamais encontrou discípula mais fervorosa!

Prisão de Fresnes, 11 de fevereiro de 1942

No caminho para a tenda militar hoje de manhã, pude dizer algumas palavras a Nordmann, com quem nunca havia falado antes. Temos uma amiga em comum: Louise Alcan. Explico-lhe que ela divulgava o *Résistance* e louvo a coragem tranquila que Louise demonstrou a partir de junho de 1940. Ele ignorava que a amiga "trabalhava" conosco e parece feliz com isso. Trocamos alguns comentários sobre nossos pequenos aborrecimentos, e lhe digo:

— Afinal, éramos adultos quando começamos a trabalhar...

Essa constatação indiscutível aparentemente o diverte um bocado.

Hoje o promotor fará suas alegações finais.

Em Cherche-Midi, várias vezes imaginei que seria insuportável ouvir a condenação à morte de Vildé, Lewitsky, Walter e do "Garoto", e agora, com a mentalidade que adquirimos, parece que já não sinto mais nada. Estamos num estado de euforia, nada é real. O promotor pede cinco anos de reclusão e requer que a minha prisão preventiva não seja computada. Müller, que se defendeu com rara habilidade, pega apenas cinco anos devido à ausência de provas irrefutáveis. O promotor ataca Nordmann com ódio. Diz que o "advogado judeu" Nordmann teve a baixeza de denunciar a condessa de La Bourdonnaye que o acolheu em casa. O advogado de Nordmann intervém com firmeza e afirma que seu cliente jamais denunciou alguém; que Dèxia foi "entregue", como todos nós, por aquele que "embolsou o preço do sangue". O procurador se enfurece com essa interrupção e, enquanto rumina sua raiva, o presidente, homem honesto, assente com a cabeça e responde ao advogado: "Isso mesmo."

O estado de espírito de todos nós é incrível. Fizeram com que sentássemos, desde a chegada, de acordo com as nossas penas. Na primeira fileira, Dèxia, Jacotte e os outros que serão liberados, depois Jean-Paul Carrier, Müller e eu. Indagávamos um do outro a partir de que lugar começariam as penas de morte. Parecia uma fila na porta da quitanda... A partir de qual freguês não haveria mais produtos para vender? Fico indignada com a minha ausência de emoção, mas absolvo a mim mesma já que, ao que parece, estamos todos assim.

Antes de deixar a tenda, tenho tempo para apertar a mão de Nordmann. Ainda o escuto dizer, com um sorriso puro e belo: "Eles vão me fuzilar, mas não conseguiram me desonrar." E seu sorriso se amplia: "Você tem toda a razão quando diz: 'Sabíamos muito bem o que fazíamos. Éramos adultos.'"

De volta à minha cela, pude agradecer a Georges Ithier, que jamais me incriminou. Ele responde simplesmente: "Vou morrer de cabeça erguida, não falei." Me conta em seguida sobre sua prisão na linha demarcatória, onde simularam executá-lo a fim de fazê-lo perder o sangue-frio.

Prisão de Fresnes, 12 de fevereiro de 1942

As alegações da defesa aconteceram hoje. Quanto menos se disser, melhor. De resto, o promotor fez questão de observar que este julgamento se arrasta desde 8 de janeiro e que ele tinha pressa de encerrá-lo. Claro que não ouvirá os argumentos e, quanto a seus dois assessores com cara de cervos, nunca os vi sair da sua habitual sonolência. Com certeza, estão lá para fazer número.

Troco algumas palavras com Jules Andrieu. Ele foi seriamente mutilado na outra guerra e os alemães lhe demonstram um bocado de deferência. Um colete de couro parece sustentar-lhe o corpo, mas ele não consegue se locomover sem ajuda. "Trabalhou" admiravelmente bem em Béthune, onde é diretor da escola primária. Falamos da possibilidade de sua execução, e lhe digo que eles não ousarão executá-lo. Com um largo sorriso, ele me responde: "Ora, minha senhora, eles ousam qualquer coisa!" E acrescenta com grande simplicidade que será melhor assim, pois acredita estar ficando totalmente paralisado. Durante este ano de prisão, sofreu atrozmente com o frio, e a imobilidade dentro da cela lhe foi funesta. Embora tenha pedido com insistência a presença de um médico, jamais recebeu senão a visita de enfermeiros. Depois, me mostra o retrato dos filhos! Hoje mesmo de manhã, recebeu uma foto recente da filha. Orgulha-se da sua beleza, da sua bela expressão. Está feliz!

Prisão de Fresnes, 17 de fevereiro de 1942

Enfim, o veredicto!

O presidente está pálido, nunca vi um homem tão pálido: ele disse que seu dever de alemão era duro. Hoje, percebe-se nitidamente que suas palavras eram sinceras. Ele sofre por ter que pronunciar uma sentença desse tipo. Estima e admira os homens que vai condenar à morte.

Estamos todos acomodados como no dia das alegações da promotoria. Ele faz sinal para que os liberados deixem a sala. Em seguida, a história é conosco, aqueles que terão uma pena a cumprir: Müller, Jean-Paul Carrier e eu. Depois será a vez dos condenados à morte: Yvonne Oddon, Sylvette Leleu, Alice Simonnet e os sete homens. Jean-Paul Carrier se safa com três anos de reclusão. Müller e eu, com cinco.[1]

O presidente pergunta se alguém tem algo a dizer. Respondo que imagino que ele tenha notado que, em 11 meses, não pronunciei uma única palavra verídica, mas que esse acúmulo de mentiras teve como finalidade acobertar amigos que os alemães jamais pegarão e não me inocentar e, como me dirijo a um capitão, acrescento: "Creio que, apesar das minhas mentiras,

[1] Jean-Paul Carrier conseguiu fugir da prisão de Clairvaux e, depois de sete meses em cárceres da França, chegou à África do Sul; Müller, coitado, foi morto na Alemanha durante um bombardeio aéreo.

faço jus à condição de filha e mãe de um oficial." Ele me responde com um assentimento de cabeça.

Vildé, em algumas frases claras, faz uma bela e humana defesa do "Garoto". Pede para assumir toda a responsabilidade, já que René Sénéchal, garante ele, não sabia o que transportava para a zona livre. Invoca a tenra idade do "Garoto". Em defesa própria, nem uma única palavra. Todo seu esforço não tem senão uma finalidade: inocentar René, salvar-lhe a vida.

Jules Andrieu pronuncia algumas palavras dignas e nobres. Assegura não nutrir, pessoalmente, ódio algum pelos alemães.

Pierre Walter, loreno, voluntariamente se assume francês. Seu último grito será: "Viva a França!"

Yvonne Oddon declara ser filha de um coronel, morto em decorrência de ferimentos, e ter agido como filha de um oficial francês; Sylvette Leleu, com um orgulho impressionante, garante ter querido vingar o marido aviador, morto em 1939.

O presidente ordena que os três futuros deportados se retirem. Me chama de volta, porém, para me autorizar a aguardar na salinha contígua, a fim de poder, dali a poucos instantes, dizer adeus pela última vez a meus amigos. Pronuncia "pela última vez", como se acreditasse nisso, mas eu — nós — não acreditamos!

Meia hora mais tarde, estamos novamente juntos no salão. Vildé acha que será fuzilado na qualidade de refém, pois ontem houve um novo atentado antialemão em Paris. Conta isso com um ar alheio, como se fosse outra pessoa, uma pessoa indiferente. Brinca com Pierre Walter, que lhe diz: "Olhe, acabo de saber que Gaveau conduziu 12 pelo 'trapézio' em Lille." Pierre, então, olha para a palma da própria mão e segue a linha da vida com o indicador direito: "Ela é longa, tudo dará certo." E ri. Depois me pede para transmitir "muitas coisas" à Simone Martin-Chauffier da parte dele. "Ela é tão gentil", acrescenta. Respondo, no entanto, que nós a veremos juntos quando sairmos. Assumindo, de repente, uma expressão séria, ele retruca: "Não, você sabe muito bem, ora, que não a verei mais."

Vildé me pergunta se a minha família tem meios para viver e acrescenta: "Minha mulher está a par. Eles podem recorrer a ela para tudo. Vamos nos ocupar das famílias enquanto vocês estiverem na Alemanha aguardando a vitória." E conclui: "A vitória em 1944." (Essa data longínqua me aperta o coração! Ele profetiza com tamanha segurança!) Em seguida, segurando minha mão e me olhando com seus olhos azuis cintilando de malícia, diz: "Haverá trabalho para você, Agnès, na saída..." E nos beijamos. Em seguida beijo Lewitsky, que conversa sorrindo com Yvonne. Nos levam de volta para nossas celas. No corredor, me viro mais uma vez para olhar Vildé... O meirinho — um soldado alemão — deseja, gaguejando de emoção, que ele seja agraciado em breve com o perdão. Vildé ri, aperta-lhe a mão e, como para distrair o alemão da sua pena, balança os braços da direita para a esquerda, como se faz com uma criança, e os dois riem às gargalhadas.

Lewitsky, Nordmann e Ithier foram levados para um outro lado, restando comigo apenas Pierre Walter, o "Garoto" e Jules Andrieu. Beijo Pierre e o "Garoto", depois hesito: conheço tão mal o sr. Andrieu! Então, assumindo uma vozinha de criança castigada, ele pergunta: "E eu? Não ganho um beijo?" Depois desse beijo, volto para minha cela, enquanto o "sargento" urra que essas despedidas parecem não ter fim e o guarda austríaco bonzinho, com os olhos cheios de lágrimas, me sussurra ao ouvido:

— Gente assim não tem coração!

Trancando a minha porta, ele rumina ainda:

— Não tem coração.

Recebi a visita de Pierre. Me puseram numa cabine com rede de arame e deram uma cabine semelhante a ele. Entre nós, um suboficial alemão finge ler um jornal. Faz dez meses que não vejo meu filho; a luz cai sobre seu rosto e o ilumina de viés. Vejo, em sua testa e no canto dos olhos, pequenas rugas recém-nascidas. No ano passado, Pierre ainda era uma criança. Tenho agora, à minha frente, um homem sobre o qual ignoro quase tudo. Falamos rapidamente, de coisas inócuas. Os 15 minutos passam rápido. Pierre pede para me beijar. Concordo. Durante um instante, ele me abraça e quase me sufoca. Depois, surge o "sargento", como sempre urrando. Apressada me dirijo para um corredor, me engano de direção, volto para onde estava. Vejo que Pierre não se mexeu. Ele me olha. O "sargento" recomeça seus urros e aumenta o tom. Pierre, sem dúvida, acredita que ele vá me bater. Vejo seu rosto se retesar, empalidecer. Mandam, brutalmente, que ele se retire. Jamais esquecerei sua expressão. Deve ser doloroso para um filho ouvir desacatarem a própria mãe sem poder intervir. Eu preferia que ele não tivesse vindo!

Prisão de Fresnes, 18 de fevereiro de 1942

Hoje de manhã, meu guardião austríaco vem me buscar às oito horas. Diz que sou esperada em Paris. Não, a minha mala fica. O que será que querem de mim? Ignoro. Me fazem subir num caminhão, vários soldados nos acompanham. Eles são risonhos, bons meninos. Nos levam ao hotel Crillon. Que alegria é rever a Place de la Concorde! Se ao menos não houvesse essa bandeira ignóbil plantada na fachada do Ministério de Marinha! Sou levada a um pequeno escritório. Dois oficiais ali estão com o promotor. Ele é meloso, insinuante. Faz com que me providenciem uma poltrona e me oferece cigarros, que, é claro, recuso. Em poucas palavras me diz que partirei para a Alemanha, que a vida por lá será dura, muito dura, mas que meu julgamento não é definitivo, não mesmo. Insistindo muito, me garantem que ainda posso ajeitar as coisas. Ele me recorda que declarei não ter redigido o *Résistance*. Se isso é verdade, quem o redigia?

Eu devo saber, ora, eles têm certeza de que estou a par de tudo. Respondo que, na verdade, sei muito bem quem redigia o *Résistance*.

— Então — diz ele com uma expressão estranha de triunfo em seus olhinhos safados como pedras de loto —, então? Então, o que a senhora faria no meu lugar? — Ele sorri.

— O senhor sorri. Faço o mesmo, sorrio...

— Não quer mudar nada em seu depoimento?

— Nada.

— Não valeu a pena fazê-la vir até aqui!

— Valeu. Vi a Place de la Concorde, agradeço ao senhor ter me dado esse prazer antes que eu deixe a França.

Mas esse passeio a Paris serviu para outra coisa. Durante toda a tarde, fiquei mais ou menos livre na sala de espera. Pude prestar alguns serviços a um missionário católico inglês, aconselhar um comerciante judeu de meias de seda com alguns pequenos problemas dos quais se safou direitinho. Conheci uma bela quiromante que lá estava por haver anunciado, um pouco alto demais, a vitória próxima do general De Gaulle e, enfim, pude conversar longamente com o advogado de Pierre Walter, que apareceu por acaso. Ele me disse que é impossível executarem Boris Vildé. Tanto da zona livre quanto da zona ocupada chovem petições em seu favor. Os alemães não podem ignorar os pedidos de clemência assinados por um François Mauriac, um Paul Valéry, um Georges Duhamel. Vildé perdoado, os outros o serão, automaticamente. O dedo-duro, o abominável Gaveau, que jamais vi na vida, será "apagado" onde quer que se encontre. O dr. Wilhelm está convencido disso. Foi com essa garantia que voltei para "casa" em Fresnes.

Prisão de Fresnes, 19 de fevereiro de 1942

Novamente às oito da manhã o austríaco veio me buscar. Atarefado, diz que tenho 13 minutos (que precisão militar!) para me preparar. A porta da cela de Yvonne Oddon está entreaberta. Ela termina de aprontar a mala. Lewitsky está aqui! Foi o nosso guardião bonzinho que providenciou para que ele se despedisse da noiva. Permitem até que Lewitsky nos ajude a levar nossa bagagem até o ônibus. Tenho tempo de beijá-lo, de falar da minha excursão de ontem, de contar que o dr. Wilhelm está absolutamente convencido quanto ao perdão para Vildé. Como é bonito o sorriso nos lábios de Lewitsky ao ouvir isso:

— Nesse caso, então, nem eu nem os outros seremos fuzilados.

E é com essas palavras que nos despedimos.

VI

EM CELA COLETIVA

Prisão de La Santé (de 19 de fevereiro a 16 de março de 1942)

É numa cela coletiva que me fazem passar meus últimos meses na França. Quarta divisão, nº 22. Éramos quatro: Rachel Zalkinoff, Jeannette Février, Andrée e eu. Jamais conseguirei descrever a atmosfera dessa cela 22 após os dias negros, silenciosos e gélidos de Fresnes! Não éramos quatro, mas uma única pessoa. Pensávamos igual, nossas dores e alegrias eram as mesmas. Quando uma de nós recebia um pacote, dizíamos "o nosso pacote". A cela tinha calefação. Era como estar num harém — sem sultão. Experimentávamos novos penteados, maquiávamos o rosto, consertávamos a nossa roupa, líamos, contávamos histórias, montávamos esquemas. Uma vida tranquila. Entre meio-dia e duas da tarde, enquanto uma de nós vigiava, as outras batiam papo com os homens do outro lado do pátio, especialmente com Henri, o jovem eletricista comunista (e judeu ainda por cima, só para irritá-los, dizia ele). Para esquecer o frio e a fome, Henri compunha canções. Cantava *O que você andou fazendo?*, e nós ríamos, principalmente da estrofe "O que você andou fazendo, Agnès?". E tinha também Jean, Jean o estudante, que não parava de perguntar o que fazer para se livrar dos parasitas que o devoravam. Jamais nos cansávamos das brincadeiras dúbias em torno dos pentelhos piolhentos de "Jean, o estudante".

Andrée estava presa por causa dos panfletos gaullistas; Jeannette, operária da Citroën, devido à acusação (não sem motivo) de ser comunista. Rachel era a heroína do grupo. Começava a se recuperar dos pés congelados, negros até o tornozelo. Graças às incansáveis negociações da enfermeira, "irmã" Lia, foi transferida da gélida 1ª divisão para a 4ª, dotada de calefação. Quando chegou à Santé, Rachel sofria de uma grave hemorragia. Naturalmente, segundo o costume, não lhe deram absorvente algum para aparar o sangue e a deixaram cinco dias e cinco noites sem comer nem beber, o que não impedia que a arrastassem diariamente para ser interrogada. Ela viu o pai velho e o irmão serem surrados sob seus olhos por policiais franceses. Ainda assim, jamais vacilou, jamais falou. O irmão, Fernand Zalkinoff — uma personalidade excepcional —, era o chefe de um grupo. Tinha 18 anos e seus seis companheiros, a mesma idade. Haviam provocado o descarrilamento de trens de soldados alemães em licença e queimado a forragem dos cavalos alemães antes de serem torturados e, depois, fuzilados. Vi o capitão, quando este veio até a nossa cela anunciar oficialmente a Rachel a morte do irmão que ela adorava. Foi ele, o alemão, que baixou os olhos, perturbado diante dessa admirável judiazinha comunista de 23 anos. O alemão teria preferido que o recebessem com lágrimas, gritos, palavrões, qualquer coisa, menos com aquele desprezo silencioso. Quando a porta se fechou atrás dele, Rachel disse apenas: "Não acredito que Fernand não pense mais." Foram suas únicas palavras.

Mamãe veio me visitar no dia 10 de março. Perguntei-lhe se as petições haviam surtido o efeito desejado. Mamãe respondeu que nada mais podia ser feito no momento. Fuzilaram todos em 23 de fevereiro. Jean Cassou, na zona livre, foi mandado para o campo de concentração por ordem de Vichy. Não entendi a justificativa da sua prisão.

Rachel foi levada. Dizia-se convencida de que reencontraria os pais. Aparentemente, estavam reunindo todos os judeus em Drancy. Rachel achou que também a levariam para lá: "Eu poderia consolar meus pais." Foi seu único comentário. Nunca na minha vida senti tamanho respeito por uma garota de 23 anos; este é o sentimento — respeito — que supera qualquer outro em mim quando penso em Rachel.

Prisão de La Santé, 16 de março de 1942

Pierre e mamãe vieram me visitar hoje de manhã. Parece que vão me mandar para a Alemanha esta noite. Mamãe se mostrou muito corajosa, animada mesmo. Senti uma gratidão infinita por ela não demonstrar emoção. Pierre também se portou muito bem. Pedimos aos alemães permissão para nos beijarmos. Eles recusaram.

Proibi Jeannette e Andrée de chorarem. Elas me ajudam a fazer a mala. Os homens gritam todo tipo de despedidas gentis, um monte de outras vozes se junta às deles.

A "Gorda Lulu" — magnificamente corajosa: todos os homens de sua família serão fuzilados — desce com a minha mala até o pátio. Ouço dela: "Estou de serviço e por isso tenho o direito de ficar mais um pouquinho com você." Um guarda, o gordo Herr Matz, chora como um bebê, por trás de um lenço quadriculado. Digo a Lulu: "Que porre, essa vagem verde gorda." Mas não é nada disso, aparentemente ele chora por nós:

— Mulheres tão finas, é revoltante serem levadas assim.

Yvonne está comigo. Fazemos a viagem num vagão simples de terceira classe, cujas janelas são gradeadas. Conversamos a noite toda. De vez em quando nos lembramos de velhos clichês que nos fazem rir. Michel Strogoff, que nos fascinava quando éramos garotas. A partida para o exílio. Será possível que escreveram livros sobre isso?... É bem mais simples do que se imagina. Os que deixamos para trás decerto sofrem mais que nós...

VII

OS TRABALHOS FORÇADOS

Prisão de Anrath, 31 de março de 1942

Foi em Anrath que acabamos indo parar.[1]

Durante a nossa inacreditável viagem — 15 dias de Paris a Anrath —, pudemos falar com um companheiro francês. A melhor parte das conversas se deu no camburão que nos levou da estação de Düsseldorf até a prisão. Armand Schmidt já tem uma longa experiência em cárceres alemães. Há 17 meses que o carregam de uma prisão para outra. Esquecemos o nosso lugar de destino. Ao nos ver tentando lembrar qual era, Schmidt perguntou:

— Será que não é Anrath?

— É isso mesmo: Anrath. É muito ruim?

Depois de um breve silêncio, Armand responde:

— É a prisão de trabalhos forçados mais terrível da Alemanha. Prefiro avisar logo, Agnès... É melhor que você já fique sabendo. A comida nem é tão ruim, mas praticamente não há...

— Dão livros para a gente ler?

— Dão...

---

[1] Nessa época, os deportados políticos não eram conduzidos diretamente aos campos de extermínio, mas automaticamente enviados para as prisões alemãs de trabalhos forçados com os presos comuns, o que explica que a minha experiência, igual à de todos os deportados no início de 1942, seja muito diversa da dos deportados que chegaram à Alemanha depois de nós. O destino destes, coitados, com certeza foi muito pior do que o nosso!

— Então não é tão ruim... E o trabalho?

— Vocês vão fazer embalagens de papelão para as grandes lojas.

— Não me parece tão terrível...

— Acontece que o diretor é um sádico. Você vai engolir em seco, Agnès...

É com esse conselho nos ouvidos que desembarcamos, afinal, na estação de Anrath, que parece uma aldeia no meio de lugar nenhum, o que é positivo no que tange a bombardeios aéreos...

Do lado de fora, a prisão tem a aparência de uma fortaleza; o interior é agradável, corredores revestidos de ladrilhos ocres, plantas — uma limpeza extrema —, um silêncio mortal. Ao entrar, ouvi apenas — vindo de um andar mais alto — meu nome... Pronunciado, provavelmente, por uma prisioneira que estendia roupa para secar. Não a reconheci. Quem será?

Nos despiram de imediato. Yvonne e eu havíamos sido separadas... Teria sido bom demais permanecermos juntas! De banho tomado, revistadas e vestidas como "operárias-escravas", parecíamos agora camponesas velhas — muito pobres. Meu vestido já foi um dia de flanelinha. Agora, é um mosaico de tecido escuro; alguns remendos à máquina lembram bordados. A manga esquerda ostenta uma braçadeira amarela — cor da infâmia. Achei que me dariam um casaco, mas não me concederam tal direito. Em compensação, ganho um avental branco, estilo cozinheira. Como roupa de baixo, visto uma combinação bastante remendada e uma ceroula amarrada abaixo do joelho... genuína lingerie de *cocotte*! Em volta do pescoço, uma gravatinha de algodão em xadrez azul e branco. Meu cabelo foi trançado e preso com a ajuda de um elástico. Sou a própria Bécassine[2*], pois com o cabelo relativamente curto, minhas tranças devem medir no máximo dez centímetros. Para calçar me deram, melhor ainda, um par de chinelos de couro preto. "Par" é maneira de falar, pois um pé deve ser 37 e o outro 41. Todos os meus pertences, enfiados de qualquer maneira num grande saco de pano, foram enviados para a minha cela. A "iniciação" correu bem e rapidamente... Foi acompanhada de um baita bombardeio. A prisão tremia toda. A Defesa Antiaérea não deve ficar longe. Nossos amigos ingleses não esquecem de nós. Resta saber o que podem ter encontrado para bombardear neste lugar perdido no nada...

[2*] Personagem de tirinhas cômicas, criada em 1905 para a revista semanal *La Semaine de Suzette*, Bécassine era uma bretã simplória e dedicada que encarnava a empregada de coração generoso. (N.T.)

Minha cela é bastante espaçosa, mas estou só. O silêncio é mortal. Subindo na mesa, posso ver o campo e uma pequena fábrica que aparentemente é um anexo da prisão. O que será que fabricam ali?

A sopa dá a impressão de ser bem-feita. Infelizmente, a quantidade é tão pequena que já sinto pontadas de fome do estômago... Uma francesa ligada ao serviço me informa, da porta, que os ingleses estão em Paris — eu a corrijo, ela fica desapontada. Esfrio seu entusiasmo quando ela me diz que os ingleses desembarcaram na Bélgica e se encontram precisamente a trinta quilômetros da fronteira alemã...

Tenho tempo de absorver o estilo da minha cela: paredes brancas, naturalmente. Não entendo todas as inscrições que leio. Aqui, porém, como em qualquer lugar, as mossas significam alguma data, alguma passagem de tempo. A cama de ferro é arrematada por um colchão bem decente de palha; o cobertor limpo é envolto num edredom de algodão em xadrez azul e branco. O lençol que arremata a coberta é branco. O banquinho e a mesa são de madeira branca, a jarra de pó de pedra da Alsácia, a bacia, de metal. O balde higiênico de cerâmica tem tampa de alumínio. O chão é revestido de ladrilhos ocres. Encostado à parede, um pequeno armário com uma tigela de porcelana branca, um copo, um espelhinho e um quadro mostrando movimentos de ginástica. A cela tem aquecimento. De modo geral, é certamente melhor que na França. A solidão não me mete medo. Se eu tivesse um trabalho manual ou um livro, como a vida seria boa! Infelizmente, não disponho senão de dois objetos, minha escova de dente e meu pente...

Me tiram da cela para me apresentar à diretora. Fazemos uma fila na porta da sua sala. Yvonne está a meu lado, num vestido de algodão, e me diz, sussurrando, estar morta de frio. Tiraram-lhe todas as roupas de lã, logo dela, que é tão delicada, tão friorenta! Ela relaxa, brevemente, a posição de "sentido" para passar a mão entre os cabelos. Uma guardiã a repreende e ordena que retome a postura regulamentar, com os braços junto ao corpo. Yvonne não obedece de imediato, e a guardiã bate em sua mão com uma chave, ferindo-lhe o polegar. Lentamente, Yvonne volta à posição de "sentido", e vejo o sangue escorrer do seu dedo para a mão e, em seguida, para o avental. A guardiã manda trazer um rolo de esparadrapo. Yvonne é medicada, ninguém lhe diz uma palavra... Me enfureço... É a nossa estreia na Alemanha — promissora! Uma fedelha nojenta de vinte anos ousou tocar em Yvonne, ousou fazê-la sangrar!

A diretora pergunta meu nome e, depois de avisar sem rodeios que é bom que eu me porte bem e trabalhe direito, me manda de volta — sob escolta — à cela... Ali eu canto para passar o tempo.

Tenho permissão para escrever para mamãe. Não poderei mandar notícias para casa de novo antes de seis meses. Seis meses... Quem sabe até lá a guerra já terminou! Setembro... Sim, no inverno a guerra terá acabado.

Fui levada à presença de um médico. Antes da consulta, uma espécie de enfermeira me indagou se eu sabia ler e escrever e, diante da resposta afirmativa, quis saber por quanto tempo frequentei a escola. Modestamente, listei meus diplomas universitários, mas ouvi que, a julgar pelo que dizem os franceses, todos nós somos "professores". Em seguida, adotando uma outra linha de interrogatório, ela perguntou se estive presa em meu país, o que me irritou e me levou a responder que, caso se desse ao trabalho de consultar meu dossiê, ela veria que fiquei detida por delito político e não criminal. Ela me liberou com um riso sarcástico. O médico auscultou meu coração, durante dez segundos no mínimo, quis saber se eu sofria de alguma "doença" e, diante da minha negativa, me disse que eu podia trabalhar. Ressaltei, então, que trabalharia de boa vontade, caso se tratasse de um trabalho sedentário, já que meu médico sempre me proibiu qualquer esforço, qualquer atividade esportiva, bem como longos períodos de pé. Uma gargalhada ainda mais sarcástica do que a da enfermeira logo pôs um ponto final à recomendação da Academia de Medicina de Paris.

Passados oito dias, uma prisioneira de expressão doce e inteligente me traz meias para tricotar. Se é isso que eles chamam de "trabalho", não é ruim! Horríveis meias cinzentas arrematadas, no tornozelo, por uma lista vermelha, sinal que distingue os prisioneiros. Essa pequena atividade ocupa meu tempo de maneira mecânica. Minha mente viaja. A vida será suportável. Canto. Passeio para lá e para cá. Então, repentinamente um dia, uma guardiã me atira um par de coturnos enormes. Jamais vou poder calçar botinas assim! A sola é de madeira, bastante usada por alguém que provavelmente mancava do pé esquerdo; o couro, tão duro quanto a madeira... Nunca na vida meus tornozelos aguentarão os canos destes coturnos. A única coisa que eles têm de bom é não serem pequenos demais... Tamanho 44, no mínimo! Consolo-me pensando que podiam ter me jogado em cima um par tamanho 36... Percebo que qualquer reclamação, ainda que justificada, não é tolerada... A guardiã, feroz como um buldogue, me avisa para estar pronta no dia seguinte cedinho, já que partirei "*en kommando*". Ainda guardo um bocado de atrevimento, pois pergunto o que é um *kommando*. Ouço que se trata de um lugar onde me colocarão para trabalhar. Tento descobrir a natureza do trabalho e me respondem que logo ficarei sabendo — não sem acrescentarem à tal verdade um riso cujo som começa a se tornar familiar...

10 de abril de 1942

Éramos cerca de quarenta no corredor, de pé em duas fileiras. É hora da sopa. Recebemos um purê de nabo quase sem cor. Sinto uma fome atroz! Há dois dias estou com diarreia e borboletas negras voam diante dos meus olhos. Esvoaçam, porém não o suficiente para me impedir de ver o rosto de minhas companheiras, das que farão parte deste misterioso "kommando": rostos de retardadas, de miseráveis, de viciosas... No grupo há uma figura charmosa, uma moça loura de olhos azuis. Seu olhar busca o meu. Com uma manobra hábil, aproximamo-nos uma da outra. Arrisco um sussurro:

— Francesa?

Ela responde:

— Belga, prisioneira política.

Aperto-lhe a mão e acrescento baixinho:

— Não vamos nos separar, de jeito nenhum...

Ela parece tão desejosa quanto eu de não ficar sozinha, sozinha em meio a esse grupo de alemãs de rostos enganosos.

Somos levadas para um ônibus. Kate, minha nova amiga, me diz que sabe que o nosso destino é Krefeld — cidade industrial a alguns quilômetros de Anrath. Lá trabalharemos numa fábrica. Concordamos em tomar a firme decisão de não trabalhar numa indústria que, direta ou indiretamente, tenha algo a ver com artefatos de guerra.

O ônibus para diante de um prédio pequeno e absolutamente lastimável, nos fundos de um pátio. A fachada ainda ostenta um cartaz que indica que o local foi uma fábrica de móveis. Fábrica bastante modesta, que decerto pertencia a algum judeu infeliz. As reformas, as alterações que o lugar ainda deve sofrer se encontram em curso. A escada é muito suja e instável, os toaletes rudimentares são de zinco e fazem lembrar um bebedouro para cavalos, com uma torneirinha de quando em quando. Ainda não instalaram as privadas, mas estão previstas. O dormitório está pronto, abarrotado de beliches, que lembram os das cabines de um navio; não há espaço sequer para alguém se mexer. A guardiã ordena que nos juntemos no dormitório, tranca a porta com duas voltas de chave, não sem antes nos prover de um balde higiênico sem tampa para as nossas necessidades.

Kate e eu pulamos num beliche que nos parece relativamente bem-colocado. Pego a cama de cima e ela a de baixo. Conversamos. Condenaram-na a três anos de trabalhos forçados por "ajudar o inimigo". O marido também está preso. Kate não tem notícias dele nem do filhinho, Freddy. Ela e o marido são hoteleiros na fronteira belga-alemã, e a casa deles servia de "caixa postal" para um amigo e cliente, judeu alemão, membro do *Serviço Secreto*. Kate conhecia e aprovava, assim como o marido, a atividade do amigo. Denunciados pelo diretor do Correio da cidade, os dois foram presos quando as tropas alemãs chegaram, em 10 de maio de 1940. Até agora, ela tem sido razoavelmente bem-tratada... Faço questão de frisar que não fui condenada a trabalhos forçados, mas à prisão. Parece que na Alemanha não há distinção alguma. Por decreto, todos os prisioneiros executam trabalhos forçados, seja ou não esta a sua pena... Uma alemã, de rosto bastante delicado, adere à nossa conversa. Fala um pouco de francês. Ariana pura, casou-se com um judeu, o que se tornou crime a partir de 1933. Os coitadinhos acharam que viveriam em paz na Bélgica. Perseguidos pela Gestapo, o marido foi preso, espancado e mandado para a prisão de trabalhos forçados, enquanto ela, por sua vez, cumpre a mesma pena... Estamos muito preocupadas quanto ao trabalho que seremos obrigadas a fazer. Kate e eu nos deitamos em nossas camas, a fim de acalmar um pouco os nervos. Quando abrimos os olhos, uns minutinhos mais tarde, encontramos, ao lado do nosso beliche, um magnífico cocô fresquinho, que com certeza não estava ali um minuto antes. Gritos, indignação das alemãs. Evidentemente, elas nos acusam de ter feito essa gentileza. De comum acordo e sem uma palavra, Kate e eu voltamos a fechar os olhos para provar que estamos acima de tal algazarra... Uma mulher que atende pelo nome de Elsa — eu não reparara nela, que é um bocado bonita — toma nosso partido e decide que não poderíamos ter feito essa lambança, já que não havíamos levantado da cama, e que se a sujeira fosse vista pela guardiã decerto causaria problemas para o grupo todo. Corajosamente, então, munida de um pedaço de papel, limpa o chão ao lado do nosso beliche sem que aparentemente tomemos conhecimento de coisa alguma...

Havíamos notado um segundo dormitório do outro lado do corredor. Um ruído na escada nos faz entender que as habitantes do "apartamento" em frente acabam de chegar. Minutos mais tarde, batem à nossa porta e ouvimos:

— Tem alguma francesa aí dentro?

Respondo...

— Que alegria! Agnès, é você! Sou Denise, a Denise de Cherche-Midi...

É a gracinha da Denise! Fico feliz de ouvir sua voz alegre. Imediatamente, peço detalhes sobre o tipo de vida que se leva aqui — e acima de tudo sobre a natureza do nosso trabalho... Não trabalhamos para a guerra! Utilizam os nossos serviços numa fábrica de seda artificial. Enrolamos a seda em carretéis durante oito horas por dia. O trabalho não é pesado demais, as supervisoras da fábrica são boazinhas. A seda é usada para fazer lingerie, meias. Melhor assim. As instalações são rudimentares, em pouco tempo tudo estará mais limpo. A comida fornecida pela fábrica é boa, bastante farta, não tem nada a ver com a gororoba aguada de Anrath. Tudo isso parece ótimo. Mas quando olho em volta, perco a voz: será preciso conviver com estas mulheres! Brigam sem parar, ameaçam bater umas nas outras. Uma polonesa de expressão especialmente pervertida me confessa, com um sorriso que pretende ser amável, mas é apenas canalha, que tem como especialidade roubar nos transportes públicos de Berlim... Aponta a mulher que ocupa o leito vizinho ao nosso: seu nome é Gertrude e seu rosto lembra de leve os que os pintores primitivos alemães costumavam pintar. Aqueles rostos sem cor, de olhos opacos, cabelos desbotados e uma enorme testa abaulada, lábios sensuais e pescoço longo... Gertrude casou-se com um viúvo. O viúvo tinha um filho de nove anos. Gertrude tanto maltratou o menino que este morreu, o que lhe valeu a condenação a dez anos de trabalhos forçados... Lá adiante, Annie. Vinte anos e nenhum dente. Um riso de pavor. O rosto está coberto de perebas, e as pernas, de feridas purulentas. Sabendo ser sifilítica, nem por isso abandonou seu ofício, contaminando três homens. Denunciada, pegou dois anos de trabalhos forçados. Como será que se pega sífilis? Vai ser muito animado aqui!

A despeito do meu otimismo nato, o ambiente me deixa deprimida. Ainda bem que posso, sempre que quiser, pousar meus olhos sobre o rosto belo e puro de Kate. Ainda bem que falamos a mesma língua, que vemos as coisas do mesmo jeito... Ela estudou a vida toda no liceu de Aix-la-Chapelle, é culta; que sorte enorme a minha tê-la ao meu lado... Sinto um frio na espinha só de pensar em ficar sozinha no meio de toda esta corja! Lisa, que já está cheia de rugas e parece uma bruxa, quer de qualquer maneira me contar sua história... Está aqui, diz ela, por causa de um soldado francês — um prisioneiro gentil que trabalhava na casa dela... Para fazer amor com o rapaz, enfiava-se no porão... Preocupava-se com o basculante e com os vizinhos, que poderiam ver o que não era da conta deles. De tão preocupada com o basculante, Lisa resolveu tapá-lo com a ajuda de um guarda-chuva aberto. Um dia, o guarda-chuva tombou, uma vizinha olhou, contou à Gestapo o que viu e lá se foi o francês preso... Lisa também... Resumindo, por causa do tombo de um guarda-chuva, duas pessoas foram parar na prisão de trabalhos forçados, e ao marido fazendeiro, que não está nada satisfeito, restou o encargo de trabalhar sozinho e cuidar de quatro filhos... "A vida é uma droga", conclui Lisa filosoficamente, me aconselhando com veemência a ficar de pé atrás com guarda-chuvas... Bem ou mal ouvirei, no meio de todas estas mulheres, alguns "casos" bem estranhos! Matéria-prima psicológica em primeira mão — que mina de ouro para um escritor realista, um sociólogo, um psicólogo...

Para almoçar, nos fazem descer a um cômodo batizado de "cozinha", sem dúvida porque existe ali, num canto, um velho forno a gás. As mulheres do nosso dormitório ocupam apenas duas mesas alinhadas junto à parede. Cada uma recebe uma tigela de esmalte castanho e uma colher de madeira. A sopa é boa. As mulheres parecem encantadas, mas comem grosseiramente, como glutões, brigam e fazem barulho apesar das reprimendas da guardiã...

Krefeld, 11 de abril de 1942

Por volta de uma da tarde, recebemos uma ordem para nos preparar. Agrupadas em trios no pátio, lá vamos nós, escoltadas por duas guardiãs e dois cavalheiros que, ao que tudo indica, são guardas da fábrica. Nos obrigam a marchar no meio da rua, como soldados. Não consigo falar com Denise; os alojamentos não devem se misturar... Passamos diante de uma loja de roupas femininas, há uma vitrine enorme, me vejo nela. Esta camponesa velha que claudica, calçada com coturnos ridículos e penteada de forma grotesca sou eu... Preciso erguer a mão direita para me convencer de que a imagem que o espelho me devolve é realmente a minha... Sim, a velha sou eu, pois a velha no espelho da loja ergue a mão direita... Como eu... Minha aparência é igual à de todas estas mulheres, tão feia e tão miserável quanto a delas. É horrível ser humilhada, andar na rua sob a luz do sol desse jeito ridículo! As outras mulheres na calçada — as *ladies* — ostentam belos vestidos, já meio primaveris... Essa espécie de tristeza que me fecha a garganta é pueril. Não há por que me envergonhar de desfilar assim submissa pelas ruas de Krefeld... Sim, é claro, debato comigo mesma, mas se ao menos tivéssemos, Kate, Denise e eu, as cores do nosso país, um broche que fosse, um tantinho que nos diferenciasse das ladras, das assassinas alemãs com as quais nos confundem... O homem (e a mulher) é realmente um ser medíocre, uma vez que para acalmá-lo — para poupá-lo de uma humilhação aguda — bastam simplesmente três pedacinhos de fita grudados com linha!

Mandam que subamos num bonde particular. O trajeto dura cerca de meia hora. O que vemos da cidade me interessa. As casas são harmoniosas, esmeradas. As janelas, muito elegantes — com cortinas, naturalmente —, estão todas floridas. Entramos no campo, as árvores frutíferas desabrocham... Que consolo esta escapada em meio à natureza... Atravessamos uma velha aldeia que conserva a torre de seu castelo feudal, torre que, provisoriamente, se acha coroada por uma construção de madeira... Defesa Antiaérea, sem dúvida. Passada a aldeia, mais um refresco através dos campos. Ao longe, vislumbramos um bosque. Como tudo isso é bonito para olhos que não contemplam a natureza há tanto tempo...

Finalmente, a fábrica. É imensa, cercada de vilas operárias e de outras fábricas. Ao longe, uma grande ponte suspensa. As placas da estrada nos informam que se trata da Adolf-Hitler-Rheinbrücke... A fábrica de tijolos vermelhos engloba vários prédios avantajados, todos muito modernos e esbanjando harmonia. O primeiro pátio é ornado de flores e grama. O prédio principal possui uma torre enorme que me faz lembrar, em escala muito maior, a torre do Palácio Vecchio de Florença... Esqueço a minha aparência física tamanha a felicidade de contemplar algo novo, algo novo que me agrada, porque tudo aqui parece repleto de ordem e harmonia. O pátio em torno do qual as construções se agrupam é sulcado de trilhos — vários vagões de estrada de ferro se encontram ali... Um deles vem da França... "Homens: 40; cavalos em pé: 8." Nem homens nem cavalos, mas toneladas das nossas magníficas batatas... São tantas que os alemães andam sobre elas... Por que se incomodar com isso, a troco de quê? Minha mudança de humor é contida quando vejo ao longe, atrás da fábrica, duas grandes estufas... A fábrica tem suas próprias flores... Acho que na França não existe nada semelhante. Mas deveria existir. Todas essas flores dão um aspecto tão alegre, tão vivaz, tão humano a construções racionais e austeras. A fábrica se chama "Phrix. Rheinische Kunstseide Aktiengeselschaft", mas Kate vai logo dizendo que o nome pelo qual a conhecem é mais curto: "Rheika".

São duas da tarde. Entramos. Na escada, um quadro de avisos. Daqui a pouco tentarei decifrar alguns. Um punhado deles é escrito em francês... Estamos numa sala imensa. A estrutura é metálica, toda pintada de verde, e o chão, esmeradamente assoalhado e encerado. E por todo lado as pilhas de rolos, de formatos e tamanhos diversos, de seda brilhante e alva nos fazem pensar em milhares de noivas. Harmonioso salão branco e verde. Os carretéis giram em todos os sentidos. Obviamente, nos cabe enrolar as meadas de seda, "bobinar". Sou posta diante de uma máquina em que tudo parece girar e mexer com perfeita regularidade. Explicam-me o trabalho... Não parece difícil. A contramestra é amável. Meus pés me doem horrivelmente, terei de ficar horas em pé... Tenho uma ideia: peço permissão para descalçar meus coturnos (meu calcanhar já está sangrando) e enrolar os pés nas gazes de seda jogadas no chão à minha volta. São gazes para acondicionar as meadas. Parecem pernas de meias. Imediatamente me concedem o que pedi. A contramestra chega a dar a impressão de sentir pena de mim. Trabalho sob a supervisão de uma operária alemã. Vai ser duro ficar de pé. Afora isso, acho que serei capaz de aguentar. Kate me faz sinal de que também com ela vai tudo bem. Vejo as operárias civis beberem garrafas de água gasosa — na verdade, temos sede —, sem dúvida o pó da seda que engolimos resseca a garganta. Lá adiante há um pequeno bebedouro, construído de forma bastante engenhosa, que permite beber água sem correr o risco de contaminação. A guardiã me informa com grosseria que esse bebedouro não é para o uso das prisioneiras. Não tenho o direito de me afastar da minha máquina — sob nenhum pretexto. Ela me acompanhará ao toalete duas vezes ao longo do expediente. Só isso. Nos toaletes, nem pensar em beber água. Também é proibido. Passei diante do quadro do mural e pude ler ali um aviso impresso em francês. O texto integral e preciso era o seguinte: "*Existe em Krefeld, na Mittelstrasse, 46, um bordel (casa de prostituição) com moças estrangeiras. APENAS esta casa lhes é permitida.*" Abaixo uma assinatura ilegível de algum "figurão" da diretoria. Faz três horas que cheguei à fábrica Phrix, deixei-me seduzir pela aparência externa, por essa harmonia à qual sou sensível — esqueci-me durante três horas de que estamos na Alemanha hitlerista, onde floresce, ao mesmo tempo em que florescem as plantas que ornamentam a fábrica, a prostituição transformada em instituição municipal, se não nacional, a prostituição e o racismo. "Moças estrangeiras"... Sabemos o que isso quer dizer... Durante três horas me esqueci de onde estava... Lembrei-me agora! Nos concedem uma pausa para o lanche e nos levam, em trios, atravessando o pátio, até um outro prédio. Subimos uma grande escadaria muito elegante. Nas paredes, excelentes gravuras em madeira ilustram contos folclóricos. O salão do restaurante é imenso. Ao fundo, dois pianos, um contra o outro. O salão também serve de cinema. Praticamente não há paredes... Os dois lados da sala são envidraçados e cobertos por cortinas brancas com estampas vermelhas ao estilo tirolês. É uma beleza. Menos belo é o retrato de Adolf que arremata o cenário. Nas paredes, escritos numa caligrafia bastante elegante, conselhos do mesmo Adolf aos operários. Estes textos constituem, juntamente com o retrato, a decoração do fundo do salão. À esquerda, próximo à porta, uma cozinha que percebemos através de biombos de vidro. Enormes marmitas elétricas esquentam a comida de milhares de operários. Os cozinheiros se vestem de branco. Claridade e limpeza evocam a imagem de um fantástico laboratório. Passamos, uma após a outra, por um guichê. Nos servem uma sopa excelente, que tomaremos em grandes mesas de madeira maciça, lavadas depois de cada refeição. Tudo isso é realmente ótimo, sim, mas... Há o aviso na escada do outro lado do pátio: "*um bordel (casa de prostituição) com moças estrangeiras. Apenas esta casa... lhes é permitida...*"

Tudo iria muito bem sem o retrato no fundo do salão, sem os conselhos aos operários, sem prostituição, sem racismo, ou seja, sem Hitler... Não posso me deixar iludir por esta encenação que agrada ao meu gosto de civilizada e acaricia meu senso de estética. As festas hitleristas que vi em Nuremberg — que vi no cinema — eram bonitas... O avesso dessas festas é a guerra, o assassinato de homens, o assassinato da mente.

Às oito da noite, nos dão outra sopa. As porções são muito grandes, as alemãs comem dois ou três pratos. Eu me pergunto como conseguem digerir tão rapidamente tamanha quantidade de comida!

Encarregaram Kate de me avisar que o diretor de Anrath faria uma inspeção e que eu deveria adotar a posição de sentido quando ele passasse. A visita anunciada não tardou. Vejo um indivíduo de jaquetão cinza, chapéu de feltro, insígnia do Partido na lapela. É baixo, moreno, de aparência oriental. Rosto delicado, inteligente. Para à minha frente, indaga com brutalidade por que tirei os sapatos. Explico. Ele responde:

— Muito bem. Você será severamente punida.

E com essa promessa se afasta.

Às dez da noite nosso expediente se encerra. Somos postadas, à espera do bonde, na porta da fábrica. Uma chuva à qual se mistura um pouco de neve nos congela. Estava tão quente na fábrica! Não tenho casaco. Kate finge não precisar do seu — não é verdade, tenho certeza —, insiste e, finalmente, aceito com alegria o que já foi, ao que parece, uma camisola, uma vestezinha cinzenta de mangas curtas.

De todos os lados, os refletores iluminam o céu. Apesar da chuva, espera-se, sem dúvida, um alarme.

Minhas pernas doem um bocado, estão muito inchadas. Faz um ano que não saio da minha cela onde a maior parte do tempo eu passava deitada e eis que de repente me vejo jogada numa fábrica onde executo um trabalho inusitado...

Deito para dormir empilhando sobre os pés toda a minha roupa e a trouxa de palha que me serve de travesseiro. Espero me sentir melhor amanhã.

Krefeld, 21 de abril de 1942

Ontem foi o aniversário de Hitler. Nas fachadas, fotos suas; nas janelas, sua bandeira. Dizem, porém, que ele anda enfrentando motins... Será o vento precursor da revolução? Ao longo de toda a nossa viagem de Paris a Anrath, notamos tanto descontentamento ostensivo...

Os moradores de Krefeld observam com simpatia o nosso lamentável cortejo passar. Anteontem, um senhor posicionado na beira da calçada nos fotografou. Uma alemã espirituosa — e isso existe — conclui que a foto certamente será reproduzida nos jornais ilustrados do país com a seguinte legenda: "Vejam como os bolchevistas tratam suas prisioneiras."

Depois de três dias, recebemos uma nova leva de mulheres, estas de um nível nitidamente melhor.

Elfrida é açougueira. Mãe de quatro filhos pequenos, trocou carne por sapatos para as crianças, crime que lhe valeu dois anos de trabalhos forçados. O marido está no *front* da Rússia. Teve a ousadia de escrever para Hitler dizendo que lutaria melhor se soubesse que a esposa estava livre, seu negócio, próspero, e os filhos, bem-cuidados.

Frau Kaiser já é uma idosa. Adora o marido. Era o aniversário dele. Querendo agradá-lo, ela lhe comprou uma caixa de belos charutos. O fornecedor destes, um prisioneiro francês, usou o dinheiro de Frau Kaiser para fugir... Frau Kaiser ganhou 18 meses de prisão. Terá tempo para aprender que não se deve fazer compras sem usar o juízo...

Ingrid está implicada no mesmo "caso": adora guloseimas e se deu ao luxo, em troca de cinco marcos, de adquirir uma barra de chocolate francês deste mesmo prisioneiro. Ingrid pegou dois anos. Trata-se de uma moça deslumbrante, diáfana e distinta, que poderia ser confundida com a Branca de Neve de Walt Disney. Fala com uma voz doce num alemão correto. Vê-la me acalma.

Hoje de manhã, no banheiro, onde fazíamos uma toalete apressada, esbarrando umas nas outras (como acontece no metrô na hora do rush), uma mulher me perguntou:

— Por que está lavando os pés? Não há homens aqui!

Depois da toalete, voltamos para o alojamento onde estamos trancafiadas. No entanto, a toda hora, a guardiã nos vigia, nos revista, nos repreende. Todos os pretextos são válidos. Ontem, fui tratada como ladra por ter pegado, com a permissão da contramestra, um punhado de restos de seda na fábrica. É praticamente impossível conseguir absorventes e eu contava com os restos de seda como substitutos... Vã esperança! Nossa guardiã se chama Frau Vicom. Frau Vicom tem o tipo físico da Renânia e levaria um susto se eu lhe dissesse que podia posar como modelo para a bela estátua da "Synagogue" na Catedral de Colônia: ambas compartilham a mesma distinção fria e pura. O coração e a mente não são, infelizmente, tão imaculados. Ela quer ser incomodada o mínimo possível: nos leva ao banheiro apenas duas vezes durante o expediente e só se lhe der vontade. Perturbada pela mudança de vida e de alimentação, preciso com urgência ir ao banheiro. Devo, sem dúvida, ter feito uma cara estúpida, pois Vicom chama a colega, Frau Krefradt, para que ela observe a minha expressão, se dobra de rir, e acaba por me devolver com rudeza ao trabalho. Dez minutos mais tarde, não aguentando mais, volto e insisto. Desta vez, as duas não param de mostrar sinais da mais cordial hilaridade. Eu não sabia que era tão cômica. Finalmente, com a maior das calmas, Frau Vicom me acompanha ao banheiro. Uma outra prisioneira, Elsa Hartmann, uma pobre moça estrábica, uma retardada, está com disenteria. Recusam-se a levá-la ao banheiro. Ela se alivia na caixa de papelão reservada aos restos de seda... O odor denuncia Elsa, que leva um par de tabefes.

O tempo voltou a esfriar, trememos de frio na saída da fábrica. Nevou e peguei uma gripe forte. Peço um comprimido de aspirina. Vicom me dá, mas no dia seguinte tenho a audácia de repetir o pedido. O quarto de Vicom fica no hall da escada. Descubro, então, como a nossa amável guardiã se livra dos intrusos. Ouço primeiro que a administração não vai me alimentar de aspirina e depois Frau Vicom me aplica um bom soco no estômago que me faz partir em voo livre pela escada... Consegui me agarrar ao corrimão no meio do caminho e não me machuquei, o que me possibilitou meditar durante o restante do dia sobre o tratamento alemão para a gripe.

Nossa amável Vicom se deu conta de que Kate e eu não nos separamos, que temos prazer em conversar uma com a outra. Não é recomendável, na prisão de trabalhos forçados, dar mostras de que se encontrou algum alívio, alguma satisfação. Vicom chama Kate e a intima a se mudar para o outro dormitório. Fico, então, praticamente sozinha, pois embora possa ver Kate, já não tenho mais oficialmente o direito de falar com ela. Acabaram-se as nossas boas conversas, eram tão agradáveis! Ainda assim, terei o prazer de contemplar seu belo rosto na ida e na volta da fábrica... Já é muito.

Krefeld, abril de 1942

A história dos motins deve ser verdadeira, pois nossas guardiãs acabam de receber sua insígnia de comando — em outras palavras, foram "munidas" pela direção de um bonito cassetetezinho que chamamos aqui de "*gummi Knüpel*". Sentem um imenso orgulho deles. Na rua, levam o cassetete na mão, igualzinho a como faz o marechal Goering... Elas nos informaram que doravante terão direito de vida e morte sobre nós. Veremos.

Faz três semanas que estou aqui, meus pés continuam a me atormentar por causa dos malditos coturnos, mas, felizmente, já não sinto dor nas pernas. As outras mulheres, coitadas, não têm a mesma sorte! As oito horas de imobilidade lhes causam todo tipo de problemas: varizes, úlceras, pernas terrivelmente inchadas nas prisioneiras cardíacas. A guardiã, consultada, diz com um gesto vago:

— Não posso fazer nada!

Evidentemente, vamos em frente. Com frequência somos obrigadas a carregar nossas companheiras à noite, desde o local onde para o bonde até o alojamento. Tenho a leve impressão de que não é bom ficar doente aqui! Uma francesinha, Luce, foi instalada no alojamento vizinho, comandado por Frau Krefradt. Como eu, Luce teve uma gripe, mas precisou ir para a fábrica. Não foi forçada a trabalhar e lhe deram aspirina. Além disso, concederam-lhe o direito, muito invejado, de substituir o mantô, inexistente, por um cobertor. De volta ao alojamento, embotada pela gripe, a pobrezinha caiu dura na cama. Ela dorme na de baixo. Uma alemã, na de cima. A alemã tem incontinência urinária e, de repente, Luce se vê quase afogada...

Uma moça bonita e alta que atende pelo nome de Annalisa tem uma séria crise de salpingite. Ontem, perdeu por completo a consciência, como se estivesse morta. Desta vez foram os guardas que a trouxeram. Estando vivas, precisamos ir para a fábrica! Contudo, minha vizinha de beliche que está com sarna é mandada de volta para Anrath.

Uma operária civil, uma flamenga que não fala francês, me passou ontem um torrão de açúcar. Como me encheu de prazer este gesto de camaradagem! Não devo estar com uma aparência brilhante, e essa mulher corajosa decerto achou que tenho fome. Sofro muito mais por causa do ambiente do que de fome. Cada mulher tem um "caso", um drama criado pela construção deste monumento infernal: o hitlerismo.

Annie, por exemplo, é uma destemida dona de casa alemã que deve ter sido bonita. É casada há 26 anos. O marido é glutão, muito difícil de agradar à mesa. Annie falsificou seus carnês de alimentação para poder satisfazê-lo... Denunciada, foi punida com três anos de trabalhos forçados. O marido pertence ao Partido. Annie acaba de descobrir que está divorciada, pois um nazista não pode ter a honra maculada por uma mulher à-toa... uma criminosa. Claro que o cavalheiro do Partido vai se casar com uma jovenzinha bonita, e Annie chora sem parar. Tem uma crise nervosa atrás da outra. Tento consolá-la, acalmá-la, mas o que fazer quando o único remédio que existe são meras palavras! Tem uma outra que me diverte e me intriga. De que buraco terá saído? Está aqui por roubar uma linguiça num armazém de secos e molhados... Diz que é mascate. Atende pelo nome de Baker. Baker é dona de uma boa cultura musical, canta de um jeito charmoso árias de operetas. Enrolada num cobertor, recita versos clássicos, e muitíssimo bem. É profetisa e lê cartas (embora isso seja punido com um mês de reclusão). O rosto muito vincado denuncia mais de 45 anos, mas cintila de inteligência. Anteontem, ela pôs na cabeça que não iria trabalhar. Mandou às favas todos os seus carretéis. A guardiã percebeu; contramestre, contramestra, guardas, todo mundo grita, urra. Levam a nossa Baker. Sabemos que existe uma cela de prisão na fábrica. No dia seguinte, Baker reaparece, o rosto inchado, um olho roxo... Aparentemente não é recomendável recusar-se a trabalhar nas prisões do Terceiro Reich...

Estamos todas no banheiro... Vicom manda que tiremos nossas ceroulas e passemos diante dela com as calças na mão. Ela verifica os fundilhos de cada ceroula, mais ou menos limpos, nossa mãe! Há mais de três semanas usamos a mesma roupa de baixo e é terminantemente proibido lavá-la... Fico pensando: que capricho justifica este desfile? Pronto, já sei! Vicom procurava manchas de sangue fresco nas ceroulas, pois diante de algumas máquinas notara pingos vermelhos. Quem, pergunto eu, teve o topete de sujar de sangue o sacrossanto assoalho da fábrica? Ninguém, ora! Vicom, essa imbecil, não percebeu que os pingos vermelhos não eram senão do óleo que lubrifica as máquinas. E o incidente se encerra...

Krefeld, maio de 1942

Só se fala nos russos, seremos substituídos por russos! Serão mulheres ou homens russos? E o que faremos quando esses russos chegarem? Para onde iremos? O que será feito de nós? As alemãs inventam histórias inacreditáveis em que o único tema é a libertação. Os russos vão "soltar" as prisioneiras alemãs. Enquanto isso, os dias passam e não se vê mudança alguma.

À noite, quando saímos da Rheika, cruzamos muitas vezes com o *kommando* que vai nos render. No meio de todas as prisioneiras, uma chama a minha atenção — uma francesa cujos olhos cintilam. Ela me grita as "notícias". Descubro que a nossa compatriota é de Tourcoing. Desconheço tudo a seu respeito, salvo que tem um dinamismo maravilhoso e quer compartilhar a alegria, a alegria de sua natureza feliz, com o mundo inteiro. Um dia é Pétain que partiu para a Argélia, no outro, a Itália que está prestes a entregar as armas e, finalmente, Sikorski que falou de Varsóvia. A prova? Não há mais operários poloneses na fábrica...Voltaram todos para casa. Para o desembarque anglo-americano... basta esperar por esses dias felizes e isso ocorrerá muito em breve. Já não creio nessas notícias, mas meu moral é muito bom. Sei que a guerra não pode durar muito mais tempo e que o hitlerismo será destruído por dentro e por fora. O dia em que os russos atravessarem a fronteira, a revolução eclodirá na Alemanha... Já faz anos que nos dizem que tudo está pronto, armas escondidas, planos elaborados, palavras de ordem que aguardam apenas um sinal para serem enviadas aos quatro cantos do país. Sei disso tudo, e ainda assim as "notícias" da senhora de Tourcoing me dão prazer. Adoro ver o brilho de seus olhos negros quando ela chega e grita "Vai tudo muito bem", acentuando misteriosamente o "muito"...

Krefeld, segunda-feira de Pentecostes, 1942

Oh! Que deliciosa e enorme emoção! O tempo está maravilhoso. Pouco antes de partir para o trabalho, subo ao dormitório. Está tudo tranquilo, ouço o ruído de um avião e, automaticamente, ergo os olhos para o céu muito azul, sem uma nuvem. Vejo ali um desenho branco, desenho que o avião acaba de deixar... uma foice e um martelo. Será que algum dia este aviador desconhecido saberá o quanto fez bater de felicidade os corações neste dia de primavera? Será que saberá algum dia o que pode representar para uma prisioneira humilhada, já exausta pelos trabalhos forçados, o emblema do trabalho, do trabalho livremente consentido?

Krefeld, maio de 1942

Agora sei direitinho"bobinar" a seda. Estudo a arte e as formas da sabotagem.

Devemos dar nós chatos, nós de tecelão. Os nós comuns, ao que parece, fazem as máquinas de tecer pularem. Entendi! O interior dos meus carretéis é recheado de nós gordos que causarão problemas, mas o exterior se apresenta perfeito, é o essencial... Ninguém sabe, ninguém viu... Estou bem mais animada agora que sei que nenhum dos meus carretéis presta... Nenhum gerará lucros para o Grande Reich!

As russas chegaram. São ucranianas, todas mocinhas, meninas quase. Naturalmente estamos proibidas de nos aproximar delas, de lhes falar, até mesmo de olhá-las... Apesar de tudo, descobrimos que foram deportadas à força, obrigadas a assinar um contrato de trabalho numa fábrica de... chocolate. E cá estão. Em sua maioria, são lindas. Todas usam o *foulard* nacional ou o lenço branco em volta da cabeça. Têm a expressão amedrontada de pequenos pardais. As alemãs se empurram para vê-las. Muitas, entre as recém-chegadas, ostentam pequenas cruzes penduradas no pescoço, o que causa enorme estranheza nas alemãs, pois as faz rever as idiotices que lhes contaram sobre a vida na União Soviética.

As russas têm uma etiqueta costurada na roupa, um pequeno retângulo de tecido azul com a palavra "Ost" em branco. Dá para sentir que se orgulham dessa distinção, dessa pequena distinção que desejo (mentalmente, claro) desde a minha chegada à prisão. As polonesas parecem envergonhadas, ao contrário, do losango amarelo que as obrigam a usar, losango sobre o qual se destaca um "P" azul escuro. Todos os estratagemas são válidos para livrá-las da marca de sua origem. Por que terão vergonha de ser de onde são? Enquanto enrolo a seda, admiro essas mocinhas da Ucrânia ligadas a seu país, a suas famílias... São tão bonitas, tão puras, tão ingênuas, com suas bijuterias de vinténs e seus pobres vestidinhos. Foram elas que vi em 1939 nos arredores de Kiev, cantando no "colcoz"[3*] a alegria de viver. E agora são escravas...

Krefeld, maio de 1942

Ontem à noite houve sinfonia! Um ataque aéreo formidável sobre Colônia. Os aviões ingleses ou americanos (não sabemos quais) sobrevoaram Krefeld. Contemplo, ajoelhada na cama, junto à janela, o magnífico espetáculo dos holofotes... Os fachos luminosos se entrecruzam no céu muito claro. De repente, um avião fica aprisionado na luz dos holofotes... Os obuses da Defesa Antiaérea espocam à sua volta. Como uma borboleta enlouquecida, uma borboleta muito alva, o avião faz uma manobra súbita, sobe, desce, evita os obuses e, finalmente, oh! finalmente, escapa do raio revelador. Emito um grito, numa voz selvagem: "Eles não o pegaram, os canalhas!"

[3*] Tipo de propriedade rural coletiva na ex-União Soviética em que os camponeses formavam uma cooperativa e repassavam ao Estado uma parte fixa da produção. (N.T.)

As mulheres ficam muito nervosas com o barulho da Defesa Antiaérea. Além disso, sabem que estamos ao lado da estação de Krefeld — o local não foi propriamente bem-escolhido. Não existe abrigo. As guardiãs foram se esconder só Deus sabe onde depois de nos trancafiarem. Se pegarmos fogo, tudo bem. As janelas têm grades... Tento deitar na minha cama, mas alguém chegou primeiro. É a inefável Baker, que me toma nos braços e me chama de sua "pombinha de açúcar". A emoção deixou-a terna demais. Com um safanão, mando que vá procurar noutro lugar aquilo de que precisa esta noite. Finalmente só, pego no sono ouvindo o barulho do intenso bombardeio de Colônia e me pergunto com tristeza quantos seres humanos serão abatidos hoje... No entanto, este massacre tem que acontecer...

Krefeld, junho de 1942

De uma hora para outra começou a fazer muito calor, e a sede se tornou um verdadeiro suplício. A comida é condimentada — condimentos químicos, claro —, e engolimos o pó da seda. É proibido beber água na fábrica. Às quatro da tarde, nos viramos com uma caneca de chá morno. Temos direito ao equivalente a meio-quarto cada... É ótimo, todo mundo bebe no mesmo recipiente de esmalte, que passa dos lábios de uma para os da seguinte... sifilíticas, tuberculosas... Espero que os micróbios se neutralizem uns aos outros! Houve vários casos de angina e um de difteria. Este chegou a ir parar no hospital de Krefeld.

Vicom percebe a nossa sede e resolve se aproveitar disso. Conversamos no bonde? "Vocês serão punidas... três dias sem líquido", e durante três dias somos vigiadas. Durante a toalete, ela não tira os olhos de nós, a fim de nos impedir de beber água. Em seguida, fecha os banheiros e, quando voltamos da fábrica, entra primeiro e cobre com seu capuz a calha da escada, com medo de que roubemos algumas gotas... Depois nos tranca no dormitório. As mulheres, enlouquecidas de sede, batem na porta, suplicam para que lhes deem de beber. Vicom é inflexível. Sempre ouvi dizer que a sede é mais terrível que a fome. É verdade. Mas Vicom não pensou numa coisa. Esqueceu-se da água das privadas! Ela não sabe que o nojo passa quando a língua incha de sede. Assim, friamente, abro a latrina e, na palma da mão, recolho rapidamente um pouquinho d'água... Repetindo a operação duas ou três vezes, alivio um pouco a sede...

Krefeld, junho de 1942

Passando na rua, dois rapazinhos se espantam com a nossa aparência horrível, e um pergunta ao outro de onde vêm essas pobres mulheres. Ouvimos o mais velho responder que a mãe lhe explicou que somos refugiadas cujas casas foram bombardeadas. Por ora nos deram roupas horrorosas, mas trabalhamos na fábrica e logo teremos belos vestidos e belos sapatos como todo mundo... Meninos como esses são raros. Se os adultos em geral nos olham com bondade, os jovens quase sempre nos insultam e nos apedrejam. No entanto, até agora não houve nenhum acidente grave...

Que sorte a minha! Uma permuta, que não procuramos entender, trouxe para o meu dormitório a "senhora de Tourcoing". Ela se chama Betty.[4] Seu dinamismo se irradia. É a genuína artesã francesa, a genuína republicana... Digo-lhe que foi ela quem encorajou os homens no 14 de julho de 1789 a partir para atacar a Bastilha... Betty e eu levamos tudo na brincadeira.

Ela tem um grande senso de humor do qual não sou desprovida... Quando, de manhã, é a minha vez de despejar o balde, trocamos piadas de caserna. O que me agrada em Betty é que ela entende o papel da propaganda francesa. Sempre educada com as alemãs, sabe se fazer gostar por elas — gostar e respeitar —, pois todas sabem por que Betty está aqui. Ela trabalhou bem com os ingleses de Lille, Tourcoing, e foi recompensada com interrogatórios especialmente duros, em que as sovas de cassetete se alternavam com pressões psicológicas... Betty jamais cedeu. O marido, que ela adora, e a mãe idosa a esperam em casa. Jamais deixa escapar uma palavra de tristeza, um suspiro de arrependimento. Sua companhia me consola diante do fato de ter sido praticamente privada de Kate, que, do outro dormitório, só pode falar comigo rara e rapidamente...

[4] Betty Spriet.

As alemãs me apelidaram de "Angélica". Curioso, é preciso pouco para ganhar a confiança destas mulheres simples e quase sempre teimosas ou fechadas. Solidariedade não existe entre elas. Se uma está doente, a outra não pensa em socorrê-la. Pergunto a mim mesma se tamanha indiferença — dentro de uma mesma classe — pode ser vista em outros países.

De manhã, ao acordar, temos direito ao que chamamos pomposamente de "café". Eu o levo às que sofrem das pernas, atenção bem modesta que as emociona um bocado... O "café" é feito numa grande marmita de esmalte marrom que cumpre duas finalidades, já que é nesse mesmo recipiente que uma vez por semana fervemos as toalhas higiênicas que as "safas" tiveram a sorte de conseguir!

Hoje chegou uma novata. Tem vinte anos, é linda... Como é bom descansar os olhos em rostos como este. Nora é holandesa, o pai cultiva tulipas perto de Harlem. Noiva de um alemão antinazista, Nora facilitou sua fuga. Seu sorriso é deslumbrante, os olhos azuis cintilam quando ela diz em seu dialeto alemão-holandês:

— Hitler tomou meu país, minha casa, meu noivo, mas jamais tomará minha mente... Minha mente será para sempre minha...

Essa moça simples fala como Descartes...

Existe uma velha e boa instituição judaico-cristã que se chama descanso semanal... Jamais a reverenciei tanto quanto depois que vim para a prisão de trabalhos forçados, pois aqui não só não descansamos no domingo, como também neste dia trabalhamos de maneira ainda mais estafante. Com efeito, no sábado cumprimos o turno normal de 14 às 22 horas. Até que cheguemos de volta a Krefeld e peguemos no sono, já é quase meia-noite... E no domingo, nos acordam às quatro da manhã, já que temos que pegar o turno de 6 às 14 horas! Ainda por cima, às duas da tarde, o bonde nunca está lá. Temos que esperar de pé, às vezes uma hora, às vezes mais, em fila de três debaixo do sol escaldante. Há sempre quem "caia dura". Quanto às guardiãs, elas nada sofrem — isso é essencial! Sob um toldo na sombra, um banco facilita seus flertes com os guardas da fábrica... É raro chegarmos ao alojamento no domingo antes das quatro da tarde, e nossos pés nus dentro dos malditos coturnos nos incomodam um bocado!

Krefeld, julho de 1942

Obras de aterro estão sendo realizadas no pátio, e — ah! que alegria — os encarregados do trabalho são dois prisioneiros de guerra franceses. Um é da Provence... Prometeu levar notícias às nossas famílias! Luce lhe passa com grande habilidade os nossos endereços. A negociação verbal se dá através da janela do banheiro, no momento em que a guardiã está dormindo! Ontem, o outro prisioneiro, um cara corajoso morador da periferia de Paris, nos vingou direitinho! Vicom, para variar, nos repreendia grosseiramente. Estávamos no pátio, em trios, e aguardávamos a ordem para sairmos andando... Uma voz marota se ergue no silêncio que se seguiu à reprimenda do nosso anjo da guarda:

— Não basta deixá-las com fome, vesti-las de trapos, botá-las para trabalhar como escravas? É preciso que você também grite! Cale a boca, sua vaca velha!

Foi como uma lufada do subúrbio... do subúrbio vingador. Fomos para a fábrica confortadas, um dos nossos homens partira em nossa defesa... Nos sentimos protegidas e menos abandonadas...

Krefeld, começo de julho de 1942

Uma grande notícia, uma ótima notícia, o *kommando* todo está em ebulição. Vicom vai embora. Nossa alegria explode. À noite, voltamos a Ritterstrasse e, para comemorar o acontecimento, partimos direto para o banheiro e bebemos água à vontade...

É Fräulein Oberlack, uma loura gorda, bonachona e doce, que substitui a nossa Vicom. As mulheres lhe contam a bela vida que levávamos. Nossa nova guardiã declara que os maus tempos acabaram e que ela dará um jeito para nos fazer esquecê-los. Está cheia de boa vontade e sentimos que é genuinamente boa. Betty a conhece e a elogia. Afinal, vamos poder respirar!

Só se fala em mudança. Parece que qualquer dia destes o *kommando* vai mudar de domicílio. Betty, que já viu o lugar onde passaremos a morar, o descreve... Trata-se de uma casa enorme chamada Kölping Haus. É, ou melhor, foi, antes de Hitler, uma residência católica para jovens, ao mesmo tempo pensão familiar, teatro, ginásio, restaurante. O teatro foi transformado em dormitório. Dorme-se ali por cerca de dois centavos. Tem-se livre acesso ao pátio, onde, dizem, há uma árvore avantajada. Com esse calor, vai ser agradável pegar uma brisa. Já faz 15 meses que não tenho a oportunidade de me sentar ao ar livre, sob o sol...

Krefeld, começo de julho de 1942

Estamos instaladas na famosa Kölping Haus. Aqui é tão sujo quanto em Ritterstrasse, só que o pátio, para nós, representa uma grande vantagem. De manhã, temos o direito de usá-lo. Nos primeiros dias era como se o ar me embebedasse. E que cansaço! Além disso, a alimentação já não é tão boa — as rações diminuem sensivelmente e a qualidade da comida cai.

A única remessa que temos direito de receber consiste num pente e uma escova de dente... Acabo de receber estes objetos da minha família. O que eu não daria para ver o que estava escrito na embalagem da encomenda, mas me entregaram apenas o pente e a escova, mais nada.

Minha nova contramestra exige que eu faça sessenta carretéis, o que é quase impossível. Digo a ela que assim que a minha vizinha alemã conseguir, vou me esforçar para chegar lá... A donzela ergue a mão para me bater, mas minha atitude sem dúvida a faz mudar de ideia e virar-se contra um infeliz dejeto humano que sofre de papeira — papeira tão grande quanto a cabeça —, que chora e declara não poder de forma alguma produzir mais. Vendo que esta pobre idosa é mais doce e mais miserável que eu, a contramestra se vinga nela, sacudindo-a e insultando-a. Esta noite, quando se deitar para dormir, nossa donzela, que pertence ao Partido, poderá dizer a si mesma que serviu com louvor a seu Führer.

Praticamente não temos notícias — exceto boatos. Betty e eu tiramos nossas conclusões políticas sobre o acúmulo de mercadorias armazenadas nas garagens da fábrica. Imensos fardos de seda destinados à Finlândia e à Noruega não saem do lugar... As comunicações devem estar cortadas... Já que há mercadorias em excesso, o nosso moral está alto.

Krefeld, começo de julho de 1942

Vivemos e comemos no pátio. Cada uma encontrou seu canto. O nosso, meu e de Betty, é muito confortável. Temos quatro tijolos e uma tábua, ou seja, um banquinho meio afastado. Ali podemos conversar com Rosette, nossa grande amiga alemã. Rosette[5] é uma mulher admirável. Os nazistas ignoram que ela seja uma militante comunista. Só está aqui por ter saído da Alemanha sem permissão após 1933. Além disso, seu marido é judeu. Foi presa na Bélgica. O marido, felizmente, conseguiu se salvar. Ela desconhece o paradeiro dele... Talvez esteja em Portugal, talvez na Rússia... Rosette passa o tempo todo resolvendo os problemas de todas — sempre que pode. Conhece muitíssimo bem o regulamento das prisões e faz com que as guardiãs não se esqueçam deles. É a ela que devemos agradecer por nos levarem a cada duas horas ao banheiro na fábrica. O que faz com que o usemos quatro vezes em lugar de duas... Outro dia me roubaram o casaco com uma rapidez absolutamente profissional. Rosette realizou uma investigação, mas, é claro, nada descobriu... Eu guardava com o maior ciúme aquele casaco para o outono... Uma belga, que deve ser libertada no início de outubro, me prometeu o dela. Achou-o na lata de lixo da fábrica. Está rasgado, desbotado e tem uma única manga três quartos. Mesmo assim, eu o namoro, e ela promete, rindo, deixá-lo para mim quando partir.

Há seis semanas não trocamos nossa roupa de baixo. Fedemos. Descubro que muitas das mulheres têm chato, piolhos. Aqui, com a liberdade do pátio, podemos às vezes lavar escondido a roupa de baixo. Roubamos um pouco de bicarbonato e o faz de conta está pronto... Sabão, nem pensar... Não sabemos mais o que é isso. Quanto a mim, me esfrego com um pedaço de tijolo recolhido no pátio. A areia também funciona bem... Uma boa sugestão para algum laboratório de produtos de beleza! O número de banheiros é nitidamente insuficiente, bem como o de privadas. Por todo lado há longas filas, empurrões, palavras azedas e roubos... Só temos uma escova de dente e um pente, mas basta tirar os olhos destas preciosidades que elas somem misteriosamente.

As revistas se tornam mais e mais frequentes... O que será que eles esperam encontrar, minha nossa? As coisas mais preciosas, as mais proibidas, estão enterradas na areia do pátio ou enfiadas num velho cano que, aparentemente,

[5] Rosette Weiss, militante comunista de Colônia.

serve apenas para esconder nossos tesouros. Um cotoco de lápis, uma gaze de seda artificial que poderá vir a se tornar uma bandagem ou, quem sabe, um arremedo de sapato; um comprimido de aspirina obtido de alguma forma inconfessável, que escondemos para uma eventual gripe, pois quando pedimos um remédio não nos dão ou, então, aparecem com ele 24 horas depois... Os absorventes costumam figurar na lista das preciosidades. Na Alemanha, deve ser uma vergonha estar "naqueles dias"... Quando pedimos um absorvente, a guardiã faz uma cara de nojo e responde que não tem.

Betty ocupa a cama ao lado da minha. Toda noite conversamos e nos isolamos neste imenso dormitório. Repousamos mal, pois três turnos diferentes dormem aqui, o que causa um bocado de idas e vindas. A escuridão não é quebrada por luz alguma. Visto que só comemos sopa, somos obrigadas a ir ao banheiro ao menos uma vez... É preciso atravessar o teatro e subir um andar às apalpadelas.

Desconheço que instinto impulsiona algumas mulheres a fazerem suas necessidades nas escadas. Toda noite encontramos tais sentinelas... Ontem, Loulou escorregou num cocô pousado no último degrau. Por mais que disséssemos que dava sorte, ela não ficou satisfeita, principalmente porque estava descalça. Os prazeres noturnos da Kölping Haus não param por aí. Também existem os acertos de contas entre essas senhoras. Na noite passada, fomos acordadas por gritos estridentes. O que houve? Jamais saberemos. Ao fim de alguns minutos de confusão, surgiram as guardiãs com lanternas. É certo que no mínimo duas mulheres brigaram, mas quais? Mistério. Decidimos agora, finalmente, por medida de segurança, irmos ao banheiro em grupo, a fim de nos defendermos umas das outras, caso necessário. Desconfio um bocado de uma nova pensionista, uma russa grandalhona com corpo de homem. Jamais se despe e chega a se deitar para dormir calçada nos coturnos (com certeza eles a incomodam menos que os meus). Alimenta-se com gestos de autômato e apenas quando uma de nós ordena que coma... O rosto, sem expressão, parece talhado em madeira. Os olhos são de um excepcional verde Véronèse. Ninguém entende uma palavra do que ela diz. Está presa por ter matado o filho e os dois sobrinhos. Simplesmente cortou as mãos dos três e deixou que sangrassem até morrerem. Foi condenada somente a dez anos de trabalhos forçados porque é inimputável. Não tenho a menor vontade de esbarrar em senhoras desse tipo à noite, no escuro, nos bastidores da prisão...

Ainda agora, no pátio, uma joaninha pousou na minha mão... Ela passeou um bom tempo. Pensei nas joaninhas que víamos antigamente na França. Esta me fez lembrar das outras, e pedi a ela que, quando partir, voe até lá e leve lembranças minhas àqueles que amo.

Notamos, com frequência cada vez maior, grupos de operários em condições lamentáveis no restaurante da Rheika. Dizem que são holandeses. Operários livres, eles fabricam seda. Seus uniformes são esfarrapados, corroídos pelo ácido; as mãos estão enfaixadas e eles aparentemente têm sérios problemas de visão, chegando mesmo a demonstrar dificuldade para fazer as coisas. Um colega os pega pelo braço, ajuda-os a sentar, põe-lhes a colher na mão. Parecem atormentados por intenso sofrimento... Qual será o trabalho que lhes faz tanto mal? Eu não sabia que fabricar seda artificial era tão doloroso!

Faz alguns dias, porém, tivemos o prazer de contemplar uma imagem mais graciosa. Uma jovem morena de olhos azuis, os cabelos muito bem-trançados conforme manda o regulamento, surgiu na hora do jantar. O uniforme de Anrath lhe empresta um quê do encanto de uma fantasia de opereta. Ela dá a impressão de ser divertida, e é sorrindo que me aproximo dela, convencida de que se trata de uma francesa. Não, eu estava enganada; Henriette é de Bruxelas.[6] Está aqui por promover a fuga de prisioneiros franceses. Embora seja viúva já há alguns anos, tem a aparência de uma mocinha... Henriette acaba de chegar da França e nos traz as últimas notícias, que não são propriamente estimulantes. Nossos amigos russos tiveram que recuar um bocado; na África, os ingleses sofreram reveses, e os americanos ainda não se encontram em condições de desferir um golpe muito violento. É preciso esperar! Precisamos nos conformar com a ideia de passar o inverno aqui. Na próxima primavera, a ofensiva americana e russa estará no ponto, as forças gaullistas serão mais numerosas... Henriette garante que o

[6] Henriette Delatte.

povo francês começa a entender melhor a verdade e "colabora" menos. As prisões se multiplicam, bem como os fuzilamentos. Os franceses resistem seriamente. Isso é o mais importante, enquanto se espera que os aliados ganhem força suficiente para abater a besta selvagem...

Krefeld, julho de 1942

Ficar de pé imóvel diante da máquina será terrível para Henriette, que é cardíaca. Ela passa a sensação de grande coragem, mas, após oito horas de trabalho, as lágrimas lhe escorrem silenciosas pelo rosto. Na volta para a Kölping Haus, suas pernas estão inchadas a ponto de impedir que ela dispa as ceroulas, que somos obrigadas a cortar.

Finalmente recebo uma carta de mamãe! Crivada de reticências, não diz praticamente nada, salvo que "vai tudo bem"... Fico muito desapontada. Há tanta coisa que eu queria saber. Sobre os Cassou, os Duval e todos os outros nos quais penso com tanto carinho diariamente... Ela não me diz nada a esse respeito... Por prudência...

Cada vez que o correio chega, as crises de nervos se multiplicam. São muitas as mulheres que se descobrem divorciadas. Uma, cujo divórcio já foi decretado há quase um ano, toma conhecimento de que o marido se casou novamente e que a sua substituta se apossou de todas as suas roupas, da lingerie e do restante... e que, ainda por cima, maltrata seus filhos. As cartas falam de luto, contam histórias de casas demolidas. Sem dúvida não tenho coração, não consigo me impedir de sorrir quando, soluçando, a velha Frau Zeloff grita: "Pegou fogo em tudo na minha casa, tudinho... Todas aquelas coisas bonitas que meu marido trouxe da França. Perdemos tudo." E recito para mim mesma o velho ditado: "O que vem fácil facilmente se vai." A pobrezinha da Annie me mostra uma carta da mãe. Evidentemente, esta perdeu o juízo. A caligrafia e a redação comprovam isso! O irmão mais velho de Annie foi morto, o segundo, que vive na África, parou de mandar notícias, a mãe está louca, o pai, morto, e Annie, na prisão por ter escrito uma carta de amor em "código Morse" a um prisioneiro francês... Ela me confidencia desejar apenas uma coisa: que uma bomba misericordiosa a liberte de tanto sofrimento.

Krefeld, julho de 1942

Quase toda noite, o alarme soa. As guardiãs nos trancam com esmero e partem nobremente com suas bagagens para o abrigo mais próximo. É extraordinário como esses alarmes recarregam nossas "baterias" morais. Quanto mais barulho, maior o nosso contentamento. Parece (sabemos que é infantil pensar assim) que esses aviadores nos dizem: "Tenham paciência, estamos aqui, pensamos em vocês..." Uma outra crença, compartilhada pela maioria, é a de que as bombas de nossos amigos não podem de jeito algum nos fazer mal...

Hoje, o bonde não nos levou à Rheika. Uma bomba caiu nos trilhos e todos os vidros da fábrica foram pulverizados. O desastre ocorreu faz apenas algumas horas e as vidraças já estão sendo substituídas, seja por vidro ou por uma espécie de *ersatz*. Da próxima vez, vamos torcer para que os nossos companheiros mirem melhor e que a própria Rheika voe pelos ares...

Kate soube da notícia na cozinha. Os ingleses desembarcaram em Dieppe hoje de manhãzinha! Há luta em Dieppe... Pronto, o desembarque é fato consumado... Eu, que não acreditava que acontecesse este ano, me torno alvo da zombaria de todas as colegas. As alemãs fazem uma cara engraçada, enquanto nós enlouquecemos de alegria!

Ando um bocado cansada. Por causa do calor, sem dúvida, e da falta de alimentação consistente. Enquanto isso, não se pode dizer que falte o que quer que seja aos alemães. Estão gordos e empanturrados. O cozinheiro-chefe da fábrica Phrix confecciona maravilhosas tortas-pirâmides para "estes cavalheiros" da diretoria. Permite-se que admiremos tais obras de arte através dos vidros da cozinha.

O pessoal lá fora não sofre tanto quanto gosta de dizer. Depois dos saques, eles se empanturram, enquanto nós, as presas, ficamos chupando o dedo. A qualidade e a quantidade da comida caem a cada dia que passa.

Fräulein Oberlack foi substituída temporariamente por Fräulein Monia, que vem me buscar junto à minha máquina e me leva para limpar um porão

— logo eu, que não sou ninguém sem um aspirador! Com certeza farejou minhas magníficas qualidades de dona de casa. Meus pés doem de forma atroz, não ando muito depressa. Para me estimular, Monia despeja socos em minhas costas. Depois de limpar o porão, ela me entrega uma enorme trouxa de roupa de baixo suja para que eu leve para a lavanderia.

Uma cena bastante triste é a da visita das famílias. Algumas prisioneiras alemãs têm permissão para ver os parentes de vez em quando. Ontem havia aqui uma criança pequena que, da grade, viu a mãe. Queria entrar de qualquer maneira. Como não era hora da visita, a guardiã a impediu... Uma mãe idosa quer visitar a filha. A visita é curta, claro, e a senhora não tem tempo de dizer tudo que deseja. É mandada embora. Ela não consegue mais ver a filha, mas, na rua, do outro lado da grade, a idosa enfia a mão por baixo da parte central da soleira, já gasta. A mão agita um lenço e, de repente, o braço inteiro passa pela abertura. Pelo visto, a infeliz se deitou de bruços na calçada. Ao testemunhar a cena, Rosette chora em silêncio... Eu não sabia que um braço, cuja mão se esgueira por baixo de uma grade, pudesse constituir visão tão trágica...

Krefeld, julho de 1942

Os aviões não vêm apenas à noite. Hoje, foram seis alarmes em pleno dia. Um deles permanece um bom tempo acima de nós. Faz um oito lá no céu... Oito? O que quer dizer este oito? Agosto? O oitavo mês? Haverá algo previsto para agosto? Seja o que for, os civis belgas nos garantem que o desembarque prossegue pouco a pouco por todo lado e que os ingleses se aproximam de Amiens... Nenhuma confirmação no lado alemão, e nossas guardiãs angelicais não se mostram assustadas. Se essas notícias fossem verídicas, continuariam tão calmas?

Há um anúncio de grandes mudanças: as russas estão a ponto de render um bocado no ofício de desembaraçar os fios; há prisioneiras em demasia com elas. Além disso, as matérias-primas parecem diminuir, o que nos deixa encantadas. Corremos o risco, assim, de acabar desempregadas. Por outro lado, muitos dos operários livres, belgas e holandeses, querem distância da tecelagem, onde o trabalho é duríssimo. Logo irão nos forçar a substituir esses homens que fogem de um trabalho tão extenuante.

É fato consumado. Efetuaram uma *blitz* para selecionar mulheres para a *Spinnerei*, ou seja, para a tecelagem. As escolhidas têm "menos de trinta anos" e são todas altas. As máquinas, construídas para homens, exigem mulheres altas para operá-las. A idade das operárias escolhidas me leva a pensar que não farei parte da próxima fornada. Temo, porém, pela minha delicada amiga Henriette, que já sofre tanto...

Os "figurões" da fábrica passam diante das nossas máquinas e o contramestre-chefe aponta para algumas mulheres, ao acaso. Anotaram meu nome e o de Henriette. Estamos preocupadas. É inútil fazer perguntas, já entendemos tudo...

VIII

NA FÁBRICA "PHRIX", A TECELAGEM DE SEDA ARTIFICIAL

Krefeld, julho de 1942

Estamos no grupo das eleitas, Henriette e eu. Betty soluça ao nos ver partir. Quando chegamos ao que se convencionou chamar de *Spinnerei*, ou tecelagem, um contramestre vestido de azul se aproxima de nós e nos inspeciona como um feitor de escravos. Pergunta minha idade, finge que não pareço tão velha quanto declaro; fico à espera de que ele examine meus dentes, como fazem os compradores de cavalos. Finalmente, após uma certa hesitação, ele me aceita — como se eu tivesse lhe pedido alguma coisa! Henriette é imediatamente admitida. Conduzem-nos, então, ao vestiário. Durante oito horas, teremos o direito de despir nossos farrapos de prisioneiras e envergar o uniforme da fábrica. Vamos nos livrar dessa roupa de baixo fedorenta, sempre úmida! Tornamos a nos vestir. Calça de lã cáqui, camisa de seda branca com um enorme "G" no peito e nas costas: G = *Gefangene*: prisioneiro. Uma túnica cáqui bem-cortada, com o inevitável "G" no meio das costas, um lenço de cabeça de seda branca, um avental com peitilho de borracha negra grossa e — que felicidade! — tamancos novos! Bonitos tamanquinhos belgas enfeitados com uma borboleta. Esses tamancos dão a impressão de sapatinhos de cetim, de tão leves... Eu diria até que são macios, comparados às imundas galochas de Anrath!

O funcionário do departamento de uniformes nos lança um ou dois gracejos. É estranho falar com homens que não são nem guardas nem soldados. Sem dúvida, a vida na *Spinnerei* não é tão rígida quanto a de uma prisioneira.

Temos o direito de falar com civis, aparentemente não existe uma guardiã o tempo todo grudada em nós e, suprema vantagem, podemos beber água quando temos sede e ir ao banheiro sozinhas. Voltamos a ser humanas! Afinal, a vida aqui talvez seja suportável. Contemplo o enorme salão em que me encontro. É tão imponente quanto a nave de uma catedral. Cheias de mistério para mim, as máquinas têm vinte metros de comprimento e são protegidas por vidraças, quase estufas, dentro das quais tudo mexe, roda, vira, sobe, desce. A novidade de todo esse conjunto me impressiona, o barulho, o odor extremamente desagradável do ácido.[1] Vamos nos adaptar. O contramestre instala Henriette numa das máquinas e a mim, noutra. Uma operária, prisioneira como nós, é encarregada de nos ensinar a arte e o ofício de tecer a seda artificial. Minha monitora se chama Lisa. Ela me tranquiliza e diz que jamais terei que operar sozinha uma máquina, o trabalho é duro demais. Serei apenas ajudante, pois nem os homens podem ser "tecelões" depois dos quarenta anos. A resistência física e, sobretudo, a resistência nervosa já não são tão grandes depois que se entra, como eu, na "segunda juventude"...

O diretor de Anrath veio nos fazer uma visita-surpresa na Kölping Haus. Não estávamos, mas, ao deixar nossa estalagem, ele nos encontrou na rua. Aparentemente não desfilamos de maneira totalmente militar — logo, ele exigirá o passo de ganso. Depois de uma reprimenda ao mesmo tempo curta e seca, descobrimos que "ganhamos" quatro dias de confinamento disciplinar para aprendermos a marchar como os soldados do Grande Reich. Felizmente está calor! Dormiremos num estrado de ferro, uma espécie de rede sobre a qual colocarão nosso colchão. Poderemos levar nossas cobertas, o que já é uma gentileza!

Chegando à fábrica, encontro uma jovem estendida no chão diante da própria máquina. Está sozinha, ninguém se preocupa com ela. Quero socorrê-la, mas me empurram dizendo que não devo me aproximar da doente... O quê, exatamente, ela tem? Alguém vai cuidar dela? Lisa me diz que não é nada, que ela está no fim da linha, totalmente extenuada...

[1] Sulfeto de carbono.

Durante a pausa, quando voltamos do restaurante, passamos por um grupo de prisioneiros de Anrath. Com a aparência ainda mais miserável que nós, carregam um dos colegas, totalmente inconsciente, duro como um morto. O desfile é fechado por um rapaz que chora copiosamente; seu andar, a mão pousada na perna, me leva a crer que sofre de uma crise aguda de ciática... É horrível. Não se pode fazer nada, dizer nada, nem mesmo uma palavra de encorajamento... Trocamos olhares e é só!

Krefeld, agosto de 1942

Quando durmo, ponho minha bela vestimenta de prisioneira na beira da cama. Mesmo repleta de peças, de pedaços e remendos, ainda assim é bem menos ruim do que outras! Abrindo os olhos hoje de manhã, me dou conta de que ela foi roubada. A guardiã — para variar — "não pode fazer nada"... A ladra deve pertencer ao turno da tarde, de duas às dez, e eu, hoje, estou no turno da noite, das dez às seis da manhã. Ainda bem que faz calor. Sou obrigada a desfilar pelas ruas de Krefeld de anágua branca muito suja e camisola: "Não posso fazer nada", repete a guardiã, impassível. Há três meses eu me sentiria humilhada, agora o humilhado (se isso for humilhação) é Hitler, não eu. Minha amiga Martha, condenada por roubo e especialista nisso, me promete, em troca de dois pedaços de pão com manteiga, reaver minha toalete. O que terá feito? Não quero saber, mas hoje de manhã minhas roupas apareceram.

Volto da fábrica, após uma noite muito pesada, cansada e embrutecida. Cairei dura como um saco, percebo! Mas, ao me aproximar, noto que minha cama está ocupada. Começo a chorar que nem louca, mas logo sou tranquilizada pela voz lamuriosa que vem de sob as cobertas:

— Não fique aborrecida, por favor, não tenho piolhos nem sujei sua cama.

Descubro que se trata do novo regulamento! Na falta de lugares, o turno da noite e o turno do dia se alternam nas camas. Que simpático! De hoje em diante já encontraremos a nossa cama aquecida...

Encontro no banheiro, agachada num canto, uma moça que sufoca; já não consegue falar, me mostra a garganta com gestos de terror e respira com dificuldade.

Chamo Simone, a pequena e gentil assistente social belga. Ela sabe melhor do que eu o que fazer nesses casos. Simone constata que se trata de uma crise cardíaca provocada pelo ácido. Deitamos a doente no chão e lhe aplicamos compressas de água fria no lugar do coração... O contramestre aparece. Obviamente, ele acha que a garota está morta. Mete o dedo sujo no olho dela, levanta sua pálpebra e emite um rosnado surdo. A garota está viva. Ele aproveita para comer com os olhos o seio da moça e fazer observações mais ou menos obscenas para um colega que o seguiu até aqui.

É curioso como ao longo de uma noite de trabalho velhas lembranças voltam à nossa mente com tamanha clareza. Como explicar por que uma conversa com mamãe, conversa sem interesse, emerge do fundo da minha memória? Mamãe havia estado no banco e me disse:

— Comprei algumas ações da "Snia Viscosa" hoje de manhã, um negócio de futuro. A seda artificial cada vez ganha mais espaço na indústria. É um bom investimento.

Um bom investimento!... Pobre mamãe, tão boa, tão sensível, será que desconfiava que o "bom investimento" se apoia no sofrimento humano? É verdade que os operários civis nos países civilizados são tratados nas fábricas de seda artificial de forma diferente da empregada com as prisioneiras na Phrix. Tomam leite diariamente, evitando assim as cólicas ou câimbras causadas pelo ácido. Quanto a nós, tomamos uma sopa feita com leite quando estamos no turno da noite, ou seja, durante uma semana por mês. Os operários civis, quando sofrem da vista, são imediatamente medicados, enquanto as presas precisam aguentar a máquina até ficarem totalmente cegas. Contra as queimaduras nos dedos causadas pela viscose — essa substância traiçoeira — os operários civis usam dedeiras, luvas de borracha. As presas trabalham de mãos nuas. Além disso, os operários civis se movimentam, tomam ar, dispõem de uma alimentação melhor. A nossa fica cada dia mais escassa. Os operários civis, nos países civilizados, são sindicalizados e cumprem a jornada de quarenta horas semanais. As presas trabalham sessenta horas e, salvo um domingo em cada três, operam as máquinas, e isso durante 12 horas. Na Alemanha hitlerista, as prisioneiras políticas são escravas cuja vida não vale quase nada!

Pouco a pouco, começo a entender o trabalho que me parecia cheio de mistério... e de risco. O medo do perigo ainda me assalta quando dou a volta em torno da máquina que aprendo a limpar. Sei que a viscose, esse material que lembra mel de trigo sarraceno, que tem a consistência da glicerina, produz queimaduras sérias. A viscose, à semelhança do fósforo, adere à ferida que provoca, não é possível descolá-la e ela corrói em profundidade, até o osso. A maior parte do tempo, não nos damos conta do salpico de viscose até sentir a dor. Aí já é tarde demais. O mal segue seu curso e forma uma espécie de panarício. Quando este está maduro, extrai-se o carnegão e a ferida se fecha lentamente. É essa viscose, que todas odiamos, que produz a seda artificial. Ela chega a cada máquina vinda do porão de viscose localizado nas entranhas da fábrica, passa por uma bomba, um filtro, um vidro temperado, até penetrar, afinal, numa placa-filtro fininha, de ouro ou de platina. Essa placa fica de molho num banho de ácido (sulfeto de carbono) a uma temperatura de cerca de 45 graus. A viscose, ao passar por ali, coagula e adquire a aparência de um fio branco. Este fio subirá, então, passando por um sarilho de vidro, chamado "panqueca". O sarilho gira e carrega o fio, que cai num funil de vidro cujo tubo é bem fininho. O funil deságua num panelão de ferro fundido hermeticamente fechado por duas tampas, panelão este que gira a uma velocidade de duas mil voltas por minuto. O movimento de rotação centrifuga o fio, que se gruda à superfície interna do panelão, enchendo-o e produzindo um bolo de seda branca que, uma vez desenformado, terá o aspecto de uma torta em forma de coroa. O ácido que solidifica a viscose queima a pele das mãos, dos braços, do pescoço, do rosto... não consigo me habituar! Se temos o mais insignificante arranhão, o ácido corrói e empola a ferida, provocando uma dor intolerável que varia de acordo com a qualidade da pele. Algumas colegas aguentam muito bem o ácido na carne. Eu não consigo me habituar. E olhe que a minha pele é muito saudável! O trabalho da fiandeira consiste em tirar as 52 "tortas" da máquina no tempo estipulado, voltando então a repor em marcha os panelões e a envasilhar o fio que irá formar a "torta" da leva seguinte.

Ela começa cortando os quatro primeiros fios da máquina, apertando com o pé o pedal correspondente a cada panelão a fim de pará-lo. Feito isso, ela desenforma a "torta" sobre uma bandeja de ferro pousada num carrinho atrás de si. Esse carrinho contém um lubrificador e um balde cheio de água morna, bem como um recipiente de tintura, cuja cor indicará a qualidade da seda. A operária lava e lubrifica o panelão, recolocando-o dentro da máquina, e logo o repõe em marcha. Sei fazer tudo isso, é a minha função de ajudante. Tem início, então, o trabalho especializado, o da operária. Depois de esvaziar, lavar, lubrificar, substituir e repor em marcha quatro panelões, a operária segura o fio com a mão esquerda, entre o médio e o indicador, o encaixa na "panqueca", acompanha seu trajeto e o puxa um pouquinho na direção do funil. Com a mão esquerda, ela verte sobre o fio o ácido contido num pequeno cálice de chumbo. Este ácido arrastará o fio para dentro do funil e o panelão se encherá.

É então que ela retira, com a ajuda de um gancho, um círculo de seda enrolado na "panqueca" antes da operação de envasilhagem. Este círculo é posto de lado e recolhido com os demais 51 por uma operária especializada. O trabalho de envasilhagem é muito delicado, exige um aprendizado que leva de uma a três semanas.

Quando as duas bandejas do carrinho estão cheias, a ajudante as coloca num armário situado na extremidade da máquina, no grande corredor central onde passeiam os contramestres encarregados de supervisionar a produção. Terminada a leva, a operária passa aos reparos, que a cada dia se tornam mais numerosos devido à má qualidade do material.

Ela troca as placas-filtro entupidas, trabalho muito sujo e perigoso para os dedos, substitui os componentes defeituosos e, sobretudo, desentope esses funis de tubo fininho e assegura seu posicionamento correto. Se o funil estiver ligeiramente inclinado ou fora do centro exato do panelão, o fio ficará "mastigado" e praticamente inutilizável. Então... prepare-se para o castigo! Antes do final do "turno", a máquina deve ser limpa e estar em perfeito estado de utilização para o turno seguinte. Normalmente, aprontam-se seis levas em oito horas e nove em doze...

Pergunto a mim mesma, e este será, sem dúvida, um tema para meditação, o que Descartes teria a dizer sobre a máquina. Que tema para um filósofo!

Não apenas a relação entre a máquina e o homem, além de todos os transtornos materiais, morais e sociais daí decorrentes, mas simplesmente as ideias que podem surgir quando se trabalha numa máquina. Não se pode blefar ali, é impossível. Um componente está fora do prumo? Imediatamente, a produção padece. Uma porca que aos poucos vai se desparafusando causa o colapso de toda a máquina... Adoro e admiro a retidão, a implacabilidade da máquina. O trabalho "manual" permite tergiversar, corrigir um erro, improvisando uma solução. A máquina, não. Ela não admite nenhuma inexatidão, nenhum adiamento, nenhuma desculpa, nenhuma mentira, nenhuma adulação. O homem pode obter da máquina um magnífico exemplo de probidade paciente, inexorável, feroz. Os construtores do futuro, do nosso futuro, deverão se inspirar na Santa Máquina fabricada pelo homem!

Krefeld, agosto de 1942

No último turno de domingo, sentimos uma fome avassaladora! Nossa esperança é que as operações militares estejam impedindo a chegada de mantimentos. Durante as 12 horas do nosso expediente recebemos, além do pão, duas rodelas de linguiça da espessura de papel de seda, uma sopa aguada na qual contei oito ervilhas. As outras duas "sopas" foram feitas de acordo com a seguinte receita: água, açúcar, groselha química e uma colher de sopa de semolina.

Como tenho uma inabilidade manual incomum, o resultado não demorou muito. Ganhei seis feridas de viscose na mão esquerda e três na direita. Minha pele está toda queimada de ácido: está cinza e me incomoda muito. Além disso, por todo o meu corpo surgiram manchas esverdeadas causadas pela tintura. Lavar as mãos? Com o quê? Não tenho sabão nem nada que o substitua, salvo meu pedaço de tijolo, mas, dado o estado das minhas mãos, sou forçada a renunciar a esfregá-las com força. Nossa companheira Tonton, médica na vida civil, afirma que só a foto das minhas mãos já constituiria um bom argumento de denúncia contra o tratamento dispensado às prisioneiras. Creio que emagreci muito, mas peguei o hábito de repetir cem vezes por dia — novo método Coué de autossugestão: "Eles terão a minha gordura, mas jamais a minha pele."

Subitamente, sem aviso prévio, a guardiã, uma moça alta que não dá a menor bola para nós e não nos chateia, avisa que não voltaremos para a Kölping Haus esta noite após o trabalho, que vamos para uma casa nova.

Nosso transporte não é mais o bonde. Sem dúvida a nossa aparência, cada vez menos reluzente, já não faz jus à raça civilizadora. Daqui em diante, virão nos pegar à porta, seja de ônibus ou em caminhão de entregas totalmente fechado. O ônibus é confortável, mas demasiado pequeno. Ficamos empilhadas, no colo umas das outras... Quanto ao caminhão, sem ar e sem luz, é absolutamente assustador.

Nosso novo lar fica na Kölnerstrasse. Mais um velho estabelecimento comercial, sem dúvida pertencente a judeus, foi reformado para abrigar os trabalhadores "livres" belgas e holandeses. Estes, como bem vimos, davam à fábrica Phrix seu justo valor e se mandaram. Coube-nos, assim, morar no alojamento que ocupavam, que é bastante razoável. Dormitórios arejados, beliches muito limpos, refeitório e sala de reuniões decorados com quadros aceitáveis que retratam paisagens da Holanda. O lugar é dirigido por uma digna senhora do Partido. Ainda há pouco a confundimos com a *concierge*. Doravante ela atenderá pelo nome de "Concon"... O que mais me agrada aqui é estar cercada principalmente de jovens, muitas delas bastante bonitas. Que consolo! Henriette e eu admiramos uma moça alemã que batizamos de "Minerva". Tem a pura beleza grega. Loura, olhos azuis, tez leitosa, perfil clássico e um corpo esplêndido. Se a beleza realmente contasse, sua vida deveria ser excepcional. No entanto, ela é uma mera vendedora num modesto armazém. Roubou e foi presa. Hermina traficou vestidos e mantôs e agora é escrava na Rheika. É deslumbrante também e muito inteligente. Ena, cujos cabelos são de um louro platinado natural, merecia ser rainha, mas não passa de prostituta e ladra contumaz. Erika lembra uma vendedora de buquês de flores da época de Luís XV; um assalto à mão armada a trouxe para cá. Lisa, minha monitora, é uma linda morena de olhos azul-escuros. Leni tem um corpo magnífico, mas o rosto não é tão encantador quanto o de sua amiga Marlyse, que veio parar entre nós por causa de uma pequena pilhagem após um bombardeio aéreo... Já Jeanne não é bonita. Nascida no norte em 1917, filha de um soldado alemão e de uma francesa, Jeanne andou, como ela mesma diz, "na contramão". Está presa por ter tido como amante um prisioneiro de guerra francês. Como punição, rasparam-lhe a cabeça e lhe deram dois anos de trabalhos forçados. Os cabelos tornaram a nascer, e rápido, porque, segundo explica, "fabriquei loções com meu xixi..." Quanto ao francês, Jeanne está tranquila: será fiel e chegará mesmo a se casar com ela. Essa certeza deriva do fato de o rapaz, por insistência dela, ter bebido uma fórmula do amor que a própria Jeanne preparou: café com leite com um pouco de sangue da sua menstruação. Feiticeiras de *Macbeth*, vocês não inventaram nadinha! Oh! Isolda, amante de Tristão, qual a receita da sua fórmula?...

Krefeld, agosto de 1942

A pobrezinha da Henriette está totalmente cega. É corajosa a ponto de jamais se queixar. Sei que sua cabeça dói, assim como seus olhos, e que todo o seu sistema nervoso está abalado. Eles a levam ao posto de saúde da fábrica e o enfermeiro, que, segundo Henriette, é muito humano, lhe aplica pomada ou colírio nos olhos. Juntamente com a aspirina, este é o único tratamento, ao que parece. Doentes ou não, é preciso ir à fábrica, ainda que isso signifique a morte. Mesmo totalmente cegas como Henriette, as mulheres são levadas a um porão, onde ficam no escuro, com uma cama de estrado sem colchão para repousar e um cobertor sujo. Henriette será capaz de aguentar tal provação? Sua saúde me preocupa muito. Semana passada, ela se contorcia de dor com cólicas terríveis devido ao ácido, e as pernas a fazem sofrer horrores!

Do exterior vêm notícias contraditórias. Os operários belgas não parecem interessados em coisa alguma. Podemos, entre as "levas", trocar algumas palavras com eles. Ao que tudo indica, o desembarque em Dieppe não teve desdobramentos. Acredita-se que os ingleses reembarcaram. Não entendemos coisa alguma do que se passa. Os cartazes de propaganda, nas ruas por onde o ônibus passa, continuam ostentando um tom e uma cor muito otimistas. Otimistas? Também nós estamos otimistas!

Sonni, a alemãzinha gorducha, teve ontem, diante da máquina, uma violenta crise de epilepsia. Seu corpo se arqueava e sacudia de um lado ao outro do corredor central. Espumava de maneira aterradora. Os contramestres e a guardiã acharam a cena cômica. Tentei intervir e, com a maior polidez possível, implorei ao contramestre para não se sentar sobre o peito da menina a fim de impedir seus movimentos desordenados. Meu pedido, é claro, de nada adiantou.

Trinta minutos após a crise, Sonni foi reconduzida até a máquina, sem ajuda. Ela sofre no mínimo uma crise por semana, mas não toma remédio algum, nenhum médico vem vê-la. E por que seria diferente? Enquanto puder trabalhar, ela trabalhará e, quando abrir a cabeça de encontro a uma máquina, paciência. Os enterros de prisioneiras devem ser cerimônias bem baratas... Lembro de algo que li sobre as galés na Biblioteca Nacional: *Crônica das galés do tempo de Luís XIV*. Em média, de cada dez condenados a remar nas galés, dois cumpriam pena por roubo. Os outros eram "hereges", ou seja, protestantes, antifascistas como nós. A margem das páginas trazia a data de suas mortes. Nenhum sobreviveu mais de dois anos ao trabalho forçado nas galés. Quanto tempo estas condenadas serão capazes de aguentar o trabalho forçado na fábrica Phrix?

Krefeld, agosto de 1942

Ainda assim existem aqui visões de arte absolutamente extraordinárias. Faz calor, muito calor. À noite, quando silenciosamente a longa fila de mulheres se dirige ao refeitório para a sopa, o efeito é fascinante. Luz alguma da fábrica rompe a escuridão total. Somos iluminadas pelos holofotes da segurança, em sua intensidade mínima. Assim, o grupo de mulheres se projeta em imensas sombras chinesas sobre os muros da fábrica. Visão irreal, tal como um rodapé extravagante que arremata o fundo do palco. Ao longe, o bombardeio cotidiano de Essen, de Düren, de Duisburg. O céu está vermelho. De vez em quando, se enche de relâmpagos, relâmpagos de origem humana, de fuzis. Resplandecência estrepitosa... *Féerie* bárbara!...

Krefeld, agosto de 1942

Adrien, o jovem marinheiro holandês transformado em prisioneiro de guerra, está farto da Rheika. Não aguenta mais, vai ter um ataque. Houben, o contramestre, o insulta de forma mais agressiva que de costume. Adrien perde por completo o controle, pega um de seus panelões de ferro fundido e o atira na cabeça de Houben. Houben cai. Adrien avança sobre ele e dança qual um selvagem sobre seu corpo. Quer se vingar e vingar todas as mulheres da fábrica. Houben passou oito dias internado no hospital. E Adrien? Quanto tempo irá passar na prisão disciplinar?...

Após cada turno, a cena é sempre a mesma. Já nem nos enoja mais. Não pensamos nisso; é cotidiano. Nos reunimos todas, em trios, no pátio central, à espera da ordem de partida. E porque a carne das nossas mãos está amolecida depois de passar oito horas de trabalho mergulhada na água dos baldes, aproveitamos para "espremer" nossos dedos. Ganha quem fizer o pus pular mais alto e mais longe. Cada uma de nós remexe nas próprias feridas com um alfinete conseguido aqui ou acolá e cuidadosamente escondido no lado de dentro da roupa. Já observamos que, quando cuidamos das mãos imediatamente após o trabalho, a cicatrização é mais rápida. Purguei direitinho meus dedos, mas também eu fiquei vazia e, antes de trocar o uniforme pelos trapos de prisioneira, desabo sobre o banco do vestiário. À minha frente uma outra mulher também está prostrada, moída. É "novata", ainda não falei com ela, que me interpela, cheia de raiva...

—Você também, você também não trabalhava com as mãos.

Com um grunhido confirmo a veracidade da sua avaliação.

— O que você faz? Eu trabalho num bordel, e você?

O imprevisto dessa declaração me desperta, apesar da fadiga, apesar do brometo...

Sem esperar pela minha resposta, ela prossegue:

— Um belo bordel, sabe... Em Hamburgo, atrás da estação. Conhece Hamburgo? Não. Muito bem! É o bordel mais bonito da cidade, cheio de vidros e tapetes, tudo...

Quando chegamos às confidências mais íntimas, tento descobrir por que ela residia num puteiro hamburguês. Com dignidade, ela me responde:

— Ora! Você conhece algum trabalho feminino que renda sessenta marcos por dia? Olhe aqui! — E me mostra um grande brilhante incrustado num de seus molares. — Este aqui, está vendo, Hitler não me tira!

Mudei de roupa ruminando sobre a orientação profissional aplicada às carreiras femininas.

Krefeld, agosto de 1942

Um dos meus grandes prazeres, quando acaba o trabalho, é ver no vestiário os engenhosos tanques redondos se encherem de lindas jovens nuas... Como são belas: Lisa, Marlyse, Kate, Amy, Sonni, Minerva e as outras... Nossa guardiã atual permite que nos lavemos depois do trabalho. Ela nos dá alguns minutos extras e temos tempo, se não para tomar banho, ao menos para tirar um pouco da sujeira. Refresco o corpo, bem como o espírito. Essas lindas jovens não sabem quanto são belas, quanto é ímpar a postura que ostentam sem perceber, sobretudo por não o perceberem. Parece *O banho turco* de Ingres...

Mimi, a francesa que pertence ao turno que nos antecede, está sozinha em sua máquina há 15 dias. Não sai dali. É frágil e, ainda que não sofra da vista de forma aguda, seus olhos a incomodam latente e constantemente. Seu sistema nervoso entrou em colapso total. Para curá-la, o contramestre e o diretor, Herr Pils, resolvem que ela emendará dois turnos consecutivos, ou seja, 16 horas de máquina, para que "aprenda" de uma vez por todas a tecer e, sobretudo, a "tecer direito"!...

Passei da idade dos figurinos estilo Folies-Bergère. O ácido queima naturalmente não só a nossa pele, mas também o tecido do nosso uniforme. Cada gota abre um buraco... Vários buraquinhos juntos formam um buracão. Foi o que aconteceu na parte da frente da minha blusa. Assim, eu a viro ao contrário, e durante algum tempo, ainda que ostentasse janelas nas costas, ao menos a frente estava decente. Outras gotas espirraram na atual parte frontal. Mostro para a guardiã que agora estou com o seio de fora... Ela se recusa a mandar que me deem outra camisa, me recusa uma agulha de costura, um alfinete... Terei que trabalhar de seio de fora! Essa não! Encho-me de coragem e, rapidamente e sem ninguém perceber, entro num escritório. Uma secretária bate à máquina. Explico o meu caso e lhe peço um alfinete. Com grande doçura, ela tira da bolsa dois belos alfinetes de segurança e os entrega a mim com palavras amáveis, mencionando a minha... "humilhação". A cena foi rápida, a guardiã não percebeu o meu ato de ousadia inqualificável. Correndo, consigo alcançar as mulheres que vêm no final do grupo, justo na hora em que se posicionam em trios para serem contadas antes de passarem às máquinas...

Krefeld, setembro de 1942

O diretor de Anrath fez uma inspeção. Não estávamos. Ele procedeu a uma revista nas mulheres de um outro turno e, infelizmente, achou um chocolate numa das camas. A administração penitenciária não nos fornece chocolate no lanche. Sua excelência o diretor concluiu que a moça do chocolate devia ter contato com o exterior. Para lhe ensinar a ser mais discreta, todas nós fomos agraciadas com quatro dias de confinamento disciplinar, sem colchão e sem cobertas.

Já faz alguns dias que temos uma nova companheira francesa que chamamos de Maman-Gâteau ou Maman Denise. Ela tem 65 anos e está muito doente. A infeliz terá que passar, como nós, quatro noites sem dormir, congelando, já que a temperatura vem caindo. Será que os soldados ingleses que a coitada escondeu em casa saberão algum dia o que esta mulher está sofrendo por eles?...

Krefeld, setembro de 1942

Minhas companheiras acabam de encontrar um nome para mim: sou a Marquesa de la Poubelle... Todo nome tem uma origem. O meu deriva do fato de que diariamente, na fábrica, vou "remexer" a lata de lixo com meu gancho... Ali encontro tesouros: restos de seda que, cortados, se transformarão em bandagens para nossos dedos queimados; pedaços de borracha para remendar nossos aventais e, certa vez, até mesmo um pequeno retalho de lã que vai virar um adereço para o casaco que herdarei de Loulou quando ela for libertada em 9 de outubro...

Há uma grande ebulição entre as alemãs do *kommando*: a guerra está para acabar por estes dias. Stalingrado cairá e seremos todas libertadas... Sem dar muito crédito aos boatos, sabemos que a guerra no Leste é muito, muito dura. Vimos outro dia, de longe, um mapa da União Soviética, e mesmo admitindo que haja exagero, não resta dúvida de que os alemães chegaram bem longe...

Num plano mais corriqueiro e mais pessoal, conhecemos outras mazelas. Não sobrou uma única gota d'água na casa. "Concon" urra em todos os andares! As privadas estão entupidas e inutilizáveis. Obviamente, existe água lá fora, mas somos prisioneiras. Nos corredores, nas escadas, encontramos latas de armazenar geleia (com capacidade para três a cinco quilos). Estão ali para que façamos as nossas necessidades nelas. Quando os recipientes estão cheios até a borda ou transbordam, a guardiã se conforma em acompanhar a prisioneira que irá esvaziá-los até o quintal vizinho. É bom que se diga que não tomamos banho há três dias. Agora que o calor está de novo muito forte, somos proibidas de abrir qualquer janela que seja (poderíamos nos comunicar com o exterior), de modo que a casa "fede como a peste", como dizem as alemãs.

Henriette está muito doente. Eles a isolaram. Sinto muita pena quando a visito durante alguns minutos. Encontro-a deitada num quartinho com Amy, que padece de um abscesso na garganta. Henriette está coberta de bolhas, tem febre alta e crises cardíacas. Uma enfermeira muito novinha a visita. O médico não tem tempo para isso. A enfermeira receitou alguns remédios, tudo indica, mas me faltam detalhes. Henriette me pediu, num tom de súplica pungente, que lhe desse uma gota d'água. Nem isso posso fazer! Amy parece muito mal. Já não dispõe de forças nem condições para falar.

Uma terceira mulher adoeceu do que os alemães chamam de "rosácea". Seu rosto assusta, inchado e vermelho. Será que é erisipela? Os "cuidados" lhe são dispensados por uma prisioneira que trabalha, como nós, na fábrica: Gertrude. Dedicada, mas rabugenta, a coitada está esgotada e praticamente nada pode fazer pelas três doentes. Ela levou para cada uma, hoje, uma enorme porção de chucrute e parece escandalizada por ninguém ter comido!

Voltou a água. Henriette não melhorou. Ao menos agora pode matar a sede. O abscesso de Amy rompeu-se sozinho... A mulher que tem "rosácea" continua rubra e inchada... Entro "às escondidas" neste quarto de doentes para ficar apenas alguns minutos, enquanto uma colega vigia as idas e vindas da "Concon" para me prevenir sobre qualquer perigo...

Comunico meus temores a Henriette. Segundo o que dizem as mulheres, Stalingrado caiu e, hoje de manhã, voltando do trabalho, vi diante da estação várias bandeiras prestes a serem hasteadas. Afinal, se Stalingrado foi evacuada, talvez seja um blefe. No entanto, nada sabemos, só nos resta aguardar; a vitória foi adiada, nada mais...

Henriette está melhor. O que ela teve? Ninguém sabe. Está muito fraca, mas desde que a febre cedeu, ela e Amy foram mandadas de volta às máquinas. Ambas dão pena. Nota-se que sentem tonturas. Com frequência, precisam se agarrar à própria máquina para não cair.

As bandeiras não estavam preparadas, nos explicam, para a eventual tomada de Stalingrado, mas apenas para uma exposição agrícola... As alemãs estão bem menos convictas quanto à nossa libertação; tudo indica que a guerra vai continuar... Já desconfiávamos disso... E Stalingrado não caiu, a despeito dos gritos de vitória um pouco prematuros!...

Oh, as divagações dos filósofos, filósofos que ignoram o que é a fome, a sede, a doença sem medicação, sem repouso, sem os cuidados elementares, que não sabem o que é não ter permissão para ir ao banheiro, não dispor de água para o banho, ficar encharcado de suor, sentir gosto ruim na boca por não escovar os dentes, ter piolhos... Os filósofos não sabem de nada disso e vêm falar com pedantismo que a dor moral é pior do que a dor física... Aqui sofremos todas as dores físicas e também não somos poupadas das dores morais. Trabalhando como desembaraçadora de fios, a velha Annie sofreu tanto que ficou embrutecida. Quando a direção lhe comunicou a morte do filho, na Rússia, ela nem reagiu. Sequer sabia de que filho se tratava, já que três deles se encontram no *front* russo.

Krefeld, 5 de outubro de 1942

Henriette adoeceu de novo. Seu coração é totalmente incapaz de suportar o trabalho da fábrica. Todas sentimos que os nossos corações batem bem mais devagar. As que não são cardíacas se preocupam com isso.

Ontem, os aviões anglo-americanos mais uma vez "não acertaram" a fábrica. No entanto, ela é suficientemente grande para ser vista... Além disso, logo ali fica a ponte Adolf-Hitler. Aparentemente, esta ponte ainda não chamou a atenção de nossos amigos. A fábrica escapou, mas um dos abrigos foi totalmente destruído. Todos os ocupantes, operários alemães e estrangeiros, foram mortos.

Krefeld, outubro de 1942

Finalmente, uma carta de mamãe. Há meses eu esperava por ela. Minha família me escreve a cada seis semanas, mas eles não me entregam essas cartas. Mais ou menos o mesmo acontece com todas as outras prisioneiras estrangeiras. Eu não sabia que Jean e Monique esperavam um bebê. Pela data da carta, é até provável que já tenha nascido. Que sensação estranha esta de ser avó! Sensação na qual orgulho e egoísmo têm seu lugar, sensação animal de sobrevida, de não desaparecer por completo. Sensação muito doce!

Krefeld, final de outubro de 1942

A guardiã me chama e diz que o diretor teve a bondade de me avisar que me tornei avó. Tem na mão uma carta em que reconheço a caligrafia de Jean. Vendo que nenhuma carta aparentemente chegava às minhas mãos, Jean escreveu ao diretor. Um bilhete em alemão está pregado na carta. Pergunto se a criança é menino ou menina, e a guardiã me responde num tom brusco que não sabe. Olho de esguelha o bilhete e leio o nome "Yves". Quer dizer que tenho um neto. Tomo coragem e imploro que ela me deixe ler a carta do meu filho. Ouço que isso é absolutamente impossível. Sou realmente uma mulher estranha! Me comunicam que sou avó, e eu já quero saber o sexo da criança, seu nome, o estado de saúde da minha nora... Na Alemanha, sem dúvida, as avós não são tão curiosas!

Na noite desta notícia me mandam empurrar um carrinho cheio de carretéis. O carrinho praticamente não se move, falta óleo. Somos duas a empurrá-lo, em vão. Meu esforço é tamanho que me esparramo no chão, o coração disparado. Furiosa, digo a mim mesma: "Daqui a cinquenta anos, na minha família, todos saberão que os alemães me maltrataram. Tenho um neto... Yves... Ele dirá aos seus filhos que me obrigaram a trabalhar acima do que as minhas forças permitiam..."

Por que essa ideia me consola? É tola! É egoísta! É mesquinha!

Mais uma vez terei que me queixar ao meu neto... E se continuar assim, acho que a lista de reclamações vai aumentar muito. Hoje foi bem melhor: Siemens, o contramestre, me chama e manda que eu ajude a drenar o duto de viscose. Tem ar no cano. O contramestre abre o dreno, da altura de um homem, e faz jorrar a viscose, que é posta num balde e jogada no canal dos dejetos. Duas prisioneiras sempre são encarregadas deste trabalho sujo e perigoso. Siemens me mandou pegar um balde e pô-lo sob a bomba. Quando o balde encheu, veio a ordem para esvaziá-lo. Estava cheio até a boca. Um escorregão, um tropeço e a viscose se derramaria sobre os meus pés. Sozinha, a missão é impossível. Recuso-me a esvaziar o balde sem ajuda. A expressão de Siemens se torna selvagem e ele urra: "Vaca preguiçosa, você vai esvaziar este balde", e a vaca preguiçosa, olhando fixamente o cavalheiro, responde calmamente: "Não!"

Pensei que fossem me jogar na cela, me bater. Nada disso. Vendo a minha firmeza, Siemens chama outra prisioneira e manda que ela me ajude a carregar o balde. Porém, cinco minutos depois, enquanto executamos suas ordens, Siemens abre a bomba no momento em que estou posicionando o balde. Se não houvesse ar suficiente no cano, eu teria levado um jato de viscose na nuca. Textualmente, um assovio premonitório me alertou para dar no pé, para grande desapontamento de Siemens.

Estão todos de péssimo humor. Os acontecimentos na Rússia parecem se arrastar. Stalingrado foi virtualmente tomada, mas, até agora, não em definitivo... Do mesmo modo, Moscou e Leningrado se tornaram "virtualmente" alemãs... Boatos circulam. De acordo com alguns, Adolf foi assassinado; segundo outros, fugiu para a Itália ou mesmo para o Japão! Pela centésima vez, assassinaram o gordo Hermann Goering, por isso a bandeira da fábrica está a meio pau... No entanto, a verdade é que se a cruz suástica da Rheika baixou o nariz foi para honrar um de seus operários, morto no *front*...

Começa a fazer frio, principalmente quando nos levantamos para o turno da manhã (das seis às duas da tarde). Saímos da Kölnerstrasse por volta das quatro e meia, às vezes mais cedo, dependendo do humor do motorista do ônibus. Felizmente Loulou me deixou seu casaco. Ele foi corroído pelo ácido, falta-lhe um bom terço da manga e a cava da outra eu remendei. Ainda assim, nem o casaco de pele mais deslumbrante me daria mais prazer do que esta pobre túnica em farrapos...

É preciso ir com calma com os tamancos. Eles estão em falta no fornecedor de uniformes da fábrica. Por outro lado, há botas de borracha para os trabalhadores civis. Vendo que algumas mulheres calçavam tamancos totalmente quebrados que machucavam horrivelmente seus pés, o funcionário responsável achou por bem lhes dar botas. Incomodado com esse tratamento humano, o diretor de Anrath mandou a fiscalização da fábrica recolher as botas. As mulheres partiram descalças. Não estava fazendo calor. Chovia.

Embora já tivessem nos falado de suicídios e tentativas de suicídios na fábrica Phrix, até o momento eu não testemunhara nenhum. Eis que o nosso *kommando* saiu na frente. É Fingerling, a mocinha austríaca, que abre o que será sem dúvida uma série. Esgotada pelos maus-tratos, os insultos, a dor nos olhos e, sobretudo, debilitada, intoxicada e embrutecida devido aos vapores de ácido, Fingerling tomou um cálice de ácido atrás da sua máquina. Conheço o efeito que o ácido produz nas mãos, no corpo, nos braços e pescoço. Imagino o que ele faz quando é ingerido! Tanto que deram a ela um antídoto. Com certeza seu caso não deve ter sido o primeiro e, no posto de saúde, o antídoto está pronto. Foi levada para o hospital e ficou internada alguns dias. Está um pouco mais pálida agora, um pouco mais cansada, diante da mesma máquina.

É a vez de Martha, a bela jovem de tipo espanhol. Abandonada pelo marido, maltratada pelo contramestre, esgotada pelo problema nos olhos que a tortura, seus nervos estão à flor da pele. Ela também tomou ácido. Não tenho, de forma alguma, a impressão de que se trata de encenação para chamar atenção sobre si mesma. Não, ela não suporta mais sofrer. O futuro que a espera após a libertação lhe parece sem saída. Assim, melhor acabar logo com isso. Martha tem 25 anos, é doce e bonita.

Foi uma cena digna do Terceiro Reich! As mulheres de um outro *kommando*, igualmente residentes na Kölnerstrasse, estão infestadas de parasitas. Piolhos, pulgas e carangos. A "Concon" nos avisa que dormiremos menos e nos levantaremos mais cedo, pois amanhã de manhã temos que nos apresentar na sauna a vapor. Com efeito, de madrugada, somos levadas a um prédio enorme. Numa espécie de garagem, uma mulher de blusa branca inspeciona nosso cabelo. Como Carlos Magno quando visitava as escolas e alinhava os bons alunos à sua direita e os maus à sua esquerda, a "caçadora de piolhos" nos divide em dois grupos: as piolhentas e as não-piolhentas. Pertenço a este último grupo — nenhum mérito nisso, trata-se de puro acaso. Para completar, o público que assiste à cena. Estão lá: Fräulein Herold, a guardiã, alguns guardas da fábrica e um membro das SS.

É muito divertido despojar as mulheres. Sem dúvida, as distrações saudáveis andam em falta no momento em Krefeld. Do "piolhódromo" passamos à sauna. Somos ao todo 106. O acaso faz de mim a primeira a entrar. Fräulein Herold manda que eu me dispa e faça uma trouxa com as minhas roupas. Respondo que cumprirei sua ordem assim que o SS e os guardas, bem como um outro indivíduo de profissão indeterminada, saiam da sala. Herold responde que "esses cavalheiros" são policiais como ela e que, na condição de policiais, têm o direito e o dever de assistir à nossa desinfecção. Dispo-me, então, e faço uma trouxa com as minhas roupas.

A trouxa é apanhada pelo indivíduo cuja função me escapara. Ele nada mais é que o responsável por aquecer a sauna. Minhas colegas são obrigadas a fazer como eu. Enquanto nos lavamos, os homens nos olham. Um deles repara na alemã que batizamos de "Michel Simon" por causa da sua semelhança com este artista. Da sua magnífica cabeleira loura, os piolhos lhe desceram para as costas. Imediatamente, o SS pede a tesoura, manda que "Michel Simon", que chora, se aproxime e, com um gesto largo, lhe corta os cabelos. Por um momento, fica lá postado, junto àquela mulher alta e nua, com as magníficas madeixas douradas na mão. Hesita e então, bruscamente, atira as madeiras no braseiro que alimenta a sauna. Há ali mulheres de todas as idades, dos dezessete aos setenta anos, e de todas as classes sociais. Simone, nossa jovem companheira belga, está rubra. Tento acalmá-la dizendo que a humilhação é deles, não dela. Passada uma hora de espera, os "cavalheiros" decidem que realmente faz muito calor e abrem a janela para criar uma pequena corrente de ar. Estamos suando em bicas, e a lufada de ar frio congela nossos corpos. Tiritamos e nos esfregamos umas nas outras. A operação dura cinco longas horas durante as quais os homens continuam a nos olhar sem se cansarem dessa triste distração. Finalmente, a sauna é aberta. O encarregado pega trouxa por trouxa e as lança no ar sobre o monte de mulheres que gesticulam, gritam e se empurram diante dele. Que sensação de repulsa esta de corpos nus de encontro ao meu! E as garotas de bordel reclamam... É uma falcatrua... Se exibirem nuas para estes homens que não pagaram... Que assalto!

Krefeld, dezembro de 1942

Depois de tanto tempo, um guarda da fábrica me olha com simpatia. Outro dia, ele deu um jeito de se aproximar e me disse algumas palavras em francês, frases compostas de antemão, com esforço. Empregado em Paris, na Exposição de 37, confessa ter pena de nós, do fundo do coração. Alguns dias mais tarde, ele me comunica o falecimento de uma de nossas companheiras da Kölping Haus, morta por falta de atendimento. Por fim, sussurra que as notícias do *front* no Leste são nitidamente favoráveis aos russos. Percebo a que lado pertence meu novo amigo. Quando, por meio de manobras astutas, conseguimos nos encontrar a sós na escada do vestiário, sem uma palavra estendo-lhe a mão. Ele responde com o mesmo gesto e, em seguida, cerramos as mãos. Em certas ocasiões, as palavras são dispensáveis. Durante todo o "turno" eu cantei, com o coração mais leve.

Achille Cordez, um dos derradeiros tecelões belgas do nosso turno, deu um basta. Para ele não "dá" mais. Preferiu se alistar no Exército alemão, partir para a Rússia distante e matar nossos amigos ou ser morto por eles...

O contramestre chamado Daum, mais conhecido entre nós pelo apelido de "Narigudo", me mandou operar uma máquina nova que eu ainda não vira. Respondi que não conhecia a tal máquina, mas que se ele me mostrasse seu funcionamento, eu a operaria de boa vontade. Um safanão que me joga no chão é a resposta de Daum. Descubro que ele próprio desconhece o mecanismo da nova máquina e elegeu esse expediente engenhoso para me ensinar o funcionamento.

Krefeld, dezembro de 1942

É um drama atrás do outro. Francesca, a despeito de seu belo nome italiano, é alemã. Tem três filhos, é fazendeira e o marido, soldado há seis anos. Faz dois anos que ela não põe os olhos nele. Um prisioneiro francês trabalhava na fazenda do casal. Era obediente, gentil com as crianças e um belo rapaz. Francesca está grávida dele. Denunciada, veio parar na prisão de trabalhos forçados. O barrigão não a dispensa de trabalhar. Em poucos dias, vai estar diante da máquina, sem ajuda. Tem dores nos rins, dores nas pernas, enquanto espera ser acometida de todas as mazelas da Rheika. Ontem, em casa, encontrei Francesca se debulhando em prantos, vinda da sala da "Concon". Lá embaixo, com a "Concon", um soldado aviador, um rapaz alto, troncudo, cara de matuto. As orelhas, incrivelmente vermelhas, escapam de sob o quepe cinza-azulado... Orelhas de menino flagrado em delito. É o marido de Francesca. Qual poderia ser a reação desses dois seres ao se encontrarem? Já têm três filhos e não se veem há dois anos! A visita de 15 minutos teve lugar na presença de uma guardiã da prisão, encarregada de postar-se entre os dois. O marido voltou para o *front* no Leste. Perdoou Francesca. Se voltar, criará o quarto filho juntamente com os outros três...

Como maldigo a minha má memória literária. Não consigo me lembrar de um poema. Com frequência, um verso assoma à superfície, mas o segundo teima em não vir. Seria, porém, um enorme consolo para mim, que vivia enfurnada nos livros, poder recitar mentalmente, ao longo dos meus turnos compridos, um poema de Ronsard, de Villon. Jamais ver um livro, jamais ver a foto de um quadro, de uma escultura. Adoro pensar na minha biblioteca, as fileiras de livros queridos. Será que os verei de novo?

E a guarda, vigilante nos portões do Louvre
Não defende nossos reis...

Por que esses versos me vêm à lembrança? Por que esses?

Desta vez, pronto, Houben, o contramestre-chefe, veio até a minha máquina e me deu a entender que preciso aprender a tecer, a operar uma máquina sozinha. Aparentemente, é inadmissível que eu seja apenas ajudante. Não discuto. Houben fica surpreso com a minha docilidade e "sonda a situação". Grita insultos no seu dialeto de Colônia. Não entendo tudo e me aproveito disso:

— *Herr Meister*, fale mais devagar, por favor, entendo muito mal alemão para acompanhar...

— Ah! Você não entende alemão, vaca velha? Então, vou falar francês: "vá tomar no c..."

É tolice, claro, mas à noite, na cama, tenho uma crise nervosa. Não responder nada, não poder dizer coisa alguma, ser obrigada a engolir tudo, tudo! Henriette se enfurece, conta o incidente às alemãs do nosso alojamento, que ficam todas indignadas. Ainda terei que ouvir muita coisa. Os insultos só ferem o espírito, enquanto as surras ferem o corpo. O corpo talvez sucumba, o espírito jamais...

Leni Kramer é uma contramestra prisioneira responsável pelo conjunto de máquinas ao qual pertence a minha. Quando lhe dizem que terei que começar o meu aprendizado de tecelã, ela pergunta se a direção enlouqueceu de vez. Mas Émilie também vai ter que começar a aprender a envasilhar. Émilie tem mais ou menos a minha idade, porém é mais forte. Mesmo usando óculos, enxerga mal. Leni me aconselha com veemência a ser muito desajeitada. Decerto serei, sem fingimento. Mas quanto à visão, é inútil: tenho olhos de lince e não posso escondê-lo.

Durante horas — durante oito horas —, jogo ácido neste maldito fio que teima em não entrar no funil de vidro que sobe, desce e não me dá bola. Estou com as mãos molhadas, encharcadas de ácido... Minhas feridas, apesar das gazes protetoras, doem horrivelmente... Meu rosto arde. Até hoje nunca fiquei assim, com o nariz no ácido durante o turno todo. Émilie, com total boa-fé, não enxerga coisa alguma. Joga ácido para a direita, para a esquerda... A guardiã surge para lhe aplicar uma salva de tapas... Sem dúvida sou muito,

muito covarde. Nunca tive medo de seus revólveres, mas não posso de jeito algum pensar em ser tocada por suas patas imundas... Custe o que custar, preciso aprender a envasilhar. Obedeço a um sentimento vil: tenho medo.

Os conselhos de Henriette, e os de várias companheiras, funcionaram, e agora já envasilho bastante bem. Às vezes me irrito, perco tempo. Tudo desanda, mas, no geral, as coisas não vão tão mal. E depois, todo mundo disse que não ficarei sozinha na máquina, que sempre haverá uma ajudante. Nesse caso, a vida será dura, mas viável... Se não fossem as minhas pobres mãos.

Ao trocar as placas-filtros, trabalho que odeio, deixo cair um pouco de viscose no meu pé nu. Nossos tamancos são muito abertos e nos protegem mal. Como de hábito, já era tarde demais quando me dei conta do fato! De volta da fábrica, pedi a "Concon" um pouco de pomada, ao que ela respondeu que não me daria remédio para aquela "coisinha de nada"... Pois é ela que fica com a chave do armário de remédios. Distribui os medicamentos como quer e quando quer. O armário é "algo bom", não se pode desfalcá-lo.

Agora sei o que é sofrer da vista! Começa com uma bruma espessa, depois vem o sofrimento: o nariz escorre, os olhos lacrimejam e em seguida às fisgadas nos olhos surge a dor de cabeça, principalmente na nuca. É impossível manter os olhos abertos, e dói menos quando inclinamos a cabeça para frente. O nariz, a garganta e os ouvidos também doem...

Me levam até Houben, o contramestre-chefe — é ele o oculista. Ele enfia os dedos sujos sob as minhas pálpebras, reconhece que não tenho condições de trabalhar e permite que me incluam no grupo das coitadas que se encontram no mesmo estado que eu... Logo seremos levadas ao posto de saúde, as menos cegas guiando as totalmente cegas... Lá, o enfermeiro porá colírio ou pomada nos nossos olhos, um comprimido de aspirina completará o tratamento e passaremos ao porão. O porão! Ali deitamos em estrados nus; as mais safas conseguem um cobertor sujo. Num canto, há um balde nauseabundo... Somos gratas por estar lá, apesar do frio, da umidade. Minhas mãos, em bolhas, me impedem de guiar a mim mesma. O enfermeiro as enfaixou, extraiu a viscose das feridas e as untou com uma pomada calmante. Apesar disso, sinto uma dor abominável... À minha volta ouço apenas gemidos. Não sei quantas somos. Cada uma anuncia seu nome. Erika, Maria, Sonni, Lisel, Annalisa, Kate. Resta saber quem sofre mais... As outras decidem que sou eu, pois minhas mãos estão realmente em carne viva...

De manhã, a guardiã vem nos buscar.

Meus olhos estão melhor. A cabeça, oca. Perdi o senso de direção e vou de encontro à parede. Ouço a guardiã dizer:

— É a francesa que vai esvaziar o balde.

E a francesa, titubeando como uma bêbada, vai jogar fora o xixi e o cocô de todas.

Existe uma velha lenda irlandesa que me vem à cabeça. É a da caverna de Saint-Dunstan. As crônicas bretãs a mencionam com frequência. O convento de Saint-Dustan ficava na Irlanda, sobre o que foi um dia uma confraria de druidas. Os monges mantinham certos ritos dos druidas, especialmente o da iniciação. Apenas o prior passava pela iniciação completa. A última prova consistia em descer para o poço, ou caverna, de Saint-Dunstan e ali permanecer alguns dias, sozinho, sem comida. O que supostamente o prior via no fundo do poço era tão aterrador que não podia ser revelado a quem quer que fosse. Somente ele guardava o segredo. Ao voltar para o meio dos vivos, ostentava outra aparência, outra expressão. Nunca mais tornava a rir e mantinha o olhar quase sempre fixo.

Será que nós, as prisioneiras, também não estamos no fundo de um poço? De volta ao convívio dos demais mortais não poderemos dizer o que vimos, pois quem entenderá o nosso sofrimento? Ninguém, exceto aquelas que, como nós, tiverem sido iniciadas no fundo da caverna dos criminosos nazistas.

A pobrezinha da Henriette tem sobre o corpo um vestido de algodão. Uma camisa de algodão sem forro, de mangas curtas, lhe serve, ouso dizer, de casaco.

Faz bastante frio. Nossos pés estão nus dentro dos tamancos e, depois de discutir o que é pior, se a chuva ou a neve caindo sobre os nossos pés nus, concordamos que a chuva parece mais fria e nos congela até a medula. A queimadura de viscose no meu pé piorou. Ela me acorda à noite, o pé incha e o tamanco me incomoda. A "Concon" bem que quis me dar a pomada, mas acho que agora já é meio tarde. Este machucado me preocupa. Não estou em condições de suportar mais dor física do que aquela absolutamente indispensável de aguentar aqui!

Tirei a sorte grande: me puseram na máquina com uma alemã realmente encantadora, que está presa por uma bobagem. Na verdade, é comunista, mas disso não se vangloria. Nos entendemos bem. Ontem ela me deu uma definição dos alemães que muito me agradou: "O alemão foi feito para bater ou apanhar com o cassetete, não foi feito para ser um homem livre." Como ela tem razão! Comentou comigo sobre um hino hitlerista que, em resumo, é mais ou menos assim:

Hoje a Alemanha nos pertence,
Amanhã, o mundo todo será nosso...

Para desanuviar o ambiente, cantamos a *Internacional*, ela em alemão, eu em francês, e um mecânico belga junta-se a nós cantando em flamengo... Não é preciso muito para elevar o moral de duas prisioneiras... Gerda tem a mesma idade que eu, achamos que vamos poder trabalhar sempre juntas... O rigor da labuta se atenua quando pensamos em nossa simpatia mútua.

Observei, faz uma semana, uma "novata", uma moça bonita. Ela me explicou que era "ratinha cinzenta"[2*], membro das tropas que ocuparam Étampes. Por uma besteira qualquer, ei-la aqui. Já tecia sozinha e considerava terrível o trabalho quando foi literalmente derrubada por um problema de vista muito sério. A colega a seu lado não a guiava? Ainda assim, ela caiu na escada e bateu com a cabeça nos degraus de concreto... Ficou lá inconsciente durante duas horas. No dia seguinte, estava meio vesga e não me reconheceu. Puseram-na no pequeno aposento fedorento que chamam pomposamente de "sala da quarentena" e depois a levaram...

[2*] Apelido dado pelos franceses às mulheres do Exército alemão na Segunda Guerra Mundial. (N.T.)

Oh! Por que anotar todos esses fatos? São numerosos demais. Chegamos à fábrica e perguntamos às colegas do outro *kommando*:

— Quem apanhou?

Elas respondem: Hilda, Annalisa ou Gerda. Faz pouco tempo, esta última tinha a camiseta toda manchada de sangue de tanto que havia apanhado do contramestre.

Docilmente, as mulheres cujos olhos estão piores se dirigem a um lugar determinado. Que tropel lamentável, umas guiando as outras. Mal-ajambradas, os cabelos em desalinho, com uma gaze protetora diante dos olhos ou simplesmente se protegendo da claridade com a ajuda de um braço erguido, elas aguardam o veredicto do contramestre. Sozinhas, as totalmente cegas são mandadas para o porão. Há pouco tempo, ouvi essa pérola de sabedoria:

— Já há seis francesas no porão, é melhor não mandar mais nenhuma.

Fui a sétima. Eu estava péssima, mas foi preciso trabalhar oito horas a fim de que a percentagem de doentes francesas não estivesse alta demais...

Krefeld, 20 de dezembro de 1942

Minhas companheiras já não se furtam a me dizer que estou com uma aparência aterradora. Emagreci de maneira preocupante... Quando chega uma "novata", o esporte preferido é fazer com que eu me dispa para mostrar à recém-chegada o que a fábrica Phrix faz com uma mulher em seis meses! Quando estou nua, as colegas já não me chamam de Marquesa de la Poubelle, mas de Ghandi... Minha extrema magreza justifica o apelido. Perdi a conta de quantas vezes desmaiei nos últimos tempos. Outro dia, caí dura na calçada, de braço dado com Henriette, entre a casa e o carro. A guardiã mandou que me içassem para dentro do veículo, do jeito que estava. A viagem, garantiu, me faria recuperar os sentidos. Chegando à fábrica, tive que trabalhar...

A guardiã nos informa que um padre virá nos trazer seus votos de Feliz Natal. Ele surge no momento em que estamos comendo. Evidentemente, empenhou-se muito para forçar sua entrada num círculo tão rigidamente fechado. É um sujeito velho de rosto animado. De início nos deseja "bom apetite" com uma expressão alegre e acrescenta:

— Vejo que vai tudo bem por aqui...

Martha, que não se recuperou do suicídio frustrado, grita, enfurecida:

— Vai bem porque nos obrigam a isso.

Essa deixa é o suficiente. Uma após outra, as jovens vão falar com o padre e lhe contam nervosas, apressadas, tudo que sofremos. Seus depoimentos devem ser consistentes. O religioso emprega todos os adjetivos de seu vocabulário: inacreditável, inconcebível, abominável. Finalmente, quando uma moça lhe pede para não condenar, para perdoar, aquelas que se suicidam ou tentam o suicídio, o padre responde:

— O que elas sofrem está acima das forças de uma mulher; absolvo todas...

Krefeld, 31 de dezembro de 1942

O Natal passou. Não nos demos conta dele. Trabalhamos oito horas. O cotidiano não foi suavizado, por exigência expressa do diretor de Anrath, que se recusou a aceitar pequenas guloseimas que uma instituição de assistência a prisioneiros queria nos enviar. Nessa noite, eu operava a máquina com minha querida Gerda Vossing. Estávamos alegres, pois desejávamos encerrar bem o ano. O guarda meu amigo aproximou-se de nós para me dizer bem rápido:

— Isto não pode mais continuar, tentem fugir, encontrem um jeito! Se surgir a oportunidade, meu nome é Erb, moro na Spinneristrasse, 29. Ninguém irá procurá-las lá...

Nem pude responder, de tão emocionada, tão pasma, com tamanha bondade, tamanha generosidade. De longe, nosso colega Daniel, o último tecelão civil belga deste turno, observa a cena, e assim que meu amigo se afasta, Daniel corre para mim:

— O que aquele safado queria? Aposto que estava enchendo você.

Daniel vive querendo nos proteger, ainda que este bom rapaz esteja cansado de saber que nada pode fazer por nós além de nos presentear com seu bonito sorriso e um aperto de mão quando não há ninguém por perto.

Eu o tranquilizo. O guarda só veio me desejar feliz Ano-Novo. Sim, um feliz Ano-Novo. Na verdade, jamais um homem me deu um presente de fim de ano igual! Erb sabe muito bem que me esconder significa arriscar a própria vida...

Discutimos um bom tempo, Henriette e eu, a proposta de Erb. A salvação é possível. Três alemãs partiram semana passada, mas o ato nos valeu, apesar do frio, o confisco de nossos casacos da fábrica, pois à noite nossas blusas brancas são mais fáceis de serem localizadas. No momento, em pleno janeiro, saímos para comer a sopa da meia-noite encharcadas de suor. Estamos nuas sob uma fina camisa de seda artificial. A tosse de Henriette é de rachar o peito. Chego a pensar que ela está seriamente enferma.

Debatemos o mistério Erb. Desde que viemos parar nas "mãos deles", já vimos tantas armadilhas, que nos perguntamos se esta não será mais uma. Não! Rejeito essa ideia. Não quero macular a extraordinária generosidade desse homem com um pensamento vil. Não vou, contudo, aceitar sua oferta. Estou doente demais para encarar o esforço de uma fuga. Depois, se me salvo, quem sabe acabam pegando Pierre em meu lugar. Não, o vinho está servido, cabe bebê-lo. *"Depois da chuva, o sol há de brilhar"*, dizíamos a nós mesmos antigamente, quando cantávamos *La Jeune garde*. Sim, logo o sol irá brilhar. Como nos disse Armand Schmidt, no camburão de Düsseldorf, é preciso "engolir em seco". Tomara que as minhas forças durem até o final do meu encarceramento!

É idiota, mas esta ferida no pé influi no meu estado geral de saúde. Praticamente não durmo mais, o pé e o tornozelo estão inchados. A guardiã, Fräulein Dross, não vê serventia em me levar ao posto de saúde.

Krefeld, 15 de janeiro de 1943

Sem dúvida há mudanças "lá fora", pois o regulamento, da noite para o dia, se tornou muito mais rígido. Os guardas da fábrica agora andam armados de fuzil. Meu pobre Erb tem cara de não saber o que fazer com ele. Um SS acompanha os guardas e vem nos buscar diariamente para nos escoltar ao trabalho. Ele me dá muita pena, pois se parece com Louis Jouvet. É triste vê-lo enfiado neste uniforme! O SS conta as mulheres na saída de casa. A fim de não se confundir, ele nos belisca o braço, de passagem, de preferência machucando a carne.

No meio da sala de máquinas, acabam de construir uma guarita de concreto armado, uma espécie de torre fortificada com seteiras da qual é possível controlar a sala toda com uma simples metralhadora. Uma construção similar também surgiu no pátio e em todas as dependências da fábrica. Estou muito feliz, pois estes sinais são precursores de revolta. Correm rumores de motins...

Maria B., jovem comunista alemã de um outro turno, acaba de ser enviada para Anrath, para a solitária. Vai se divertir um bocado! Está sendo punida por ter dado a boa notícia do cerco às tropas alemãs na Rússia. Onde terá ocorrido esse cerco? Ninguém sabe ao certo, mas todo mundo fala disso. A alegria me leva a dançar, corremos de uma máquina a outra; umas ouviram dizer que se trata de dez divisões, outras, de cem, mas como não sabemos em que consiste uma divisão, continuamos mal-informadas. De fonte alemã, fala-se à boca pequena do começo do fim. Uma vez mais, dou piruetas como uma doida, apesar da dor sempre lancinante que sinto no pé. Houben me vê, chama um de seus ajudantes, os dois me observam enquanto imito uma bailarina. Henriette manda, aos gritos, que eu sossegue. Tarde demais! Eles me viram. Tanto pior!

É, tanto pior. Houben chegou e me disse que, como sou jovem o bastante para dançar, também sou jovem o bastante para operar sozinha uma máquina. Ainda que não tenha dançado, Gerda Vossing também trabalhará sem ajuda. Ficamos arrasadas.

Já faz 15 dias que opero sozinha a minha máquina, com as mãos e os braços queimados pelo ácido e pela viscose. Meu pé não me dá descanso. Os carrinhos parecem muito pesados de empurrar; as bandejas de seda, muito difíceis de erguer. Na máquina, tudo racha e se quebra, e me irrito mais do que as palavras são capazes de expressar. Eu, que não sabia o que era chorar, aprendi aqui. Diariamente, na saída do trabalho, as lágrimas escorrem pelo meu rosto. Não sinto vergonha, nem tenho o pudor de disfarçar. Henriette me conduz, faz e desfaz minha trouxa de roupas civis no vestiário, pois o estado dos meus dedos me impede de desamarrar um barbante. A dedicação de Henriette é espantosa! Só tenho um consolo: saboto o melhor que posso. Quando uma "torta" se mostra particularmente bem-feita, eu a esfrego com força na bandeja. Enquanto está molhada, ninguém é capaz de ver que a seda não é perfeita. Quando secar, os fios estarão eriçados e impossíveis de desembaraçar. Também tenho uma boa artimanha, que ponho em prática com frequência, que consiste em quebrar as rodas dentadas sob a máquina e deixar determinados panelões inutilizáveis o dia todo, no mínimo, pois o mecânico tem muito a fazer e felizmente não costuma estar disponível. Quando consigo sucesso numa sabotagem, sinto o coração mais leve. É uma espécie de cerimônia expiatória... perante a minha consciência. Sei muitíssimo bem agora que a seda que tecemos serve à guerra, os retalhos de seda vão para os explosivos, a seda para o tecido dos uniformes, da roupa íntima e dos paraquedas. Eu que me proibi de trabalhar em prol da guerra... Onde foram parar minhas nobres decisões? Mas como resistir? Sei muito bem que os soldados de todos os países, sejam eles russos, franceses ou iugoslavos, trabalham direta ou indiretamente para a matança. Os operários na França trabalham em prol de quem, de quê? Somos milhões, dezenas, vintenas de milhões de escravos...

Meu pé dói cada vez mais, o inchaço aumenta, a cor se torna sinistra e o odor, infecto. Finalmente concordam em me levar ao posto de saúde. Herr Scherer, o enfermeiro, a nata dos corajosos, exige, com a perplexidade estampada no rosto, me ver diariamente.

O "agente de saúde" do outro turno diz que meu pé corre risco e que não pode mais cuidar dele sem a orientação de um médico. Minha fraqueza é extrema e, para falar a verdade, estou impressionada com o que aconteceu com a minha cara amiga Gerda Vossing. Ela não pode operar sozinha a máquina, seus nervos estão à flor da pele. Vejo chorar esta mulher sem parar; em outros tempos, era tão alegre, tão forte. Suas mãos e seus braços são um conjunto de feridas. Ela desmaia várias vezes ao dia. Ontem teve um ataque: seu lado direito ficou paralisado. De uma hora para outra, Gerda não pode mais "lhes" servir. Levam-na embora. Ela parte para o hospital numa maca. Para isso é preciso estar nas últimas! Ouço as alemãs dizerem que logo será a minha vez. As frases milenares das lamentações bíblicas afloram inconscientemente aos nossos lábios... "Até quando, Senhor, até quando?" Os mesmos sofrimentos clamam pelas mesmas palavras. Tenho agora a covardia de pensar, com uma certa inveja, nos companheiros que dormem em paz para sempre no cemitério de Ivry! Vildé, Lewitsky, Nordmann, Walter, o jovem René, Ithier, Andrieu... Vocês não lutam mais, vocês ganharam o repouso merecido, estão em paz...

E hoje, recebi uma carta de casa... O filho de Friedmann teve coqueluche, meu neto tem dois dentes, Jean e Monique foram esquiar no Haute-Savoie. Acontecimentos de todo tipo são tão distantes que para mim parecem envoltos numa bruma espessa. Será uma bruma de indiferença? Temo muito que sim!

Ontem, voltei a desmaiar na rua ao sair de casa, mas parece que o SS mandou que me pusessem no ônibus, garantindo que o trajeto bastaria para que eu recobrasse os sentidos. No fundo, ele é quem tem razão, pois apesar de tudo cumpri meu expediente de oito horas. Quando se chega à fábrica, descortina-se um ambiente extraordinário: o barulho das máquinas, todas aquelas mulheres trabalhando como autômatos, todas aquelas engrenagens que giram, rodam, os funis que sobem e descem lentamente. Em tudo isso está presente um ritmo que embrutece. Nós nos fundimos a essa vida irreal, e trabalhamos quase da mesma forma como giram os dervixes rodopiantes. Somos dominadas, possuídas pela máquina, pelo seu odor e pela sua força...

Eu ainda estava meio adormecida hoje de manhã quando Tonton passou pela minha cama e viu minhas mãos. Ela é médica, e minhas mãos a interessaram.

— Puseram pomada ontem — disse ela —, eles exageraram...

Semiacordada, respondo:

— Chegue mais perto, sua boba. Isto não é pomada, é pus.

Maria Dopsch, a tcheca, começou a se levantar dois minutos antes do final do seu expediente. O "controlador" a viu, pegou um panelão de ferro e aplicou dois golpes em sua cabeça. O primeiro abriu o supercílio, o segundo fez um ferimento de dez centímetros na nuca. Levaram Maria a um médico! O "controlador" foi parar em outro turno. Desta maneira, ele poderá fazer com que outras mulheres usufruam de seus princípios de pontualidade rigorosa!...

Toda noite, durante o último turno, tem havido sinfonia. Da janela do hall da escada, vê-se uma claridade vermelha, a luz dos obuses e dos holofotes deixa o céu listrado. Uma hora dizem que é Duisburg, noutra, que é Essen ou Düren que arde em chamas. Os incêndios já duram há tanto tempo, que nos perguntamos o que mais existe para queimar. O quê? Ora, a fábrica Phrix! Será que os aviadores anglo-americanos não sabem mirar? O alvo é bastante grande! Ainda na noite passada, puseram fogo com uma bomba incendiária num dos alojamentos das russas. Pobrezinhas, parece que ficaram enlouquecidas! Quanto a mim, durante todo esse tempo, estive totalmente cega, num canto da fábrica. A situação cheirava mal. Ninguém, Henriette inclusive, conhecia o meu paradeiro. Eu quase não conseguia andar sem ajuda. E se houvesse um incêndio, eu me perguntava, como fazer para escapar? Ainda bem — que sorte! — que as minhas mãos estavam um pouco melhor, e isso me permitiria encontrar, tateando, a saída...

Oito dias de inferno! Na segunda-feira, eu não conseguia levantar a cabeça. Conforme dizemos, "meus olhos estavam escorrendo para a boca". Sou levada até a máquina por Henriette. Siemens me manda contar as placas-filtros (é preciso contá-las na chegada, por medo que o operário que nos antecedeu as tenha roubado para se apossar do ouro ou da platina).

— Contar as placas-filtros? — rebato. — Mas como? O senhor está vendo que os meus olhos...

— Trate de contar seus filtros — insiste ele num tom trovejante, acompanhando a agressão verbal com um potente soco em minhas costas.

Perco o controle. O sofrimento é grande demais, e aos berros digo a ele que só um canalha seria capaz de bater numa mulher quase cega. À guisa de resposta, ele me agride novamente e diz que, para me "dar uma lição", vai me obrigar a trabalhar a noite inteira. Chama uma operária para fazer a envasilhagem e me designa como ajudante. Não consigo ver a pessoa que trabalha comigo. Não reconheço a voz da jovem, que deve ser novata. Ao longo de todo o turno, o sofrimento é atroz. Uivo como um lobo para a lua. A guardiã, que é bastante decente, me enche de aspirina no intervalo entre as levas. Chegando em casa, me enfio na cama, na qual permaneço, praticamente inconsciente, durante cinco dias e cinco noites. A médica passa para uma visita e, milagrosamente, a "Concon" pede que ela me examine. Explica meu caso, acrescentando que dois dos enfermeiros da fábrica afirmam que preciso de uma consulta de urgência, pois meu pé corre perigo. Parada a uma distância de dois metros da minha cama, a doutora me diz:

—Vão lhe dar um "remédio".

(Em outras palavras, um comprimido).

Descubro meu pé, mas nitidamente ele não desperta qualquer interesse na nossa dedicada médica, que sai batendo a porta. Nem preciso dizer que não recebi o comprimido prometido.

A natureza, que tão bem sabe gerir as coisas, me permitiu levantar da cama e voltar ao trabalho... Meu pé está melhor, o pobre coitado repousou...

A nova guardiã, Fräulein Jansen, me leva diariamente ao "agente de saúde", um homem bastante corajoso. Ontem me deu, escondido, um sanduíche. Nem ele nem os colegas se furtam de dizer o que pensam do tratamento que nos infligem. Meu pé, finalmente, melhorou bastante.

Não ouso mais me olhar no espelhinho do banheiro; pareço uma mulher de setenta anos. Estou encurvada, com a pele amarela — como a de todas as minhas companheiras —, os olhos encovados e emagreço a cada dia. O trabalho na máquina me parece mais duro a cada dia. A fábrica tem recebido muitas visitas, tanto de inspetores militares quanto de visitantes civis.

Um indivíduo, vestido "à paisana", passa diante da minha máquina, acompanhado de Houben, e entreouço este último comentar num tom de zombaria:

— É, esta é francesa... É avó, mas apesar disso tece! Deu um bocado de trabalho, mas chegou lá... Admito que sou, afinal, um sujeito espantoso para conseguir transformar uma avó em tecelã!

Cantarolo a velha canção pacifista do século XVI:

Quem fala da guerra
Sem saber do que se trata
Asseguro sinceramente
Que é algo lamentável...

E quanto mais o tempo passa, mais tudo fica igual. Passei uma noite de cão lambendo meus dedos queimados. Não disponho de remédio algum. O calor da minha saliva alivia a dor. Chegando à fábrica, sou levada ao posto "de saúde". Lá, finalmente, cuidam bem de mim: extraem a viscose, me untam de pomada e enfaixam meus dedos, um após o outro. Dou a impressão de usar belas luvas brancas como aquelas que faziam parte do uniforme de domingo dos soldados da minha infância.

Herr Scherer recomenda à guardiã que não me deixe trabalhar. Contudo, mal chego à sala das máquinas, me mandam para a "32", um atraso de vida que funciona mal. A guardiã, é claro, não diz uma palavra. Dou início à leva, não me resta alternativa. Não trabalho depressa e guardo comigo minhas próprias reflexões. Siemens me observa. Sem dúvida, julga que não terminarei o trabalho a tempo, razão pela qual, para me estimular, surge por trás de mim, pega com firmeza minhas mãos nas suas e as enfia no banho de ácido. Consolo-me pensando que ele podia ter feito comigo o que Herr Lenartz, o contramestre, fez com uma polonesa do turno de Madeleine. A polonesa, há 15 dias sofrendo da vista, não estava realmente em condições de trabalhar mais. Ainda assim, Lenartz, que não queria deixá-la no porão, tentou aplicar-lhe um novo remédio. Mergulhou o rosto da infeliz no ácido e a obrigou a tecer durante oito horas sem ajuda. Quanto a mim, sofro apenas das mãos, os olhos por ora vão bem. A vida é feita de pequenas alegrias...

Experimentamos emoções de todo tipo aqui. Olga, a vienense, teve um pesadelo terrível: murmurava chorosa, no escuro, com aquela voz estranha dos sonâmbulos: "Ela vai morrer, vai morrer." Até então, Olga se dizia "política". A história do pesadelo nos leva a uma pequena investigação que esclarece que ela está presa por ter envenenado a mulher do amante. Aparentemente, quando dorme, Olga sente remorso!

Faz um mês lancei uma garrafa ao mar. Um belga, operário civil, decidiu me passar um pedaço de papel, um envelope e pôr minha carta no correio. Uma resposta me chega por seu intermédio: uma carta de Jean e Colette Duval contendo uma foto de Yves. Meus olhos, embora não doam muito, estão em mau estado. Não consigo decifrar as notícias tão esperadas. Vejo a silhueta do meu neto, mas não seus traços. Prevendo o recebimento de uma carta, confeccionei um bolsinho de tecido preto no avesso do meu vestido. Nele esconderei a minha preciosa missiva. Se a encontrarem, isso me custará quatro semanas de confinamento disciplinar em Anrath. Conheci várias mulheres que foram punidas por conta de cartas clandestinas. A cela do confinamento fica no térreo. É terrivelmente úmida. As "punidas" perdem a roupa de baixo e o casaco. À noite não dormem em colchão, de dia não recebem pão nem água, apenas duas sopas por semana. Quando voltam, quase sempre sofrem de artrite acompanhada de febre alta. No meu estado atual, quatro semanas de confinamento disciplinar significariam a morte. Essa certeza me obriga a ser prudente. Escondo minha preciosa carta e a imagem do meu neto desconhecido...

Li as notícias de Paris, decorei-as. Recito-as para mim mesma operando a máquina. Pierre Brossolette, a mulher e os filhos conseguiram chegar à Inglaterra.[3] Jean Cassou está num campo de concentração na França.[4] A

[3] No final de abril de 1942, Pierre Brossolette chegou a Londres de avião. Lançado de paraquedas na França em junho de 1942, organizou, entre outras coisas, a partida da família. Sua mulher Gilberte Brossolette, o filho e a filha pisam na Inglaterra após uma viagem perigosa. Pierre ainda voltou duas vezes à França, realizando ali missões importantes e lançando as bases do Conseil National de la Résistance (CNR). Em fevereiro de 1944, o barco que o leva de volta à Inglaterra naufraga ao largo da ilha de Sein. Obrigado a desembarcar, ele é preso pela Gestapo em Audierne. Identificado apenas em março, conduzem-no imediatamente a Paris. Torturado durante três dias e vendo suas forças chegarem ao fim, atira-se de uma janela do quinto andar do prédio nº 82 da avenida Foch, sem ter pronunciado uma palavra sequer capaz de comprometer seus companheiros ou a causa por que lutavam.

[4] Jean Cassou foi preso em Toulouse em dezembro de 1941 e condenado a um ano de prisão por "atentar contra a segurança de Estado". Cumpre sua pena no campo de Mauzac em Dordogne e depois é obrigado a ficar mais um mês no campo de prisioneiros de Saint-Sulpice (Tarn). Assim que é solto, começa a "trabalhar" ativamente, tanto sob o nome de Alain, quanto sob o de Fournier (em homenagem aos nossos ve-

mulher e a filhinha moram perto de Toulouse. Claude Aveline e Marcel Abraham vivem mais ou menos escondidos, bem como Friedmann. Aparentemente, todos correm perigo. A vida parece animada na França! Mas estão vivos, e logo nossas mazelas chegarão ao fim. A carta tem um forte tom otimista. Colette me conta sobre as pessoas que se interessam por mim, mas não as conheço. Como é estranho tudo isso! Ela faz algumas alusões, disfarçadas, que não entendo. Estou desatualizada. Ainda me lembro muito bem da minha primeira noite em "Cherche-Midi": "Aqui jaz Agnès Humbert, morta em 15 de abril de 1941." No fundo isso não é tão idiota quanto parece. Esse epitáfio que eu lia semiadormecida corresponde à verdade. Uma parte de mim, a parte sentimental, terna, gentil, morreu naquele dia. Jamais poderei ser a mesma...

Desde o primeiro dia notei o bom caráter e a beleza esplêndida de Elsa Mauwinkle. Era um quadro de Rubens, Santa Madalena ao pé da Cruz. A mesma carne farta e leitosa, a mesma profusão de cabelos louros e ondulados. Quando penso nela, eu a vejo como era quando chegou aqui. Quem a reconheceria hoje? Aos 29, seus cabelos estão grisalhos nas têmporas. Emagreceu tanto que chega a dar medo. Sofre dos olhos o tempo todo. Percebemos que não para de coçar a cabeça. Simone, nossa jovem assistente social belga, conhecedora de todas as misérias humanas, não tem muitas dúvidas sobre o que se passa. Examina a cabeleira de Elsa. Além de cheia de piolhos, sua cabeça se transformou numa espécie de formigueiro. Existem crostas em todo o couro cabeludo e quando uma delas é aberta, os piolhos fervilham por debaixo. Passados alguns dias, resolvem tratá-la. Raspam-lhe a cabeça, untam

---

lhos tempos). Torna-se inspetor da zona sul para o conselho diretor dos Mouvements Unis de Résistance (MUR) e depois presidente do Comitê de Liberação da região de Toulouse. Finalmente, no começo de 1944, o governo de Argel o nomeia comissário da República para a região de Toulouse. Ele assume, imediatamente, a função e vai de maqui em maqui organizando a Liberação. Na noite de 19 para 20 de agosto de 1944, Jean Cassou e três companheiros são atacados numa rua de Toulouse por uma patrulha alemã. Dois são mortos e Cassou é deixado ali para morrer. Fica em coma três semanas e ainda não está fora de perigo no final de setembro, quando o general de Gaulle o condecora, em seu leito de hospital, com a cruz da Libertação.

o couro cabeludo com pomada. Mas quem se preocupa com seu estado geral de saúde?...

O diretor de Anrath veio fazer uma inspeção. Toda vez que isso acontece é um drama. Alguém, na sala 35, roubou o ouro de uma placa-filtro. Como descobriram? Mistério! As mulheres da sala 35 são todas punidas. Durante cinco dias dormirão sem colchões e sem cobertas. Para comer terão trezentos gramas de pão e mais nada. Naturalmente, serão obrigadas a presenciar as nossas refeições. Trabalharão como as outras. Se uma de nós as socorrer, compartilhará o castigo da sala 35, fiquem todas avisadas! Henriette e eu adotamos afilhadas. Passamos para elas fatias de pão e damos um jeito de lhes fornecer uma coberta. No final do quinto dia, mais de um terço das mulheres se encontra tão mal que as vemos desmaiar uma após outra. Dá para imaginar que essas mulheres irão apresentar uma bela produção!...

Mais uma vez meu problema na vista retorna, com violência maior do que nunca. Siemens, meu grande amigo, de pronto percebe que estou doente. A fim de chamar minha atenção, me desfere um violento pontapé no tornozelo para informar que a guardiã está autorizada a me levar para o porão. Minhas mãos doem tanto quanto os olhos. Descobri, pois me vi sozinha no porão, o significado da expressão "bater a cabeça contra a parede". Sim, bati a minha própria cabeça contra a parede, e depois me recompus. Disse a mim mesma que havia algo a fazer, ainda que sozinha e sem cuidados num porão. O bombardeio rosnava forte lá fora e o barulho surdo me fazia companhia. Para as mãos, eu precisava de bandagens úmidas, só que não havia água... Tentemos, então, outra coisa. Faço xixi sobre as minhas pobres mãos, os retalhos de gaze que me servem de bandagem ficam empapados... E, por incrível que pareça, cinco minutos após a aplicação do remédio, a dor diminui. Mais dez minutos e adormeço. No dia seguinte, as feridas começam a cicatrizar. Resta à Academia de Medicina reconhecer a eficácia de tal procedimento.

Krefeld, 8 de maio de 1943

Uma notícia de monta, magnífica e verídica: Túnis está nas mãos dos Aliados! Agora, é passar de Túnis à Sicília e depois entrar na Itália. Conhecemos o valor dos soldados italianos de Mussolini. Não demora e nossos amigos invadirão o sul da Alemanha. Estamos loucas de alegria. Não falamos de outra coisa, não pensamos senão em Túnis...

Os turnos da noite são todos musicais agora. Cortesia gratuita da direção. A Defesa Antiaérea está plantada no telhado de um dos prédios da fábrica, e todas as noites dançamos. Ontem, um obus disparado pela Defesa Antiaérea caiu pertinho da minha máquina. Uma prisioneira foi ferida. Nada de muito sério, felizmente. Os contramestres passam e gritam ordens para nos mantermos todas diante das máquinas, não importa o que aconteça. Somente os civis têm o direito de correr para o abrigo. Eu prefiro assim! Odeio os abrigos. Na sopa da meia-noite, vejo meu amigo Erb. Está morrendo de calor. Faz o gesto de enxugar a testa e segura o quepe na mão. Quando passo a seu lado, ele sussurra no meu ouvido:

— Tem um ovo para você dentro do meu quepe, pegue.

Partilhamos o ovo, Henriette e eu, na cama, depois de apagarem a luz. Será que algum dia esquecerei gestos como os de Erb? E dizer que há gente que não acredita na humanidade!...

Krefeld, 21 de junho de 1943

É véspera de São João. A temperatura está amena, gostosa. Ainda somos "da noite". Atravessamos a cidade com suas janelas floridas. Os jardins resplandecem em toda a sua glória. O ar que respiramos gulosamente é perfumado. Engolimos algumas lufadas pela porta do ônibus. Penso na França, na festa de São João na Lorena, quando, menina, eu dançava ciranda em torno da fogueira com as outras crianças da aldeia. Penso nas tradições da minha terra natal: os remédios de São João, as ervas de São João, as danças. Como farei, no vestiário, para voltar à dura realidade e vestir novamente meu uniforme ainda encharcado do suor de ontem? É incrível como o suor da véspera pode parecer frio e pegajoso quando voltamos a ter contato com ele, 16 horas depois. Desde a meia-noite, a Defesa Antiaérea não para. A impressão é a mesma que a de estar a bordo de um navio em meio à tempestade. Os contramestres, muito nervosos, vão e vêm diante de nós. Esta noite, temos ordem para escorregar para debaixo da nossa máquina caso a sirene da fábrica se faça ouvir. Meia-noite e quinze e nada aconteceu ainda, mas quase todas as luzes estão apagadas. Fica impossível continuar a "leva". Dane-se! Os panelões vão transbordar, será divertido! A sirene tocou. Me aproximo de Henriette e nós duas nos escondemos no espaço sob a máquina. Está escuro, a água escorre, o lugar é desagradável. Ainda assim, descobrimos um pequeno, pequeno não, um grande tesouro: um pente de bolso. Que bom! Os nossos acabaram de ser roubados! Ao fim de dez minutos, saímos do nosso esconderijo, do qual já estamos mais que fartas. Percebemos claramente um bombardeio intenso. Às duas da manhã, o trabalho recomeça. Tenta-se, da melhor maneira possível, consertar os estragos. Os contramestres urram como se isso fosse capaz de resolver a situação. Ouvimos dizer que Krefeld está em chamas. Por que diabos eles pararam em Krefeld? Por que não seguiram em frente, chegando até nós? Será que isso ficou para amanhã?

Corre o boato de que a Kölping Haus foi destruída. O destino de nossas companheiras que lá ficaram nos preocupa. Será que algum dia saberemos o que foi feito delas? Às seis horas, nada de revezamento. Às nove, pela primeira vez, nos trazem pão com manteiga para comer ali mesmo junto às máquinas. Aparentemente é certo que Krefeld foi em parte destruída. Estamos mortas de cansaço ao meio-dia, quando, afinal, vêm nos render. Nem bem entramos em fila, os contramestres voltam para selecionar 15 mulheres para ajudar a equipe que nos rendeu em seu trabalho de hoje. Henriette e Marie se oferecem espontaneamente, pois as recém-chegadas se encontram num estado deplorável. A Kölping Haus foi totalmente destruída. Todas as prisioneiras, fato extraordinário, estavam no abrigo e se salvaram.

No pátio, o clima é estranho. Sente-se que o dia está bonito, uma bruma espessa esconde o sol. É a poeira do que foi a cidade de Krefeld que cria esse véu espesso. O ônibus vem nos buscar. Levamos crianças com expressão aturdida a Linn. A cidade parece não ter sido atingida, mas, logo que saímos de lá, é possível ver as chamas. Prosseguimos em meio a duas fogueiras. Os bombeiros demonstram impotência. Suas mangueiras jazem no chão, inúteis, pois não há água. As pessoas partem em pequenos grupos. Para tornar a cena ainda mais tragicamente burlesca, seus rostos estão esbranquiçados como de palhaços. A pele em torno dos olhos tem uma coloração vermelho-forte, aparentemente um dos efeitos das bombas de fósforo. Vejo um casal muito idoso que parte a pé, deixando para trás o que foi seu lar e carregando, cada um, alguns objetos dentro de uma toalha de banho. Seus rostos enrugados estão negros de fuligem e os olhos ostentam enormes "óculos" vermelho-vivo. As lágrimas escorrem sobre tal maquilagem sem desmanchá-la... Numa praça, vê-se um conjunto heterogêneo de móveis... aparador, sofá, máquina de costura, assadeira e, equilibrado sobre o conjunto, um imenso busto de Adolf Hitler em bronze falso. Ele reina sobre um amontoado de móveis quebrados e disparatados. Ao fundo, uma casa em ruínas com uma escada de madeira de onde brotam chamas enormes. O deus Moloch em pessoa. Sem sombra de dúvida este busto, surrupiado em alguma organização nazista, foi posto ali por um antifascista. Trata-se da genuína imagem da destruição, uma propaganda silenciosa. Ninguém acabará no campo de concentração por ter criado este quadro que chama a atenção. De vez em quando, as explosões de uma bomba ainda não detonada rompem o silêncio mortal, o silêncio espesso, pesado, que paira acima de tudo. Ontem à noite, admirei um imenso castanheiro em flor. Hoje, resta dele apenas um cadáver carbonizado. Ao lado do castanheiro, havia um asilo para senhoras protestantes. A porta de entrada do prédio era encimada por um baixo-relevo de uma pomba levando um ramo de oliveira no bico. Muitas vezes contemplei essas senhoras idosas tão dignas, tão tranquilas. Elas viam a vida passar lentamente ao abrigo de árvores enormes, sob a proteção da pomba. Não há mais casa agora. Nada além desse pedaço de parede com a insignificante imagem que prometia a paz até a morte. O que terá sido feito das senhoras? Por todo lado vemos garotos de camisa marrom, vestidos com o maior esmero e sem um fio de cabelo fora do lugar. Será que carregam os pertences das vítimas? Será que ajudam no resgate das crianças? Prestam algum serviço? Vão de grupo em grupo, ouvem... Mudos. São os alcaguetes de Hitler. Prestam contas ao Partido do que dizem as vítimas e denunciarão os descontentes. É este o trabalho social que desempenham.

Observo tudo isso. Meu coração e minha mente estão divididos. Metade do meu coração se abre a todo esse sofrimento, chora toda essa destruição. Depois, porém, digo a mim mesma que não existe outra forma senão esta de abater o monstro. Quem começou esses massacres, quem acendeu as fogueiras por este mundo afora, quem incendiou Londres, Roterdã, Dunquerque? O monstro era então todo-poderoso... Todo-poderoso e covarde... Agora, os outros se fortaleceram. Matar, matar, matar para viver. É necessário, é inevitável: a barbárie ou a civilização. Mas a civilização precisa se impor com as armas dos bárbaros! Aí está a tragédia!

Krefeld ardeu durante três dias e três noites. Ficamos oito dias sem tomar banho. A comida, excelente, nos é fornecida pelas cozinhas volantes. Um grande número de militares está na cidade, sem dúvida por temerem uma rebelião. Rebelião? Estas pessoas não se rebelarão! Eu que contava mais com a revolução do que com os Aliados, começo a pensar que elas não se revoltarão jamais. São passivas, passivas como débeis mentais.

Uma única vez recebemos pão branco no refeitório da fábrica, e as alemãs riram ao comê-lo, dizendo: "Obrigada, Tommy", pois, segundo elas, é aos *Tommies* que devem tal favor, esse afago que as pegou de surpresa. Para as alemãs, a comida está acima de tudo...

Escrevo para casa. Minha carta é descosturada e para acrescentar um tom "alegre" explico a falta de coesão das minhas ideias assim: "Minhas companheiras riem e falam à minha volta, não sei direito o que escrevo." Neste momento, uivos de terror se fazem ouvir no segundo andar. O diretor de Anrath está aqui. Ele bate com o cassetete nas cegas e nas doentes que, com a anuência da guardiã, não se levantaram da cama esta manhã. Essas mulheres descem titubeantes, batendo de encontro às paredes, com o diretor em sua cola.

Oito dias atrás, ele entrou no banheiro durante a nossa toalete e, como de hábito, me fez entregar, com brutalidade, a minha bolsinha, a fim de verificar se ela não continha nada além do lenço permitido. Estava vazia, já que o "lenço permitido" me foi roubado já faz três meses. Desde então, assoo o nariz com os dedos.

Agora, quando trabalhamos de dia, somos obrigadas a descer para o porão à noite. Às vezes, vamos para lá três vezes, e os alarmes são bastante longos. Naturalmente, não ficamos sequer dez minutos extras na cama em virtude disso. Hora é hora. Estamos exaustas. Emagreço cada vez mais. Duas novas francesas chegaram ao *kommando*. Henriette lhes explica a nossa vida e faz com que eu me dispa para mostrar a elas o que se pode fazer na Alemanha com uma mulher que era — até bem recentemente — apresentável.

Tenho medo de subir na balança. Com a roupa pesada da fábrica, "tenho" 49 quilos. Para uma mulher de um metro e sessenta e oito é pouco. Em Paris, meu peso normal era 65. Pretendo fazer rir as duas "novatas" com macaquices e, para justificar meu novo apelido, "Gandhi", ponho meus óculos e amarro uma gaze em volta dos quadris. Ao que tudo indica, meu show hindu é um fracasso, pois as duas francesas choram...

Ruth é uma bonita moça sadia. Em outros tempos, há quatro anos, pertencia a uma associação esportiva. Não gostava de Hitler e verbalizou o fato. Isso lhe custou quatro anos no campo de concentração nos arredores de Hamburgo. Ali, 12 horas por dia, era preciso alimentar as fornalhas dos navios com carvão. Ela afirma, porém, preferir aquele trabalho duro a este que lhe obrigam a executar na fábrica Phrix. O que a trouxe para cá? Muito simples: uma capa, uma linda capa que ela comprou na Holanda. Uma de suas amigas, encantada com a capa, quis uma igual. Ruth mandou vir a encomenda de Amsterdã, mas, para sua infelicidade, cobrou da outra um pequeno agrado, alguns marcos. "Mercado negro", decretou seu amante, um rapaz ótimo que pertence à Gestapo e que já lhe deu o fora.

A direção se deu conta de que muitas mulheres recebem cartas ambíguas de suas famílias. Algumas são nitidamente escritas em código, enquanto outras trazem subentendidos obscuros. Assim, para que não haja tempo para decifrarmos nossas cartas, temos agora o direito de ficar com elas apenas uma hora, e até isso varia de *kommando* para *kommando*. As mulheres da Kölping Haus, atualmente sob o domínio de Fräulein Gaeta, têm que ler suas cartas diante dela e devolvê-las de imediato. Para nós, a tolerância é de uma hora, às vezes duas. Amy é cega e sofre de maneira atroz. Acaba de receber uma carta do marido que luta na Rússia. Há meses, ela aguarda essas notícias. Uma companheira leu a missiva para ela, mas Amy queria lê-la sozinha, contemplar a caligrafia do homem que ama e do qual esta talvez seja a última carta. Implora à guardiã para que o permita. O regulamento é inflexível e não prevê os acidentes sofridos por aquelas que são forçadas a trabalhar na fábrica Phrix! Amy jamais verá a carta do marido.

Krefeld, junho de 1943

Será o calor intenso o responsável por esta recaída dos problemas de vista? Hoje de manhã, no café, a maioria de nós usava óculos escuros. O sol que entrava por todos os lados no refeitório é absolutamente insuportável. Surge, então, a "Concon", furiosa, declarando que se aparecesse alguém, o ambiente iria parecer soturno, com todas as mulheres usando óculos escuros. Em vista disso, confiscou nossos óculos, mas sem conseguir tornar nossos semblantes mais alegres.

Algumas noções elementares de higiene a rever: dizem que a sarna é contagiosa. Que superstição mais ultrapassada! Marguerite, a jovem aprendiz a quem ensino agora o ofício, tem sarna. Seus braços estão cobertos de erupções mais ou menos purulentas, pois ela as coça muito. Durante oito horas de segunda a sábado e doze horas aos domingos, mergulhamos as mãos e os braços no mesmo balde d'água. E nem por isso peguei sarna!

Krefeld, junho de 1943

Existe sempre algum jeito de rir. Gerda, a gorda açougueira russa, vem falar comigo enquanto opero a minha máquina. Está desolada.

— Sabe, a guerra não está para terminar! Você dizia que as coisas iam mal para nós na França, que os nossos soldados estavam sendo enviados para o *front* russo e que, se aproveitando disso, os ingleses e os americanos logo desembarcariam no seu país. Isso já não é mais possível. Os japoneses mandam reforços que desembarcam na França às centenas de milhares... É verdade, sabe, vi a foto no jornal, é um desastre, porque a guerra vai continuar...

Com a expressão séria lhe respondo:

— Estes japoneses de que você fala com certeza estão chegando pelo túnel que liga Yokohama a Marselha...

E ela, pensativa, retruca:

— Sei lá, o jornal não falava onde exatamente isso estava acontecendo, mas era na França... *Herr Gott*, que tristeza!

Quanto a mim, reajo rindo!

Kate Dreimuller, a que tem um brilhantão incrustado entre dois dentes, se queixa a Houben de que seu carrinho não anda mais por falta absoluta de óleo. O trabalho nessas condições é extenuante. Levou um par de tapas tão fortes que a derrubaram no chão. Houben ainda a cobriu de pontapés. Kate estava a dois metros de mim, mas foi impossível intervir. Só resta engolir em seco, enfiar as unhas na palma da mão e aguardar.

Hoje, Kate ainda se mostra abatida e muito cansada. Para facilitar o próprio trabalho, faz parar seus panelões com uma gaze, o que é proibido. Herr Pils, o diretor, passa e vê. Joga-lhe um balde de água fria que a encharca até os ossos. Ela grita:

— Obrigada, *herr* diretor, minha blusa estava suja, o senhor a lavou.

Krefeld, junho de 1943

Erika, que parece uma florista dos tempos de Luís XV, e Ena, a de cabelos naturalmente platinados, são pegas fazendo amor com operários belgas sob a máquina. Todas fazem isso. Umas para conseguir mais comida, outras por um pedaço de sabão, outras ainda para que os belgas que controlam o nosso trabalho não sejam "canalhas" demais. Existem também as que simplesmente têm necessidade de fazer amor, a despeito do brometo. No entanto, elas foram demasiadamente ostensivas, e é provável que isso vá acabar mal. Houben e Siemens por enquanto ainda não as puniram excessivamente, apenas as obrigaram a empurrar carrinhos muito pesados, cobriram-nas de insultos e riram. Elas se safaram com pouco.

O número de doentes impressiona. Gertrude sofreu um prolapso do útero; a velha sra. Reversay ostenta uma úlcera tenebrosa na perna. Marguerite ainda arrasta sua sarna. Várias presas têm furúnculos e abscessos, e muitas apresentam feridas purulentas bastante misteriosas. Tais feridas, dizem, são causadas pelos vapores do ácido, que nos envenenam, a nós, que contamos apenas com uma sopa leitosa a cada três semanas e não tomamos uma gota sequer de leite nesse ínterim. Ora, uma notícia sensacional: a médica da fábrica, uma gorda de óculos, apareceu no alojamento. Veio fazer uma visita à "Concon". As doentes formam um grupo no hall, no alto da escada. A médica precisará passar por ali a caminho da saída. Desenrolam suas gazes, expõem suas feridas e aguardam. Um verdadeiro pátio de milagres! Finalmente, surge a *Frau Doktor*. Ela levanta as mãos para o céu:

— *Ach lieber Gott!* — geme a médica, com uma careta de repulsa.

Em seguida, agitando a mão direita como para espantar moscas, repete três vezes:

— *Pfui, pfui, pfui.*

E com um gesto amplo, afastando as doentes, desce a escada e vai embora.

Krefeld, final de junho de 1943

Henriette teve uma crise de vista mais terrível do que todas as outras. Sua aparência era a de uma vítima de bócio exoftálmico. De tão inchados, os olhos vistos de perfil se projetavam além do nível da testa. Além disso, suas crises cardíacas são cada vez mais frequentes e, para culminar, mal havia se recuperado de uma delas quando Hermann, encarregado de supervisionar o conjunto de máquinas ao qual pertence a dela, aplicou-lhe uma surra até tirar sangue. Hermann é holandês. Há pouco tempo entrou para as SS e precisa mostrar que é um genuíno nazista, usando qualquer pretexto para tal. Aparentemente não entendeu direito uma frase que lhe disse Henriette com relação às reprimendas por ele dirigidas a Marie-Jeanne. Por não ter entendido, Hermann caiu em cima de Henriette e a feriu no seio. Henriette conseguiu ser medicada pelo generoso Scherer, que redigiu um relatório que seguirá seu curso, o mesmo curso dos outros relatórios, ou seja, que será propositalmente esquecido. Imagine, um SS! Só faltava essa para tirar a pobrezinha da Henriette dos eixos! Lá está ela debilitada e, apesar do intenso calor, com angina e tosse. A guardiã tomou-lhe a temperatura: mais de 40°. Mesmo assim, ela precisa comparecer à fábrica. Não há mais aspirina nem quinino no posto de saúde hoje. Daniel, o jovem tecelão belga, deu um jeito, Deus sabe como, de achar uma aspirina, que passou para Henriette por um tubo. Para coroar tanta falta de sorte, Houben manda Henriette para a máquina 58, que acaba de ser reformada, funciona mal e fia uma seda tão fina que mal se enxerga. No meio da noite, Henriette vem até a minha máquina e me beija. Fico meio atordoada com essa explosão de ternura, mas não tenho tempo para pensar nisso. Troco meus filtros, trabalho difícil, me sinto mal e os meus dedos ardem terrivelmente. Além disso, meu coração não anda bem. Digo a ela apenas:

— Daqui a pouco, meu bem, daqui a pouco dou uma chegadinha na sua máquina.

Dez minutos mais tarde, escuto gritos, vejo mulheres correndo e, cansada, pergunto:

— O que houve agora?

E ouço:

— Ela cortou o pulso com um vidro, mas um belga viu e a impediu de se matar.

Mais uma! Mas de quem se trata, afinal? De Henriette, me dizem, da pobrezinha da Henriette, que para mim foi ao mesmo tempo mãe, irmã, filha e, melhor ainda, uma amiga... E de tão embrutecida pelo cansaço, pela aversão e pelo sofrimento nem reajo...

Krefeld, julho de 1943

Os bombardeios são cada vez mais intensos. As mulheres estão por um fio. Não aguentam mais! No turno que nos rende mais uma acaba de se jogar pela janela do vestiário. Parece que só quebrou a perna. E uma outra se atirou no vão da escada!

Às vezes, observo as russinhas que enrolam os fios. Como mudaram em um ano! Não porque sofrem maus-tratos físicos. O trabalho que executam é bastante suportável. Mas a promiscuidade em que vivem essas infelizes, a existência ignóbil a que são submetidas aqui significou, para a maioria, a morte moral e a degradação. Onde andarão aquelas mocinhas bonitas de rosto tão puro sob o lenço ou a faixa tradicionais? A maioria delas abandonou o penteado característico de seu país e, ao mesmo tempo, toda a dignidade trazida da terra natal. Cacheiam o cabelo, usam maquilagem pesada, falam aos gritos e dormem com os belgas e os holandeses do nível mais rasteiro. Muitas estão contaminadas, 25 delas estão grávidas. As que voltarem para a Ucrânia levarão consigo uma bela lembrança da "civilização ocidental"!

Krefeld, agosto de 1943

Frequentemente, para arejar as ideias, penso nos objetos que deixei em casa. Será que os verei de novo ou Paris terá sido destruída antes do meu retorno? Eu me achava desprendida das coisas materiais que me esperam lá. Bem, não sou. Penso nelas com mais apego do que antes. Penso, sobretudo, nos meus livros: qual deles abrirei logo ao chegar? Vejo a minha biblioteca e as prateleiras de obras queridas. Quando voltar para casa, terei desaprendido de ler, será preciso começar como as crianças, pelos livros com figuras. Tento rever os quadros do meu quarto, o desenho de Renoir sobre a cama, o pequeno Fragonard e aquele quadro ímpar de Max Lingner, *Juventude*! Passo em revista tudo isso e fico um bom tempo a cismar sobre o Buda de cerâmica chinesa, o Buda tão sereno, sentado sobre sua pilha de livros de teologia, esses livros maravilhosos do século XVII com seus dourados desbotados. E meus moveizinhos Louis-Philippe, terão aguentado o tranco? Espero que sim, pois eu hei de aguentar!

Acabamos de passar por uma inspeção. Reuniram todas as francesas e belgas no hall do segundo andar. O diretor de Anrath, um general importante, diretor das prisões alemãs de trabalhos forçados, assim como um outro indivíduo, olharam bem para nós. Não somos bonitas de ver em nossos farrapos, mas hoje nenhuma está com problemas na vista! Que pena! Tomo a palavra (a esta altura, o que tenho a perder?) e me declaro no final das minhas forças. Peço um trabalho compatível com a minha capacidade física e o meu estado de saúde. Por milagre, não me insultam! O general pergunta a "profissão" de meu pai e a profissão do meu filho, se é que tenho um. Solenemente, tomam notas. Em seguida, o diretor propõe que eu assine um pedido de clemência. Recuso educadamente, afirmando que desejo cumprir integralmente a minha pena. Ambos parecem surpresos. Clemência? Pedir-lhes clemência, eu? Prefiro morrer!

Krefeld, 20 de agosto de 1943

Parece certo que "alguma coisa" vai acontecer. Já faz tanto tempo que esperamos que os nossos amigos venham pôr a fábrica abaixo, que começamos a perder a paciência! Para nós é inacreditável que este prédio horrível ainda continue de pé. E olha que ele é grande o bastante para ser visto! Algumas mulheres afirmam que as ações da Phrix estão em mãos de ingleses, sendo esta a razão que os leva a poupar esta maldita arapuca. Enfim, agora acreditamos numa saída em breve, pois a cada dia os bombardeios são mais intensos. Um turno de prisioneiras em cada três será obrigatoriamente sacrificado, já que nenhuma de nós tem o direito de usar o abrigo. Os contramestres parecem preocupados. Reúnem-se para cochichar pelos cantos.

Hoje, no refeitório, ao passar pelo enorme retrato de Hitler, não sei que ranço de desafio me veio à memória e eu disse: "As que vão morrer te saúdam, Adolf!", o que divertiu Henriette, que, pouco a pouco, retoma o gosto pela vida.

Krefeld, 22 de agosto de 1943

É incrível como tudo treme esta noite. Se continuar assim, a Defesa Antiaérea sozinha acabará derrubando a fábrica! Daniel diz:

— Vai ser hoje ou nunca.

Ele sai, pois lhe permitem sair, e traz notícias. O céu está bem claro e nossos amigos sobrevoam em círculos a fábrica. Repito pela quinquagésima vez a Henriette que irei encontrá-la perto da porta à esquerda, o único lugar onde parece não haver cabos elétricos e onde o muro em quina, ao que tudo indica, oferece um pouco de resistência. Além disso, a porta fica pertinho. Minha leva de meia-noite e meia está pronta. Limpo a máquina enquanto espero a leva de quinze para as duas, mas à uma e trinta e seis, uma bomba cai afinal. Cai precisamente no lugar onde marquei encontro com Henriette, à esquerda perto da porta. Toda essa parte da fábrica desaba como um castelo de cartas e, na mesma hora, chamas imensas brotam dali. Tomara que Henriette não tenha tido tempo de correr para aquele lado! Sei onde fica uma outra portinha e me dirijo para lá, tentando, no caminho, fazer calar as mulheres que urram, o que não resolve nada e deixa todo mundo nervoso. Já derrubaram a porta dos fundos e nós passamos por ela sem dificuldade. Estou de mãos dadas com Mickey. Eu já gostava um bocado dela antes, agora adoro. Sinto que ela treme, mas supera corajosamente o próprio medo. O rosto está tenso, os olhos, fixos. Parece tão calma. Vemos à nossa frente uma trilha de terra, iluminada pelo clarão dos incêndios que ardem por todo lado. Todas as fábricas que nos circundam estão em chamas. Tudo é rubro. Que belo trabalho! Estamos livres. Alguns alemães, de dentro de uma casa, gritam que somos loucas de ficar ali e nos convidam a entrar em seu abrigo, mas que nada, queremos ver, saborear a alegria, a alegria selvagem que esta destruição nos dá. De repente, um holandês me barra o caminho. Ele reconheceu meu uniforme e acha que estou fugindo. Me ameaça com o revólver e me manda voltar à fábrica, ao porão de viscose, ainda intacto. Recuso-me a obedecer, porque quero ver, experimentar a alegria de ver tudo pegar fogo, de ouvir os estrondos. Então, vislumbro meu amigo Erb, o guarda. Ele estava à minha procura e partimos os dois, ignorando o holandês excessivamente zeloso.

Erb se oferece de novo para me salvar. Temo demais as represálias a Pierre e recuso. Saímos em busca de Henriette, que encontramos transportando uma prisioneira ferida, apelidada por nós de "mosca morta". Ela tem um pequeno machucado na perna e faz uma cara, como de hábito, de quem agoniza. No posto de primeiros-socorros, Mickey (médica na vida civil) oferece seus serviços. Respondem que não cabe a uma prisioneira tomar a iniciativa e nos obrigam a retornar todas à fábrica, a fim de desparafusar as placas-filtros das máquinas que não ficaram sob os escombros. Precisamos salvar o ouro e a platina deles durante o incêndio, quando o perigo de ser soterrado é grande, pois, de vez em quando, enormes blocos do teto desabam com estrondo. Enfim, não devemos encerrar nosso expediente esta noite, e é com o coração leve que vamos para casa dormir. A Phrix, infelizmente, não foi de todo destruída, mas, ainda assim, serão necessários uns seis meses de obras antes que a fábrica reabra. Que felicidade!

IX

DOZE OFÍCIOS, TREZE MAZELAS

Krefeld-Anrath (25 de agosto... 19 de outubro de 1943)

Na "Rheika", trabalhávamos numa fábrica estatizada. Para nós, detentas políticas, a situação era até certo ponto compreensível. Havíamos causado problemas à Alemanha hitlerista, e a Alemanha hitlerista se vingara de nós fazendo com que trabalhássemos para ela até a morte nos levar. Agora, porém, tudo mudou. A Alemanha hitlerista nos alugou (bem barato, sem dúvida) a um feitor de escravos que ficará rico com o nosso suor. Somos sessenta, francesas, belgas e holandesas, propriedade de Herr Joseph Scheuring, que, embora alemão, membro do Partido e, obrigatoriamente, ariano puro, tem a aparência de um sírio que enriqueceu graças ao tráfico de escravas brancas. Tem a pele morena, cabelos negros e crespos, usa chapéu-panamá, jaquetão bege claro, sapatos brancos arrematados por biqueiras amarelas, anelão de ouro ornado de lápis-lazúli e, naturalmente, gravata vermelha. É bonito demais para ser de verdade. É uma ousadia descrevê-lo, por medo de que nos rotulem de exageradas. Ninguém sabe de que buraco saiu este crápula extraordinário, intimamente ligado, ao que parece, ao diretor da prisão de Anrath. Diariamente, depois das cinco da tarde, já está praticamente bêbado. Sua fábrica foi em boa parte destruída pelo último bombardeio. Cabe a nós derrubar os muros claudicantes e limpar os tijolos para torná-los passíveis de serem utilizados novamente. Cabe a nós, às sessenta mulheres, a honra de construir uma nova fábrica para que Herr Scheuring enriqueça. Seu quadro de funcionários abrange, além de nós, Adolphe e Georges, dois prisioneiros de guerra franceses, e dois condenados alemães a trabalhos forçados. Naturalmente os homens estão proibidos de nos ajudar, e o trabalho mais duro fica a nosso cargo. Carregamos as vigas de ferro, misturamos o cimento e a argamassa, descarregamos os caminhões de material de construção, bem como as mercadorias. Os homens levantam os andaimes e as paredes. Algumas mulheres sentem vertigem quando têm que subir no andaime, com o pé nu dentro dos tamancos. Para mim tanto faz, e substituo de boa vontade uma companheira a quem não agrada trabalhar pendurada numa escada ou numa plataforma instável. Em compensação, me recusei, apesar dos urros do patrão, a carregar os pesados sacos de cimento. Como os contramestres da fábrica Phrix, ele finge que sou forte, por causa da minha altura, mas, afinal, acaba admitindo que, a despeito da minha boa vontade, não consigo transportar cargas muito pesadas. Meus ombros estão cheios de manchas roxas depois de carregar peças e mais peças de pano que servem para confeccionar sacos. Estes sacos, cheios de palha, virarão colchões para soldados, prisioneiros ou refugiados. Pouco a pouco, ganho a confiança da contramestra e passo a maior parte do tempo na oficina dos sacos. Quando usamos "oficina", queremos dizer o porão para onde são levados, contados e estocados os sacos embalados.

A oficina não existe mais, nós a estamos reconstruindo agora. Apesar de tudo, o feitor de escravos me chama várias vezes ao dia para executar trabalhos pesados. O destino das mulheres que não se ocupam da costura dos sacos nem da armazenagem é absolutamente inacreditável. Fazem terraplanagem, cavam as valas onde entrarão os cabos de alta tensão e os encaixam ali, fabricam o cimento e a argamassa e transportam tudo isso para o canteiro de obras e dele para os andaimes. Marthe Ferret, encarregada desse ofício, está com as palmas das mãos em carne viva e o aspecto é o de uma ferida única. Num dia em que havia muita lama na ladeira em frente à fábrica, Herr Scheuring, temendo que seus cavalos muito carregados caíssem, mandou que os desatrelassem e tivemos que assumir seus lugares. A comida é absolutamente insuficiente: no almoço, repolho vermelho cozido na água; no dia seguinte, repolho branco cozido na água. No jantar, batatas com casca se alternam com um purê aguado todo embolotado. O dia inteiro, Scheuring dirige os trabalhos. Além da nossa guardiã, somos vigiadas pelos dois filhos de Scheuring, que têm, respectivamente, 11 e 12 anos. Eles executam à perfeição sua tarefa de espiõezinhos nazistas e não tiram os olhos de nós. A menina é pior que o menino. Por qualquer coisinha, o patrão nos manda para o confinamento disciplinar, pois, para o cúmulo da felicidade, estamos alojadas novamente em Anrath. A prisão não mudou desde que lá cheguei em abril de 1942. No entanto, há uma novidade: um aviso impresso em belíssima caligrafia, acima da porta de entrada. O texto integral em francês é o seguinte:

> "*No caso de bombardeio aéreo, todos devem se manter absolutamente calmos. Quem fizer barulho ou tentativa de fuga* (sic) *será fuzilado.*
>
> *Assinado: Dr. Combrick, diretor da prisão masculina e da Maison de Force feminina.*"

O diretor da nossa prisão se gaba de conhecer muito bem a língua francesa. Este aviso foi postado na entrada em seguida a um terrível surto de pânico na prisão. Todas as infelizes prisioneiras estavam trancadas à chave lá dentro. Durante um ataque aéreo intensíssimo, uma bomba caiu bem pertinho e, com o incêndio se alastrando pelos prédios vizinhos à prisão, as mulheres desesperadas tentaram arrombar as portas das próprias celas, dando origem a este pitoresco apelo à calma.

Felizmente, Henriette e eu não fomos separadas. Ocupamos um alojamento com quarenta mulheres. Nele, existem 16 beliches. Oito mulheres dormem no chão em esteiras, o que, normalmente, não é tão dramático. Só que aqui não é bem assim. Na verdade, temos dois recipientes para fazermos nossas necessidades. Um deles sumiu. A direção, claro, nada pode fazer. Assim, como não somos feitas só de espírito, toda noite, as que dormem no chão têm suas esteiras inundadas, além de serem pisadas por nós quase a noite inteira em nosso caminho para a "privada", já que o local é demasiado pequeno para abrigar toda essa gente. Somos quarenta mulheres que dispõem de quatro bacias e seis moringas d'água. É impossível conseguir mais. Os banhos de sábado praticamente acabaram. Henriette, então, se desdobra e assume a fiscalização da água. Somente as mulheres que trabalham no canteiro de obras têm o direito de se lavar diariamente. Henriette distribui equitativamente a água entre elas, uma tigela para cada uma. Quando terminam a toalete, outras colegas escolhidas por Henriette fazem fila para usar o restante da água. Seria de esperar que eclodisse uma epidemia de piolhos e, mais uma vez, é Henriette Delatte que monitora a situação, auxiliada por Marie-Jeanne.

A volta de Betty Spriet ao nosso grupo foi uma alegria imensa, mas em que estado ela está! Perdeu uns vinte quilos. Durante várias semanas teve febre alta. Largada sozinha num alojamento, não recebeu tratamento algum. Nossa amiga Mickey, que é médica, acha que Betty teve tifo. Seu moral, contudo, permanece o mesmo.

A Itália capitulou! Esta notícia, dada pelos prisioneiros franceses, nos enlouqueceu de alegria! Tanto que, a despeito dos pequenos desentendimentos do nosso dia a dia, transbordamos de alegria. Os dois franceses que trabalham conosco contribuem muito. Todo dia nos trazem o jornal e os colegas do campo-prisão se cotizam para nos mandar por seu intermédio todo tipo de guloseimas e, o que faz ainda mais falta, remédios para as doentes, vitaminas e fortificantes. Toda vez que passo diante de Adolphe, ele me diz (ou melhor, diz a si mesmo): "Tadinha dela, tadinha dela", com um delicioso sotaque de Toulouse. É evidente que a minha aparência não agrada aos olhos; estou amarela e descarnada, minha magreza é tamanha que não consigo me sentar no banco do caminhão que nos transporta da prisão ao trabalho, pois estou toda esfolada. Os ossos parecem querer furar a pele. Guardadas as devidas proporções, me sinto bem melhor depois que fomos libertadas da "Rheika".

Aqui somos quatro inseparáveis: Henriette, Betty, Mickey (que na vida civil se chama dra. Florence Penning) e eu. Mickey é inglesa, casada com um holandês.[1] "Trabalhava" em Amsterdã e sua atividade, desenvolvida com demasiado esmero na opinião dos alemães, a levou para Anrath. Desnecessário dizer que foi sistematicamente maltratada. Na fábrica Phrix, sofria mais da vista do que qualquer outra prisioneira e sempre demonstrou uma coragem excepcional. Ela também trabalha na reconstrução da ladeira da entrada, e nosso quarteto faz belos projetos para o futuro. É tão bom falar do futuro acreditando de verdade que o veremos. Estávamos as quatro construindo castelos na França ou na Holanda numa manhã de domingo, quando a porta se abriu bruscamente para uma guardiã que gritou uma dezena de nomes entre os quais o meu. Seremos transferidas para outro local, um campo de concentração na fronteira francesa, dizem. Henriette, Mickey e Betty não fazem parte do grupo. Estávamos tão bem juntas, bem demais! Só tivemos tempo

[1] Em dezembro de 1945, minha companheira Mickey, que retomou o serviço no Exército britânico, esteve em Krefeld. Ao constatar que o nosso gentil Joseph Scheuring continuava livre, Mickey imediatamente fez com que as autoridades ocupantes o prendessem.

para um abraço antes que a guardiã nos mandasse partir imediatamente... Para onde? É o que veremos!

Hövelhof (19 de outubro de 1943–30 de agosto de 1944)

Minha impressão é a de que durmo aqui há dez meses. Às vezes tenho pesadelos, outras, um sono calmo e sem sonhos. Foram raros os sonhos maravilhosos! O primeiro, quando um prisioneiro russo, desafiando todas as proibições, veio me dizer, no dia 7 de junho, que os Aliados haviam desembarcado na França, desta vez de verdade; o segundo, quando as companheiras que descarregavam os vagões na estação souberam da libertação de Paris por um prisioneiro francês! Alguns dias depois, veio a notícia de que Toulouse e Lyon também estavam livres da ocupação!

Tinham nos dito que iríamos para um campo de concentração na fronteira francesa. Logicamente, não era verdade. Fomos instaladas em acampamentos bastante simpáticos em Hövelhof, na Vestfália. Ali nos obrigavam a fabricar caixas de madeira durante dez horas por dia. Eu encaixava os pregos e cortava parte da haste para que as caixas se desmontassem mais rápido. Os contramestres eram corretos, as guardiãs cumpriam suas funções de guardiãs. Morríamos de fome, salvo no dia da visita do diretor. Um homem corajoso, esse diretor, comerciante de gado, cuja avó ou bisavó não devia ser ariana pura. Nos dias de inspeção, a sopa era grossa e as porções, decentes. Nos outros dias, a nossa comida era dada às famílias das guardiãs e a refugiados que nada mais tinham e que acampavam em Hövelhof. Essa gente precisava comer, e desde que não morrêssemos de fome, nada havia a dizer. Além disso, a cada dois meses nos pesavam. Descobriam sempre que estávamos mais magras e, solenemente, a diretora registrava o fato por escrito. Nos dias de fome negra, minha querida amiga Chagnoux fingia uma dor de estômago e me dava metade da sua sopa ou uma das quatro fatias fininhas de pão que constituíam a nossa ração diária. No domingo, vinham batatas servidas com casca, que descascávamos cuidadosamente, comendo primeiro as batatas e engolindo, em seguida, as cascas. Quanto a mim, primeiro comia as minhas e depois as das colegas fricoteiras, que chamávamos de "filhinhas de papai" porque desdenhavam as cascas.

Na fábrica, os soldados do Exército Vermelho não costumavam ser maltratados. Quando as notícias eram boas, cantavam, como tão bem sabem fazer os russos, e nós entendíamos a mensagem. Era tão bonito quando entoavam o canto do Komintern que me dava vontade de chorar. Um dia, nos mudaram de oficina. Ganhei um banco de carpinteiro novinho sobre o qual vi, escritas a lápis, algumas palavras em russo. Copiei-as com cuidado, como se copia um desenho, e Vera, a russa que está conosco, me traduziu a mensagem: "Damos as boas-vindas às nossas companheiras francesas."

Nada acontecia, salvo alguns bombardeios distantes, não sabíamos onde. Com frequência, ouvíamos, à noite, a passagem barulhenta de aviões com destino, diziam, a Berlim.

Para marcar a passagem do tempo, contávamos apenas com as doenças das companheiras, como acontece nas famílias pequeno-burguesas nas quais se diz: "Foi o ano da rubéola de Gustave, ou o ano em que Riquet sofreu uma cirurgia." Fixávamos as datas em antes ou depois da morte de Jeanne, vítima da falta de tratamento para alguma doença que jamais saberemos qual foi. O médico sequer foi chamado, Jeanne apagou, pura e simplesmente porque já não tinha condições de esperar socorro. Depois, teve a Raymonde, a comunistazinha de Brest, que enlouqueceu para valer. Não sabíamos o que fazer para acalmá-la. Ela queria de todo jeito que a filha — Michelle — fosse trancada no armário!

Recebi uma carta de Jean, a primeira carta do meu filho que tive permissão para ler. Ele me escreveu para dizer que mamãe morreu em novembro, sem sofrimento. Adormeceu. A espera se tornara longa demais! Esse golpe me despertou brutalmente, mas em seguida caí num torpor benfazejo. Por mais que me esforçasse, não conseguia imaginar como arrumar minha vida, meu futuro, sem a presença calorosa de mamãe... Ainda assim, enquanto encaixava os parafusos eu pensava, desanimada, como seria a vida mais tarde sem ela, mas fazia frio (recebi a notícia em janeiro), e eu me sentia embotada. Permaneci assim até a primavera, ou melhor, até o dia em que o russo anunciou que os Aliados haviam desembarcado...

Schwelm, 30 de agosto de 1944... fevereiro de 1945

Em Schwelm, também dormi quase seis meses, mas menos profundamente. Se o meu sono não passava de um cochilo era por causa dos prisioneiros franceses. A gentileza deles me acordava praticamente todo dia. Era preciso, de qualquer maneira, lhes agradecer aquela inesgotável bondade conosco.

Schwelm também fica na Vestfália, porém faz fronteira com a Renânia, a 55 quilômetros de Colônia. Ali vivíamos o tempo todo ao som do canhão, exceto durante o trágico intervalo de dezembro! Em Schwelm, recebíamos notícias diariamente e, mesmo sem notícias, acompanhávamos os acontecimentos só de ouvir o canhão troar cada vez mais forte, cada vez mais perto.

Trabalhamos na fábrica "Rondo", de munições. Fui encarregada de operar uma frisadora automática, um trabalho bobo que, a despeito da minha disposição, era difícil de sabotar. Ali, como em Hövelhof, as guardiãs se mostravam bastante decentes, bem como o contramestre e os vigilantes da fábrica. Quase todos os operários eram estrangeiros, entre os quais dois gregos. Somávamos umas quatro dezenas de francesas e belgas, mas a maior parte das operárias da "Rondo" era de jovens ucranianas. Como descrever o drama dessas deportadas russas? Contavam todas 15 anos no momento em que os alemães chegaram para levá-las brutalmente sem qualquer justificativa além da barbárie triunfante e todo-poderosa. Eu conseguia trocar algumas palavras com elas quando a guardiã virava as costas. Conversei com Nina, que conservou sua faixa negra envolvendo a cabeça, deixando transparecer que pretende desesperadamente manter, apesar de tudo, as tradições de seu país. Seu moral era bom e ela esperava rever em breve sua fazenda perto de Kiev, as grandes planícies e a vida de camponesa que adorava. Odiava a fábrica, a Alemanha e os alemães. Encantei-me com Anna, que nasceu em Smolensk e tinha planos de entrar na faculdade assim que acabasse os estudos obrigatórios. Os alemães lhe roubaram essa felicidade, e Anna os detestava também por isso. De formação comunista, ela mantinha o moral das companheiras elevado.

— Smolensk foi destruída — disse ela —, mas construiremos uma nova Smolensk, uma outra cidade, mais bonita ainda, bonita como Moscou. Você conhece Moscou? Visitou o mausoléu de Lênin?

Mas foi Raya quem se tornou realmente minha amiga, amiga de quem eu sentia muita pena. Não entendi, no início, por que essa moça bonita tinha ido parar na faxina. Possuía uma beleza tão pura, portava-se com elegância e trazia os cabelos sempre bem-penteados. Era de Kiev.

— Morei lá, desde sempre, com papai, mamãe e minhas irmãs pequenas. Papai trabalhava numa repartição e mamãe ficava em casa cuidando das filhas. Papai se alistou e partiu. Depois, Kiev foi destruída. Os alemães levaram mamãe e minhas irmãzinhas, não sei para onde. Quanto a mim, me trouxeram para cá... Nunca mais verei meu pai, nem minha mãe, nem minhas irmãzinhas — repetia ela, como uma ladainha, o olhar fixo e distante. — A Rússia é grande demais, jamais conseguirei encontrá-los.

Ela me dizia isso o tempo todo, baixinho e sem emoção, empregando sempre as mesmas palavras, como uma oração que se recita de cor. Embora eu não entendesse, de início, por que Raya estava na faxina, os alemães perceberam que, ao arrancar essa menina da família, fizeram com que ela perdesse o ânimo. A meiguice de Raya era tão grande quanto a beleza do seu rosto, e ela faxinava muito bem. Com frequência, eu notava um rapaz alto e louro, Franz, também ucraniano, conversando ternamente com ela, assentindo com a cabeça, encorajando-a. Sem entender a língua musical de ambos, eu sabia que ele, como eu, lhe garantia que muito em breve ela reencontraria o pai, a mãe e as irmãzinhas... Que o canhão dos amigos americanos não estava longe...

Somente os prisioneiros eram capazes de entender o sofrimento dos prisioneiros. Ninguém dissera aos soldados de Schwelm que nossos pés doíam, mas eles desconfiaram disso e recortavam pantufas para nós nas barras de seus capotes militares. Depois, quando a água começou a entrar em nossos coturnos, eles descobriram um jeito de consertá-los. Mandavam comida, remédios e belas cartas... Meu padrinho gostava de ser chamado de "o Cavalo". Desencavou biscoitos para mim, imagino com que dificuldade! E me escreveu: "Não se preocupe com o que isso custou, roubamos 'deles' essa mercadoria!" Um outro prisioneiro, nascido na "Colina" de Montmartre, assinava como "Poulbot"[2*]. Suas cartas eram longas e interessantes, e eu adorava recebê-las. Sempre vou achar que "Poulbot" matou alguém na época do Natal, pois nesse dia recebi dele um pacote contendo um belo pedaço de ganso assado, além de linguiça e pão. Fizemos um festim na minha cama, Chagnoux, Madeleine e eu... Comer gordura sem que fosse em sonho era algo incrível, impossível, inconcebível! Jamais perguntei a "Poulbot", quando o conheci mais tarde, o que ele precisou fazer para que "Delphine" e as amigas comessem ganso no Natal de 1944, na prisão, na Alemanha...

[2*] Menino de rua de Montmartre. (N.T.)

Toda essa correspondência, todas essas encomendas, toda essa afeição passavam debaixo do nariz das nossas guardiãs por um buraco na janela dos banheiros da fábrica "Rondo". Era ali que o mensageiro chamado "Air-France" aterrissava. Quase sempre, o piloto beijava a jovem designada como receptora. Então, um dia, o piloto levou um colega, e porque o volume da correspondência clandestina era grande demais, a jovem receptora pediu ajuda a uma colega. Logo passamos a chamar os banheiros da fábrica de "beijódromo", já que ali as mocinhas e os padrinhos apressadamente travavam conhecimento e trocavam beijos através do buraco. Quanto a mim, jamais pus os olhos nos meus padrinhos, nem pelo buraco. Decidi lhes dizer que a minha aparência era a de uma velha bruxa, disfarçada de "Gato de Botas". A afeição que tinham por mim não diminuiu por isso, ao contrário, eles me enchiam de atenção!

Então, um dia, soubemos que Pétain e toda a sua gangue haviam fugido para a Alemanha para se porem sob a proteção de Hitler, o patrão de todos eles. Sacha, o jovem prisioneiro soviético que dispunha de um vocabulário alemão bastante reduzido, resumiu admiravelmente a situação:

— Pétain *kaputt*, De Gaulle *gut gut*.

Foi pensando nessas palavras que fizemos nossas trouxas. Os bombardeios mais intensos e o avanço americano punham nossas preciosas vidas em perigo e, em 19 de fevereiro, a direção resolveu evacuar o local... Deixamos Schwelm e nossos caros padrinhos, nossos velhos uniformes de SS que nos vestiam de maneira tão cômica, mas que tinham duas grandes vantagens: nos aquecer e nos fazer rir. Deixamos Schwelm sem saber para onde nos levavam, como sempre...

Allendorf, 20 de fevereiro de 1945

Viajamos o dia todo e passamos a noite toda no vagão, imóveis. Com frequência, víamos passar locomotivas dirigidas por mulheres. De todo lado, ouvíamos o barulho surdo das bombas. As vias férreas estavam interrompidas, e nossos anjos da guarda pareciam se envergonhar bastante de nós. Ao alvorecer, fomos obrigadas a descer e andar um pouco, em pleno campo. À esquerda e à direita, nas estradas, nas passagens de nível, víamos longas filas de prisioneiros a caminho do trabalho. Davam a impressão de ter perdido praticamente toda energia física e moral. O silêncio era pesado como o nevoeiro. Cruzamos com um grupo de prisioneiros soviéticos. Um soldado pergunta baixinho quem somos, de onde viemos. O guarda ouve e, com um gesto mecânico e habitual, lhe desfere uma coronhada. Finalmente vemos alguns acampamentos cercados de arame farpado. Aguardamos um pouco diante da entrada, pois um *kommando* de mulheres está saindo. Uma delas nos informa num sussurro que é de Luxemburgo, que elas trabalham numa fábrica de pólvora, que a vida é dura, muito dura. Postada ali, uma guardiã gorda supervisiona a saída das prisioneiras. Uma bem mocinha passa, com a cabeça descoberta, enquanto as outras têm as suas envoltas num lenço sujo. A guardiã a pega pelos cabelos, puxando-a para trás, e ordena que lhe raspem imediatamente a cabeça. Uma outra guardiã leva a moça até uma barraca. Seguro a mão de Chagnoux e digo:

— Minha amiga, isto aqui não parece brincadeira!

Finalmente, depositam todas nós num acampamento totalmente desprovido de móveis. Uma guardiã vem nos avisar para não chegarmos perto das janelas — que, aliás, estão obstruídas com redes de arame farpado —, pois à menor infração ao regulamento, a sentinela atira. Enormes cães policiais patrulham as aleias do campo...

Pedimos, algumas companheiras e eu, para que nos levem ao banheiro. Uma guardiã nos escolta até uma barraca vizinha. No caminho, sussurra para mim:

— Coragem, logo estará terminado para vocês!

Então, arrisco:

— A que distância os russos estão de Berlim?

Com um alívio evidente, ela responde:

— Ontem, estavam a cinquenta quilômetros. Avançaram mais ainda hoje!

Passamos por um corredor margeado de portas de celas. Dentro de uma delas, alguém bate na porta, mas a guardiã não ouve. Indico que ela está sendo chamada. Com um gesto lento, ela abre o postigo e ouço nitidamente o diálogo:

— O que houve?

— Houve duas mortes aqui!

E a guardiã, com um gesto de desespero, geme:

— *Ach, mein Gott*, o que quer que eu faça?

E se afasta rapidamente. Pergunto, então:

— E agora? Tem duas mulheres mortas lá dentro.

Mas, com um riso amargo, irônico, ela explica:

— Não, não são mulheres... São percevejos.

Este campo se chama Allendorf. Aqui raspam a cabeça das presas quando elas não têm condições de cobri-la com um trapo sujo. Morre-se sem tratamento dentro das celas e a comida é intragável. Acha-se de tudo dentro da sopa: pedaços de madeira, de papel e imundícies variadas. São essas as informações que colhemos ao longo deste dia de espera. Minhas companheiras me perguntam: "Você acha que vamos ficar aqui? Que vamos morrer aqui? Será que os americanos chegarão a tempo?" Tentamos acalmar as jovens. Como não nos despiram, a esperança não está de todo perdida, é possível que viajemos para mais longe ainda.

Ao cair da noite, já reabertas as vias férreas, nosso grupo foi levado até a estação. Chovia torrencialmente. Allendorf é a lembrança mais lúgubre da minha vida.[3]

Ziegenhain, 21 de fevereiro de 1945

Estamos na prisão central de Ziegenhain. Permitiram que ficássemos com nossas bagagens. Podemos, pela primeira vez depois que chegamos à Alemanha, ver e tocar pequenos tesouros que trouxemos da França. Tenho alguns livros, um cotoco de lápis, papel, roupa de baixo limpa, água de colônia, um espelho. É um pedacinho de casa que está aqui, sob nossos olhos, sob nossos dedos, e esquecemos de pensar na nossa vida neste lugar. Estamos numa mansarda. Na minha caixinha de costura há uma fita métrica e consigo medir nosso cochicholo. Ele tem 2,75m de altura no lugar onde o teto é mais alto, 5,60m de comprimento e 5,20m de largura. A janela não é grande. Somos 27 aqui dentro, as bagagens no centro, junto ao balde higiênico, que, felizmente, fecha bem e não vaza. No chão, em toda a volta do quarto, há um pouco de palha. Recebemos cobertores. As mulheres passam o dia sentadas no chão, com as costas apoiadas contra a parede, grudadas umas às outras, menos

[3] Depois de libertada, eu soube que o campo de Allendorf foi totalmente evacuado em março e completamente destruído pelos bombardeios aéreos. Uma antiga guardiã que interroguei me assegurou que não havia em Allendorf nem câmara de gás nem fornos crematórios, mas confessou que as condições ali eram terríveis sob todos os pontos de vista.

Chagnoux e eu, que fomos as últimas a entrar na gaiola e já não encontramos lugar junto à parede. Assim, nos sentamos de costas para a porta. De dia, confeccionamos um divã, enrolando a nossa palha em dois cobertores. Nós o batizamos de "sofá da Pompadour". Aqui não é tão ruim assim, principalmente quando pensamos nas infelizes do campo de Allendorf! Claro que é como em Anrath. Três bacias para 27 mulheres se lavarem e praticamente nenhuma água. A comida parece feita com asseio, mas é tão pouca que, mesmo sem trabalhar, sentimos uma fome atroz. Não saímos jamais deste quarto, exceto quando os bombardeios são muito intensos. Quanto ao canhão, é incontestável que ele se aproxima e que tentamos sempre nos afastar dele. Brincamos e dizemos que para nos "salvar" dos americanos vão nos jogar nos braços dos russos, que avançam diariamente, também eles, na nossa direção...

Wanfried, 5 de março de 1945

Passamos 15 dias no "Ziegenhain Palace Hotel". Depois, mandaram que tornássemos a fazer as trouxas, pois iriam nos levar para Wanfried. Pela primeira vez, fomos informadas do nosso destino, o que não adiantou grande coisa. Viagem penosa, que precisou ser feita parcialmente a pé. Perdemos o hábito de caminhar, nossos sapatos de antes incomodam, pois nossos pés ficaram deformados depois de tanto tempo trabalhando em pé e de tamanco. Finalmente, por mais modestas que sejam as nossas bagagens, elas nos parecem bem pesadas. Chegamos a Wanfried que, ao que tudo indica, não é distante de Cassel. Eu estava estafada, mas da estação até a prisão, apesar do cansaço, fui forçada a admirar a cidade de Wanfried. Como é pitoresca! Sem dúvida, todos os contos de fadas alemães foram escritos aqui! As casas são dos séculos XVII e XVIII, amontoadas umas sobre as outras ao longo de ruazinhas tortuosas e já floridas. Tudo é alegre e limpo. Somos instaladas num castelo-fazenda do século XVII. Umas sessenta prisioneiras alemãs já se encontram aqui. São elas que nos contam que "Wasserburg" (este é o nome do castelo) foi um centro da juventude hitlerista. Recentemente o transformaram em prisão. A comida é decente, mas *knapp*. De resto, não há do que reclamar. A diretora e as guardiãs são amáveis, o trabalho não é terrível. Aqui se fabrica material de acampamento: tendas, sacos de dormir, mochilas etc. Em sua maioria, as alemãs trabalham na fábrica. As estrangeiras não sairão de Wasserburg, onde desempenharão seu ofício no salão do castelo, que serve também como refeitório. Que paraíso, comparado ao inferno de Allendorf! Além disso, sabemos que os americanos não estão longe. Todo mundo, inclusive os alemães, os aguardam impacientes. Um russo sabichão, sempre abastecido de "furos" formidáveis, afirmou que eles chegarão para a Páscoa. A Páscoa cai em 1° de abril. Essa profecia, ainda que cheire a "mentira de 1° de abril", convence. Os americanos chegarão para a Páscoa!

Wanfried, 29 de março de 1945

Temos a nítida sensação de viver as últimas horas de cativeiro. Devem ter dobrado a nossa dose de brometo, pois, apesar do nervosismo, dormimos com a cabeça deitada na mesa. Ninguém nos repreende. Pedem apenas para que fiquemos calmas. Não se fala mais em trabalho, fazemos o que queremos. Da janela do dormitório, vemos as longas filas de refugiados, tanto civis quanto militares. Como eles passam muito ao longe, não dá para identificar os uniformes. Alguns grupos empunham uma bandeira branca. Pelo passo lento, percebe-se que estão todos cansados, exaustos. Somos solidárias, sentimos pena de todos esses homens que sofrem. Se ao menos pudéssemos fazer algo por eles! Nossos padrinhos de Schwelm talvez estejam na mesma estrada, em algum lugar, metade deles mortos de esgotamento.

Wanfried, 30 de março de 1945

As prisioneiras estão cada vez mais nervosas. A comida é absolutamente escassa. Mesmo sem trabalhar, parece impossível continuar viva comendo tão pouco e tão mal.

Wanfried, 31 de março de 1945

Decerto não falta comida na cidade. O dia todo vemos passar, sob a nossa janela, mulheres sobraçando enormes bolos para assar, a caminho da padaria. Bolos de Páscoa, sem dúvida. Nós nos perguntamos se amanhã nos darão um pouco mais para comer, pois a nossa fome é intolerável. Os tiros de canhão estouram em soluços. Às vezes chegamos até a escutar nitidamente a metralhadora. Será que eles chegarão amanhã, como profetizou o russo?

Wanfried, 1° de abril de 1945

As horas custam a passar. Pedi de volta os nossos pertences à diretora, que concordou em devolvê-los amanhã. Hoje, tivemos permissão para deitar mais cedo. Assim que entramos no dormitório, sentimos cheiro de fumaça. O que está havendo? Nos debruçamos na janela tanto quanto nos permite o arame farpado e vemos que nossos dossiês estão sendo queimados no pátio. A noite se ilumina... O que terá a dizer a Defesa Passiva? Nada...

Wanfried, 2 de abril de 1945

Recebemos nossas roupas, nossos objetos pessoais. Sinto um bolo na garganta e as pernas bambas. Não acredito que seja o fim! Ao cair da noite, ouvimos explosões: caem as pontes. Evidentemente, os americanos chegarão em poucas horas. Frau Herpès, nossa guardiã, sobe ao nosso dormitório, o rosto molhado de lágrimas. Mal consegue falar, mas é capaz de nos fazer entender que estamos livres, que devemos deixar imediatamente a prisão. Tomando a palavra em nome de todas nós, respondo que vamos aguardar os americanos na prisão, onde desfrutamos de uma relativa segurança. Desço até o escritório da diretora e vejo as guardiãs loucas de medo e temendo represálias. Dou-lhes a minha palavra de honra de que não serão em absoluto molestadas, nem por nós, nem pelos americanos, já que nos trataram de forma muito humana e com educação. Além disso, eu as faço ver, bem como às prisioneiras alemãs, o perigo de vagar pelas estradas. O pequeno concerto de percussão que acompanha meu discurso reforça meu argumento. As guardiãs decidem ficar. Somente as criaturas alemãs menos interessantes partem em meio a uma algazarra inacreditável; o nervosismo se deve, ao mesmo tempo, ao temor de serem mortas e à alegria de estarem livres!

Wanfried, 3 de abril de 1945

Dizem que os americanos estão em Eschwege, a 12 quilômetros de distância. Acreditamos que chegarão aqui até o fim do dia. Ainda assim recebemos a visita de um SA vociferante. A diretora está pálida e trêmula, bem como as guardiãs. Não entendo direito do que se trata, salvo que o indivíduo ameaça mandar nos fuzilar. Escolheu o momento ideal, com efeito! Preciso me esforçar para não rir. Será que este personagem encantador nunca ouviu falar em represálias? As guardiãs sabem que o bom tratamento dispensado a nós lhes salvará a pele, mas e este nazista gordo de uniforme cáqui, braçadeira vermelha e cruz suástica? Será que pensa em assinar um seguro de vida conosco? Canalha imbecil! Alguns minutos após a sua partida, a guarda campestre toca o sino e faz saber à população de Wanfried que tudo deve seguir seu curso habitual. As lojas permanecerão abertas, sinal de que a cidade se renderá sem resistência. Um bombardeio mais violento nos incita a correr para o porão, onde permanecemos algumas horas. Cansada de não fazer nada, saio e vejo soldados alemães passarem em frente ao castelo em grupos de dois ou três. Estão sujos, exaustos, marcham encurvados, depuseram as armas... Ah, que alegria ver isto, a alegria maldosa de vê-los como vi nossos soldados em casa, vagando pelas estradas, em junho de 1940!

Penso em Vildé, em Lewitsky, em Walter e nos outros. Eles morreram por isto, para que morresse o hitlerismo, e agora, diante dos meus olhos, a besta agoniza lentamente...

Cai a noite. Deixamos as prisioneiras e as guardiãs no porão. Com Chagnoux, Madeleine e três outras companheiras subo ao salão; apagamos a luz e abrimos a janela. Para não sermos vistas do lado de fora, nos ajoelhamos. Aguardamos os acontecimentos. O barulhão que chega até nós deve ser o dos tanques atravessando as ruas da cidade. Supomos que eles atiram para todo canto, em todos os sentidos, sem dúvida para impressionar, pois do lado alemão tudo parece uma calmaria só, ninguém reage. Finalmente, um grande silêncio cai sobre a cidade. Nada mais se mexe, até que um carro entra numa rua vizinha e ouço uma voz com entonação nitidamente americana dizer:

— *Harry, come here.*[4]

Ponho-me a gritar de alegria, mas, afinal, Harry não me escuta! Sem discutir o assunto, partimos todas cinco para a cozinha e nos apossamos do jantar das guardiãs. Radiantes, subimos para o dormitório para saborear nosso festim da vitória, seguidas pelas outras francesas que também foram se servir.

---

[4] "Harry, venha cá."

X

A CAÇA AOS NAZISTAS

Wanfried, 4 de abril de 1945

É preciso passar quatro anos trancafiada para conhecer a sensação estranha que é descer livremente uma escada, abrir sozinha a porta da prisão e sair por vontade própria para fazer algo que nada ou ninguém jamais nos proibirá de fazer. Vemos um jovem soldado de uniforme cáqui à porta. Por um momento, Madeleine[1] e eu estudamos esta figura que ainda não nos é familiar. Saímos de mão estendida e com um sorriso largo.

— Bom dia, somos as prisioneiras políticas francesas que vocês acabam de libertar. Estamos tão felizes...

E o americano responde:

— Francesas! Francesas? Têm certeza de que são francesas? Porque se forem alemãs, não tenho o direito de lhes dirigir a palavra. Não sou rico, não quero que me tirem três meses de soldo por ter falado com alemãs, de jeito nenhum!

Nosso espanto é tamanho que confere uma força inusitada aos argumentos que invocamos para acalmar os temores do jovem americano. Ele nunca viu a cruz da Lorena com a qual enfeitamos nossos casacos, mas a bandeira azul-branca-vermelha e a nossa volubilidade finalmente lhe inspiram confiança. Lentamente, ele tira as luvas e aperta nossas mãos; logo declara que está morto de fome e que uns ovos o fariam muito feliz.

O administrador da fazenda do castelo surge na hora certa. Com superioridade, lhe ordeno:

---

[1] Madeleine Commont.

— Dê uma dúzia de ovos ao *herr offizier* americano.

Do jeito como o administrador foi logo obedecendo, o soldadinho americano deve ter visto na hora que sou bem francesa.

O administrador, prudente, traz numa das mãos um cesto de ovos e na outra um vasilhame com dois litros de leite. Se tivesse uma galinhazinha assada pronta, com certeza a traria também...

O soldado nos leva, a pedido nosso, até uma casa em que um jovem oficial acaba de acordar. Seus pensamentos estão tão desalinhados quanto seus cabelos. Nosso amigo dos ovos lhe explica a nossa situação. Ainda cheio de sono, o oficial nos olha desconfiado e pergunta sem rodeios:

— O que querem estas duas, afinal?

Corajosamente, as duas lhe explicam que, por falarem inglês e alemão, ficarão encantadas em prestar serviço aos americanos, acrescentando que moram no castelo que lhes serviu de prisão. O oficial, então, responde:

— Se precisarmos de vocês, iremos procurá-las em sua prisão.

Tendo em vista que os tiros ainda prosseguiam nas ruas e que o Exército libertador parecia sem pressa de empregar nossos serviços, voltamos para a nossa jaula, levemente entristecidas e decepcionadas...

Da janela da escada, vejo os poloneses. Estão acertando suas contas. Maltratam horrivelmente o administrador. Confiscaram seus sapatos. Um outro indivíduo mais idoso sofre agressões ainda piores. Quebraram-lhe a cabeça, e seu rosto está coberto de sangue. Impassíveis, com as armas no coldre, os soldados americanos não dão bola até julgarem que a cena já durou o bastante e levarem todos para um local mais afastado. Passados 15 minutos, o homem com a cabeça quebrada é fuzilado. A partir daí a loucura se instala. Em menos de meia hora, os poloneses tomam o castelo. Certa vez, vi um documentário mostrando a destruição de uma árvore por gafanhotos. A cena é a mesma, mais animalesca ainda. Tudo foi destruído, emporcalhado, quebrado. Nem tentei levantar a mão para fazer parar esse vandalismo imbecil. Disse a mim mesma: essa gente é primitiva, extravasa o nervosismo de forma primitiva! Saio da janela, pois a cena já ficou cansativa, e encontro a diretora. Ela se dirige a mim com uma chave enorme na mão, me cumprimenta de forma cerimoniosa e diz:

— Minha senhora, esta é a chave dos meus aposentos. Eles são mais confortáveis que os seus. Assim, é justo que "as senhoras" fiquem com eles agora.

Oh, burgueses de Calais, por onde andarão vocês?

É então que Wanfried se cobre, miraculosamente, de lenços brancos. Parece que a cidade toda pendurou a roupa branca lavada na corda. Damos ordem para que a mulher que ainda chamamos de "diretora" pendure um lençol numa janela da fachada. Pergunto a mim mesma, com uma seriedade bem germânica, se o lençol deve ser pendurado na largura ou no comprimento. E respondo, com uma seriedade bem francesa, que não dou a mínima, desde que haja um trapo branco tremulando num lugar bastante visível.

As guardiãs estão mortas de medo. Os poloneses, dizem elas, vão pilhar nossa ala do castelo e levar suas bagagens, as únicas coisas que conseguiram salvar do bombardeio de Aix-la-Chapelle, de onde vieram. Mando que ponham todos os seus pertences num quarto, tranquem a porta e me entreguem a chave. Se os polacos vierem, serei eu a recebê-los, e aí veremos.

Os poloneses não apareceram. Em compensação, um suboficial americano, um sargento, subiu lentamente a escada. Observa as janelas com suas telas de arame farpado pelas quais, aparentemente, se interessa um bocado. Notando a minha presença, ele indaga:

— Isto aqui é uma prisão, não?

Respondo afirmativamente e explico que sou uma prisioneira política francesa.

— Política — repete o sargento. — De que conotação política?

Eu esclareço. Faz-se então um longo silêncio. Ele me olha nos olhos, os seus são incrivelmente azuis, e, depois, lentamente e bem baixinho, me diz:

— Eu a procurava, companheira, sabia que iria encontrá-la. Não se preocupe mais. Estou aqui para ajudá-la.

Pergunta, então, se depois do café da manhã eu concordaria em dar uma mãozinha na cidade, onde há tanto a fazer. Eu lhe falo de Madeleine, que domina o alemão, enquanto eu não conheço mais que o dialeto internacional, esse esperanto estranho que vinte milhões de deportados foram obrigados a aprender. Ele é muito alto e parece tão forte! Tem um sorriso encantador e quando tira o quepe e consigo ver seus cabelos, não me resta dúvida: eles são de ouro! Seu nome? Estou convencida de que não tem nome, um nome americano precedido de duas ou três iniciais. Não se trata de um americano como os outros, mas de são Jorge, o cavaleiro são Jorge em pessoa, que veio para nos libertar!

Depois do café, são Jorge vem nos buscar, a Madeleine e a mim. Devemos acompanhá-lo à prefeitura para descobrir o que se passa. A prefeitura, ou

"Rathaus", como dizem aqui, parece um cenário para Werther. O prefeito, por outro lado, em nada se parece com Goethe. Fica de pé, em posição de sentido. Seu lábio treme. Seu medo é evidente. Cerimoniosamente, são Jorge nos convida a sentar, pronuncia algumas palavras corteses e depois, virando-se para o prefeito, que permanece imóvel, permite que também ele se sente. Visivelmente aliviado, o burgomestre pega uma cadeira, enquanto nós três ocupamos as poltronas...

Uma jovem na qual não havíamos reparado se precipita para são Jorge a fim de lhe oferecer, com uma genuflexão, eu diria, uma enorme caixa de charutos. Sem uma palavra, são Jorge empurra com um safanão os charutos e passa, calmamente, a discorrer para nós, durante alguns minutos, sobre a opinião que tem da infecta vulgaridade dos alemães, da absoluta falta de dignidade humana que eles demonstram. Dito isto, pede a Madeleine que pergunte ao prefeito onde se situam os campos de concentração da região. O alemão responde que eles não existem. São Jorge adverte que, se os americanos descobrirem que ele mente, o castigo será duro, mas o prefeito mantém sua declaração. São Jorge quer saber ainda que fim levaram os judeus de Wanfried, e o prefeito explica que aqueles que não foram obrigados a partir em 1938 continuam morando aqui e gozando de boa saúde. Chega mesmo a acrescentar que sempre os protegeu, correndo risco de vida. Uma grande gargalhada de são Jorge acompanha o discurso do prefeito, e ainda rindo ele comenta que o mundo inteiro sabe que o Terceiro Reich é, na verdade, o paraíso hebraico. Sem o menor constrangimento, o prefeito pede permissão para mandar chamar os judeus em questão agorinha mesmo. Adiamos a apresentação dos mesmos para mais tarde.

Partindo para considerações mais materiais, são Jorge determina que devemos ser alimentadas, e bem, às custas da prefeitura. Madeleine e eu teremos como missão supervisionar o bem-estar de todos os prisioneiros de Wanfried. São Jorge enfatiza que nossos desejos deverão ser considerados ordens. Ao prefeito, é claro, só resta concordar, e Madeleine imediatamente faz com que sejam anotadas as nossas primeiras encomendas de ovos, manteiga, carne etc.

Da prefeitura, são Jorge nos pede para levá-lo ao acampamento das russas. Já vimos pela janela algumas deportadas russas e sabemos que elas devem morar perto de Wasserburg, pois as ouvimos cantar. Partimos então, os três, em direção ao local de onde vinha esse canto. Logo encontramos um pequeno acampamento feioso, construído às margens de um brejo infecto. Ali vivem sessenta seres humanos numa promiscuidade abominável: homens, mulheres e crianças. Os coitados bem que tentaram armar pequenas tendas, mas no espaço de uns poucos metros quadrados, como podem respirar sessenta pessoas? O grupo está aqui faz três anos. Muitos morreram neste local, alguns nasceram. Todos são deportados condenados a trabalhos forçados, a maioria oriunda da Crimeia. Este é o primeiro campo russo que são Jorge visita? Sem dúvida! Ele se mostra aterrorizado diante de tanta miséria, miséria inacreditável, indizível! As lágrimas inundam seus olhos azuis e escorrem lentamente pelo seu rosto. São Jorge conhece a Rússia e sabe duas ou três palavras em russo, como eu. Felizmente nossos russos falam alemão. São Jorge lhes diz que os dias ruins chegaram ao fim, que eles vão poder se alojar decentemente, comer, vão poder se vestir e deixar de ser escravos e que, no futuro, devem procurar Madeleine ou a mim para resolver qualquer dificuldade com os alemães. Em seguida, pergunta se há algum comunista no grupo. Não há. Então, se dirige aos homens. Contará com eles para proteger as prisioneiras francesas, aconteça o que acontecer. O compromisso é assumido com entusiasmo. Nossa chegada assustou um pouco essa gente corajosa. Agora que entendem por que estamos aqui, sua alegria vem à tona, franca e ingênua.

De volta a Wasserburg, encontramos uma desordem incrível. Era previsível. Explico a situação a são Jorge. A maioria das prisioneiras alemãs que ainda está no castelo é jovem e um pouco arredia. Desde a chegada dos americanos hoje de manhã, elas os provocam. Evidentemente tentam se fazer passar por francesas, luxemburguesas, tchecas e sei lá eu mais o quê. Qualquer nacionalidade que não a alemã. Wasserburg não passa agora de um genuíno bordel. É preciso pôr todos esses rapazes porta afora antes que estejam totalmente bêbados e incapazes de raciocinar. São Jorge se dedica a essa tarefa com um tato invejável. Peço-lhe que nos forneça sentinelas para a noite, pois Wasserburg obedece à lei municipal: suas portas devem permanecer abertas e isso me dá um certo medo. São Jorge promete fazer o possível por nós, mas os americanos não são muitos e ainda continuam envolvidos na luta.

Wanfried, 5 de abril de 1945

Ouvimos tiros a noite toda. As vacas da fazenda mugiram sem parar. Tudo indica que não são ordenhadas desde anteontem! Desde as seis horas, três prisioneiras francesas e uma russa se esforçam para ordenhá-las. Martinière, uma das francesas, diz que jamais teve medo da Gestapo, mas que não se sente corajosa na frente de uma vaca. Ainda assim, supera o pavor e aprende a ordenhar.

Os poloneses encarregados do estábulo não apareceram ontem durante o dia. Finalmente surge um polonês e depois outro. Sou avisada de que logo a fazenda será pilhada e as 54 vacas, roubadas e abatidas. Trago no meu bolso um revólver de brinquedo que peguei ontem na prefeitura, onde todas as armas foram entregues. É preciso agir, e rápido. Há muitas crianças em Wanfried. Elas não são responsáveis por Hitler. Se eu não intervier logo, não haverá leite para os pequenos. Começo a urrar ao estilo alemão com os três ou quatro poloneses no estábulo, único método que funciona com essa gente. Mostro discretamente a minha "arma" e delego ao mais idoso dos poloneses a responsabilidade sobre os animais. Qualquer deslize seu será punido imediatamente com a morte. Também sob a ameaça de morte (é claro), exijo que as vacas sejam ordenhadas de pronto e que a vida da fazenda continue como de hábito. Enquanto isso, o subadministrador alemão aparece, tremendo como vara verde. Repito para ele as mesmas ordens e começo, na mesma hora, a distribuir o leite às mulheres que fazem fila na frente do estábulo com seus filhos. Organizo a distribuição de amanhã, que será feita como antes, na leiteria na cidade. O leite será fornecido apenas mediante cupons, com prioridade para crianças, idosos e doentes. Se sobrar leite, vindo de outras fazendas, este será distribuído em seguida aos que estiverem munidos de identidade. Depois, como acontece nos comícios eleitorais, parto para um belo arremate demagógico: "Os americanos não admitem que haja aqui senhoras tomando banho de leite enquanto as crianças ficam sem ele." Essa frase idiota surte o maior efeito. Anteontem ameaçaram me fuzilar e agora sou eu que faço ameaças de morte, sou eu que comando e, melhor, é a mim que eles escutam respeitosamente! São Jorge, que chegou no finalzinho do meu discurso, se diverte como criança. Reitera para os poloneses as minhas ameaças de morte, repete as minhas ordens no tocante à vida e ao bem-estar das vacas e partimos juntos para o "*Kommandantur*".

No caminho, olhamos de longe a prefeitura, onde tudo foi quebrado na noite passada. O retrato de Hitler, dilacerado, jaz em meio ao que foi a mobília da "Rathaus". Bandeiras e uniformes nazistas foram destroçados, pisoteados. A visão desse cenário me faz recordar as fotos de cenas similares, fotos que eu mesma pendurei em Paris para as nossas exposições contra o fascismo. Só que aquelas retratavam sinagogas e igrejas profanadas, não prefeituras nazistas... Uma justa inversão de coisas! O "*Kommandantur*", muito precário, está instalado numa bela mansão (nossos amigos se preparam, que pena, para nos deixar dentro de algumas horas!). Lá oferecem vinho a Madeleine e a mim, e depois, na cozinha improvisada como sala de jantar comunitária, comemos vitela com *petit-pois* acompanhada de *cherry brandy* servido em copos de água! A janela que dá para a rua está aberta; de vez em quando, um de nossos amigos põe sobre o ombro o fuzil e atira num avião que passa.

Esta noite houve um banquete em Wasserburg presidido por são Jorge. Seu melhor companheiro, Politzer, um jovem músico, muito sério, muito simpático, veio com ele. Sobre a mesa estendeu-se uma toalha branca e há muitas flores, azaleias cor-de-rosa. Temos um rádio recém-chegado e escutamos as notícias. Os russos lutam em Viena. Então, falam em Paris... Notícias de Paris! Em seguida, música de dança. Dançamos. Dançamos, e ali pertinho mata-se gente. Tiros ressoam na floresta vizinha. Dançamos, e relembro a são Jorge o baile que antecedeu a Batalha de Waterloo. Sim, amanhã será a Waterloo de Hitler! São Jorge trouxe uma garrafa de champanhe dentro da jaqueta, e nós cantamos:

Dancemos a Carmagnole
E viva o som, viva o som,
Dancemos a Carmagnole
E viva o som do canhão!

Como descrever esse clima extraordinário, essa alegria infantil, esse sofrimento abjeto, essa felicidade animalesca de comer até se fartar, esses acasalamentos... É a guerra!

Wanfried, 6 de abril de 1945

Dormimos pouco, o canhão rugiu muito perto durante toda a noite e a metralhadora estala com frequência. Um posto de guarda foi organizado no castelo, na velha sala de jantar das guardiãs. Instalei ali nossos rapazes da MP. Nós lhes fornecemos colchonetes decentes e coisas gostosas para comer.

Chagnoux se esforça para preparar tortas fantásticas e as panquecas de que eles gostam. Graças à nossa MP, tudo está calmo em Wasserburg. Alguns prisioneiros de guerra também vieram morar aqui. É a boa vida, a vida num castelo! O quarto da governanta, que achou prudente escafeder-se, tornou-se meu. É bem-mobiliado e alegre. De dia, o aposento serve de escritório. Tem três janelas, sem arame farpado, pelas quais descortinamos a magnífica vista das colinas arborizadas, que neste momento são palco de tanta coisa triste.

Como muitas mulheres não ouviram ontem as minhas instruções quanto à distribuição do leite, há uma fila diante do estábulo. Resolvo fazer uma distribuição ali mesmo. Em meio às mulheres reparo numa, muito jovem, bonita e elegante. Ela segura na mão um pequeno recipiente de metal e veio pedir um litro de leite para o filho. Sou informada de que se trata da baronesa von Scharfenberg. O castelo, as vacas, a metade de Wanfried lhe pertencem! Ela aguarda, sabiamente, que a prisioneira estrangeira à sua frente ache por bem lhe dar um litro de leite tirado de suas próprias vacas. Os acontecimentos não me deixaram de todo empedernida e considero o incidente muito tocante. Tento evidentemente esconder tal sentimento, mas converso com a baronesa sobre os fatos do momento e, como ela diz que pouco sabe de inglês, insisto que me procure caso tenha alguma dificuldade com os ocupantes. Entrego-lhe um pedaço de papel no qual rabisquei meu nome. Ela se inquieta e me diz:

— Não posso andar por aí com seu nome, isso pode me custar a vida.

Rindo, pergunto se ela acredita que os americanos a executariam por tão pouco.

— Os americanos, não. Os outros.

Compreendendo a alusão aos SS e tranquilizo a baronesa dizendo com superioridade:

— Os americanos vão se livrar dessa peste.

Acontece que não foi nas SS que ela pensou, mas nos "homens nos bosques, aqueles que emitem ordens por rádio". E acrescenta:

— Morro de medo deles!

O sangue me congela nas veias! Tento não mudar minha expressão e digo que basta que ela me forneça informações acerca desses homens misteriosos para que os americanos rapidamente nos livrem deles. Muito digna, a baronesa responde que, sendo alemã, não pode denunciar alemães. Já sei o bastante e deixo a temerosa baronesa, pois um americano me pede para ir com ele à cidade a fim de ajudá-lo a encontrar caixas de munição. Encerrada essa missão, volto ao castelo para redigir uma mensagem que Madeleine "bate" a toda velocidade. Corro para levar a ficha ao oficial no comando de Wanfried. Obviamente existe uma espécie de sociedade secreta instalada nas florestas próximas. A trama é digna de um romance de aventura.

Quando encontro Politzer, ele confirma que se trata realmente de uma sociedade secreta: os *Wehrwolf*, os Lobisomens. Em frente à mansão do comandante, dou de cara com são Jorge. Decerto ele também não dormiu e está muito nervoso. Normalmente, as tropas de choque não permanecem mais que algumas horas em cada cidade, mas aqui, em Wanfried, parecem ter estacionado. A coisa cheira mal. A ordem para avançar está demorando demais. Mostro-lhe, então, meu bilhete e explico o que pretendo fazer. Ele o lê e depois muito lentamente pica o papel em pedacinhos. Eu o observo, estupefata:

— Você não entende a mentalidade dos nossos oficiais! Eles não possuem nenhum tipo de formação política, são militares, ponto final. Se passar para eles essa informação, ficarão desconfiados, lhe criarão problemas porque você está se metendo em algo que eles desconhecem, e nada será feito contra os Lobisomens. Vão precisar de outra guerra para entender! — explica são Jorge com um sorriso triste.

São Jorge ainda está por aqui. Anda nervoso. Não faço pergunta alguma, pois sei que ele não tem permissão para me dar qualquer informação. Mesmo assim, entendo perfeitamente que as coisas vão mal. Existem agora três postos da Cruz Vermelha em Wanfried, e sei que o médico-chefe acaba de ser gravemente ferido nas duas pernas. Quatro equipamentos de artilharia estão plantados no campo em frente ao castelo. Ele diz que os saques prosseguem a todo vapor. Os poloneses dos arredores afluem a Wanfried. Tornam-se cada vez mais intoleráveis, jogam futebol com o pão na frente da padaria, ameaçam a população, matam todos os animais que encontram, não para comer, o que seria compreensível, mas para deixá-los apodrecer a céu aberto. Agora que a primeira euforia da libertação passou, esses poloneses deveriam entender que precisam se portar como gente civilizada. Um sargento americano gordo, que apelidei de "Fatty", quando também poderia ter optado por "Babbitt", me pede para ir com ele a uma padaria que se recusa a vender pão a certos refugiados alemães. Há uma fila na porta. Reina o tumulto. Ao fim de cinco minutos de discussão, resolvo tudo para satisfação do padeiro e dos clientes. De pé numa pequena escadaria, faço um discurso para a multidão de donas de casa descontentes. Bem que eu queria ouvir uma que me perguntasse, uma vez que fosse, o que eu tenho a ver com isso, mas essa gente é passiva demais, aceita tudo, tudo que lhe é dito, desde que se fale grosso! Por todo lado só se vê desordem. São Jorge nos mandou seu capitão, que, a despeito de uma absoluta incompreensão política, é um sujeito corajoso, que nada tem de bobo. Causa em nós a melhor das impressões. Diz que está atolado, nos pede conselhos para ajudá-lo a pôr um pouco de ordem na cidade, praticamente dominada pelos poloneses. O número de refugiados cresce; os saques aumentam. Não satisfeitos em roubar, eles ameaçam pôr fogo em tudo. Sugiro três paliativos: a aposição, na porta das casas, de um aviso redigido em várias línguas informando que todos os saqueadores serão fuzilados. Desde que se atire nos pés de alguns poloneses rebeldes, isso acalmará os outros. Em seguida, a requisição de um cinema que, guarnecido de colchonetes, servirá de abrigo temporário para os refugiados, que poderão contar com uma sopa duas vezes ao dia. Finalmente, a requisição de um hotel para ser imediatamente transformado em hospital para os refugiados ou deportados que se encontrem doentes ou feridos. O funcionamento dessas instituições será garantido pelos alemães, a sopa ficará a cargo da municipalidade. Depois de aprovar minhas sugestões, o capitão me dá carta branca. E lá vamos nós, Madeleine e eu, providenciar a requisição do hotel e do cinema. Temos que nos esforçar um bocado para não rir. Isso nos parece bizarro: nós, prisioneiras de ontem, a requisitar imóveis e a constatar a pasmaceira dos alemães diante de nós. Passamos depois pela "Rathaus" para pôr o prefeito a par do que fizemos e lhe ordenar que compareça amanhã de manhã a Wasserburg às nove horas, acompanhado de assistentes sociais e enfermeiras, a fim de que recebam as minhas instruções.

O prefeito está à beira de uma crise nervosa. Sem dúvida, sua situação não é invejável. É indubitável que se trata de um excelente administrador e que, ainda que pertencesse ao Partido, sua filiação era teórica e obrigatória. Doutor em filosofia e esteta, como comprova seu escritório particular na prefeitura, o dr. Braun me parece um homem muito honesto, um pouco insípido, no "estilo alemão", meio pusilânime, é verdade, mas consciente do seu dever social. Dedica-se de coração à sua cidade, pela qual tem um amor incontestável.

Soubemos de fonte oficial que as SS retomaram a cidade de Frieda, a quatro quilômetros de Wanfried. Os americanos perderam contato com sua base e estamos, no momento, encurralados. Voltamos, Madeleine e eu, conversando pelo caminho sobre o destino que nos estará reservado caso, de uma hora para outra, as SS cheguem a Wanfried. O que me agrada em Madeleine é sua paixão pelo trabalho que realiza, seja ele qual for, e seu desejo sistemático de ignorar os inconvenientes que tal trabalho possa acarretar. Vínhamos conversando quando um silvo estranho se fez ouvir e, depois, mais distante, uma explosão. Olhamos para o céu. Nenhum avião. De onde, diabos, pode cair uma bomba? No final da rua, dois americanos se espremem contra o muro de uma casa e nos gritam: "*Eighty, eight.*" Olhamos para eles sem entender. Será que "88" é o equivalente americano a "22"? Um outro silvo e os americanos se grudam mais ainda ao muro. Entendemos, então, que estamos sob fogo da artilharia. Não estou gostando nadinha disso, não sabemos de onde vem, nem quando vem! Aviões ao menos podem ser ouvidos, ainda que não os vejamos, o que nos possibilita acompanhar as operações, mas a artilharia é algo que não me agrada. Chegando a Wasserburg, descobrimos que os rapazes da guarda puseram todo mundo no porão. Um engenheiro alto e louro parece preocupado; enfrentamos, ao que parece, o ataque do "88", um armamento pesado, diz ele. A essa altura, dois aviões inimigos surgem acima do castelo. Obviamente, seus alvos são os canhões instalados no campo em frente. A partir desse momento, é como num filme. Todos os rapazes correm para o jardim. Da janela, grito bobagens para eles, pois não consigo acreditar que o que vejo é real. O muro os protege e eles atiram nos aviões rindo às gargalhadas. Vi meus filhos, Jean e Pierre, com dez e onze anos, quando brincavam de guerra, rirem assim! Finalmente, um avião é atingido e vai cair ou aterrissar ao longe. O outro escapa. Acabou a sessão. Ouvimos explosões a noite toda. São Jorge veio ao castelo e nos entregou dois revólveres acompanhados de alguns cartuchos. Combinou de vir jantar conosco, mas não apareceu. Está cansado e meio triste.

Wanfried, 8 de abril de 1945

Orgulhosíssima de seu aparelho de rádio, Madeleine ouve as notícias desde a manhã. Acho que transmitem de Paris e anunciam que os elementos avançados do Terceiro Exército americano adiante de Cassel, que ontem se encontravam isolados e em grandes dificuldades, estão agora totalmente livres! Os "elementos do Terceiro Exército"? Mas são os nossos, estamos "livres". Jamais voltaremos a ver as SS! Que alívio!

Corro até o acampamento dos russos para buscar redatores para o aviso que deve ser impresso imediatamente. Escrevemos o texto em todas as línguas possíveis, e volto para Wasserburg a fim de me encontrar com o prefeito, que está cercado de um monte de senhoras que ostentam cruzes vermelhas, algumas mais, outras menos. Todas choram copiosamente, como crianças. Digo-lhes que as lágrimas jamais resolveram coisa alguma e que têm 15 minutos para se recompor. Nesse ínterim, Madeleine e eu damos uma volta pelo jardim, como as genuínas castelãs em que nos transformamos, e na volta encontramos nossas enfermeiras mais calmas. Explico-lhes o que esperamos delas: o destino da cidade está em suas mãos. Se tratarem bem os refugiados e os deportados doentes, a cidade talvez seja poupada; caso contrário, os criadores de tumultos, excitados pela fome e pelo cansaço, saquearão o que resta saquear, colocarão fogo em tudo e acabarão por enforcar três quartos da população. Nossas senhoras assentem com a cabeça e me agradecem efusivamente a oportunidade que lhes dou de ajudarem. Faço com que entendam que sei que o trabalho será bem-feito, que não tenho nenhum talento especial para aquele tipo de serviço e que, consequentemente, evitarei prover qualquer conselho quanto à sua organização. Só exijo uma coisa: os doentes e refugiados serão tratados e alimentados à perfeição e, ressalto, independente da origem dos refugiados. Aviso que nossas visitas serão diárias, minhas ou da minha amiga Madeleine. Enquanto aguardamos a instalação do serviço de sopa e do abrigo, serviremos nós mesmas hoje, na varanda de Wasserburg, uma bela sopa a quem aparecer. Temos muitos convidados: holandeses, alemães, russos. Todos comem e se lavam com satisfação. Também eu estive na estrada, a pé, e sei o que é isso... Fragmentos de lembranças de junho de 1940 me vêm à mente.

Às três da tarde, os avisos estão pregados em todas as casas de Wanfried. O prefeito recupera a coragem. Acabo conseguindo, após uma longa conversa, que ele reconsidere a demissão que pediu ontem à noite. Sem dúvida, este homem age de boa-fé. Tem uma genuína intenção de servir, de servir bem. Foi nazista somente no papel, ponho a mão no fogo!

Wanfried, 9 de abril de 1945

São Jorge ainda está por aqui, mas provavelmente não o veremos mais. Recebemos dele uma palavrinha carinhosa trazida por um colega e o pedido para que lhe enviemos um colete de lã que mandamos confeccionar pelas nossas ex-guardiãs. Todas trabalham para os americanos sem que precisemos pedir. Desde o dia da libertação de Wanfried, puseram-se a nosso serviço, mas, é claro, com grande dedicação à arrumação da casa, da louça e dos talheres, bem como à lavagem de roupa. Costuram para os americanos após o expediente.

Na cidade, um grande alvoroço foi seguido por um silêncio absoluto. Todos os nossos amigos partiram, salvo cinquenta cozinheiros que permaneceram em Wanfried, ninguém sabe por quê. O soldado que apelidamos de grande "Sioux" não sai daqui, ele é padeiro. Chamou dois outros padeiros e Wasserburg agora é protegido por três padeiros que elegeram como domicílio noturno o posto de guarda.

Na hora de dormir, Madeleine e eu falamos sobre um extraordinário jovem russo que encontramos ontem. Trata-se de um dos mascotes prediletos do Terceiro Exército. Todos o chamam de "Rousky". O menino tem 11 anos, foi deportado junto com a mãe. Morta a mãe, Rousky foi recolhido pelos americanos, já não se sabe onde. Estava desnutrido, andrajoso. Nossos amigos o vestiram de couro dos pés à cabeça e, como o figurino lhe emprestava o aspecto de um motociclista, lhe deram uma moto, que ele imediatamente pôs em marcha. Tornou-se assim um agente de ligação, dono de uma coragem incrível. Os americanos falam de Rousky como nós de Bara[2*] ou de Viala[3**]. Conheci Rousky. Com um ar melancólico dedilhava um acordeão que havia acabado de encontrar. Tocava uma melodia da "terra distante", com os olhos semicerrados e fumando um roliço charuto. O "Sioux", que foi quem o apresentou a mim, me disse:

— O garoto adquiriu belos hábitos conosco.

Respondi-lhe, porém, que o pobre Rousky poderia adquirir todos os hábitos que quisesse, pois o estigma da tuberculose que carrega jamais permitirá que ele reveja o país cuja música toca tão bem... sem saber.[4]

---

[2] * Menino famoso por seu heroísmo. Segundo a lenda criada por Robespierre, o garoto foi pego numa emboscada e, recebendo ordem para gritar "Viva o rei", teria gritado "Viva a República", o que lhe valeu a morte. (N.T.)

[3] ** Jovem patriota francês, cujo heroísmo foi cantado por M.J. Chénier em *Le Chant du Départ*. (N.T.)

[4] Meu diagnóstico de Rousky foi demasiado pessimista. Acabo de saber que atualmente ele goza de boa saúde e estuda "em algum lugar" dos Estados Unidos. Tendo se recusado a qualquer custo a se separar dos "pais adotivos", estes se cotizaram para lhe dar uma boa instrução. Não tiveram dificuldade para levar o garoto para os Esta-

São Jorge partiu. Fico triste e temo por ele. São sempre os homens desse tipo que acabam sendo mortos. Mas logo me tranquilizo, pois nada poderá acontecer a são Jorge, que não é um homem como os outros! Sinceramente, não faço questão de revê-lo. Existem lembranças que devem ser mantidas intactas e preciosas, sem jamais serem defloradas. Desejo para sempre vê-lo subir lentamente a escadaria de Wasserburg. Estava cansado, o andar pesado, o quepe amassado, o uniforme, enrugado. Era magnífico! Porém, se vier me visitar em Paris, dirão que o sr. Elmer G. Handcher me procura (pois, apesar de tudo, ele tem um nome americano), e estarei diante de um rapagão desajeitado, provavelmente bastante comum, usando um paletó de *tweed* de Chicago. Reintroduzidos na vida cotidiana, ficaremos sem graça, meio constrangidos, sem saber o que dizer um ao outro. Não, é melhor não nos vermos mais, guardar apenas a lembrança. Além disso, estarei, então, maquilada, terei pintado o cabelo, usarei um vestido. Aqui, eu me mostrava ao natural, vestia uma calça velha e a jaqueta do contramestre da fábrica na qual costurei nossa bandeira... Era a guerra, estávamos na linha de frente.

Wanfried, 13 de abril de 1945

Madeleine conheceu um prisioneiro de guerra francês e me fala muitíssimo bem dele. Há quatro anos em Wanfried, Pierre Dupont estuda os nazistas e suas famílias. Seu alemão é perfeito, e ele fez amigos em todos os círculos antinazistas da região. Por ter pouco conhecimento de inglês, acho que poderemos trabalhar em conjunto com ele e, mais tarde, formar um time, se é que conseguiremos um dia chamar a atenção de um americano diligente. No momento, não há mais nenhum por aqui. Estamos sozinhas e decerto não somos muito bem-vistas pelos elementos nazistas de Wanfried. Enfim, esperamos que essa solidão dure pouco. Mas não temos tempo para nos preocupar. A todo instante, nos procuram para aparar arestas, dar uma opinião, um conselho ou fazer alguma tradução. Faz pouco, um russo deu uma sova num alemão que o ignorou e tivemos que acalmar o russo e dar

---

dos Unidos, visto que ele ainda era bem pequeno. No embarque e no desembarque esconderam-no num saco dos correios que um dos seus "pais" levava nas costas!

uma bronca no alemão. Ontem, vieram nos buscar quando estávamos à mesa porque os poloneses estavam prestes a matar um inofensivo burguês alemão. É preciso mostrar aos poloneses que não são eles (graças a Deus!) que ditam a lei aqui, mas os americanos, e que basta que me comuniquem suas queixas e que estas, traduzidas, lhes serão encaminhadas.

Wanfried, 14 de abril de 1945

Visitei a ala do castelo que foi totalmente saqueada no primeiro dia pelos poloneses. Agora são os russos que moram lá. Está tudo limpo e em ordem, e o pátio, cuidadosamente varrido. Cada quarto é ocupado por uma família que mobiliou sumariamente seu apartamento provisório. Hoje é a Páscoa russa. Há comilança, risos, cantoria e dança ao som do acordeão. Sou recebida com uma exclamação: "Cristo ressuscitou." Sinto-me transportada para um romance de Maxime Górki! Beijam-me na boca. É maravilhoso!

Wanfried, 15 de abril de 1945

Ainda estamos sozinhas. Rumores estranhos circulam. Querem "dar um jeito" no prefeito. As ameaças de morte se multiplicam à sua volta a tal ponto que ele não dorme mais na sua casa, muito próxima da floresta. Ele nos fala do comportamento condenável de duas dezenas de italianos que até recentemente eram empregados numa fábrica da região. Soldados do Exército de Mussolini, eles exigem quantidades inacreditáveis de víveres, repassando esses alimentos para os homens escondidos na floresta, segundo garantem várias testemunhas.

Tive que ir até a cidade vizinha, Eschwege, à subprefeitura, levar uma pobre mocinha russa que estava morrendo de tuberculose. Aproveitei a viagem para fazer uma visita ao *Town Major* e pô-lo a par da situação em Wanfried. Deparei-me com uma incompreensão total. Os militares são igualmente idiotas em qualquer lugar! Eu lhe disse entender perfeitamente bem que não lhe interessava a mínima que fôssemos ou não assassinadas, mas que o destino dos americanos da região não devia lhe ser indiferente. Ele sabe tão bem quanto eu que ocorrem afrontas por todo lado. Na noite passada me disseram que dois SS passeavam tranquilamente de uniforme pelas ruas de Wanfried.

— Aqui também os SS passeiam pela rua — respondeu-me o oficial rindo. Ele acha o fato engraçado, mas nem nós nem os antinazistas alemães entendem esse tipo de brincadeira. Para a maioria dos americanos, a guerra é uma atividade abstrata e teórica. Eles fazem a guerra, e muito bem, tanto que estão prestes a vencê-la, mas não a sofreram na carne. Não viram suas filhas serem levadas aos milhares, não assistiram ao fuzilamento de reféns, à prisão de suas mulheres, à destruição de seus lares nem ao saque de suas casas. Sabem direitinho que tudo isso aconteceu, mas foi com os outros...

Wanfried, 16 de abril de 1945

Nossa visita diária ao "Stadtpark Hotel" sempre nos enche de prazer. Nosso pequeno hospital funciona bem, os "clientes" do abrigo estão satisfeitos com a sopa e com os cuidados que as enfermeiras dispensam aos esgotados pelo cansaço. Existe em Wanfried uma fábrica de charutos, e dispomos de centenas de caixas deles. Fazemos uma boa distribuição, mas nossa generosidade contempla apenas os estrangeiros, os alemães não têm direito a ela. Isso os envergonha e os deixa surpresos, mas, quando outro dia dei uma bela caixa a um jovem judeu alemão, a estupefação de seus compatriotas atingiu o ápice. É preciso explicar tudo a essa gente. Fiz então um discurso esclarecendo por que o judeu tinha direito aos charutos e os demais alemães, não. Ninguém jamais se atreve a zombar do meu péssimo alemão... Ninguém ri quando falo! Se fosse na minha terra... Se os papéis estivessem invertidos!...

Wanfried, 17 de abril de 1945

O prefeito mandou nos buscar para traduzir as ordens de dois novos americanos. Ufa! Lá vamos nós de novo. Será que estes dois entenderão que é preciso tentar impedir os nazistas de se reorganizarem às escondidas? Após uma horinha de confabulações na prefeitura, os americanos aceitam o convite para jantar no castelo. Parecem entender muito bem o nosso ponto de vista e dizem, como nós, que é extremamente lamentável para o prestígio americano permitir a fuga de um Gottlob Gries, um Arthur Kalden, que, todo mundo em Wanfried sabe, martirizaram um paraquedista canadense que caiu na região em 1944. O pobre Mac Lee (sabemos até seu nome) foi defendido por Georg Pressler, antinazista alemão, que o levou ao hospital d'Eschwege, arriscando a vida ao protegê-lo. Hoje Pressler fica azedo ao ver os assassinos nazistas passeando tranquilos para lá e para cá! Obtivemos todos esses detalhes por intermédio de Pierre Dupont. Fizemos um belo acervo de fichas, tudo datilografado e à espera da atenção de um americano compreensivo e disposto a agir.

Elaboramos a lista dos nazistas de Wanfried, os "autênticos", que se filiaram ao Partido antes de 1933. Temos também a lista dos antinazistas alemães que não querem outra coisa a não ser ciceronear os americanos no interior da floresta. Pierre conhece esses sujeitos há quatro anos, sabe que são sinceros. Além disso, dois prisioneiros de guerra franceses, Martin e Peugniez, que trabalharam nos bosques, são igualmente voluntários e avalistas da boa-fé dos guias alemães. Possuímos um número respeitável de fichas relatando o que se passa nas comunidades em torno de Wanfried, num diâmetro de vinte quilômetros. Não se trata de conversa fiada, mas de depoimentos incontestáveis, e os americanos assentem com a cabeça. Amanhã, dizem eles, talvez chegue um novo destacamento e então será possível começar a agir. Nossos dois americanos de hoje nos fazem muitos elogios e afirmam que comunicarão a nossa atividade ao quartel-general de Mühlhausen, a trinta quilômetros adiante de Wanfried. Chegam mesmo a propor que passemos a trabalhar lá. Recusamos, alegando que há muito a fazer por aqui. Na verdade, Wanfried foi o reduto de um bom número de organizações nazistas. Em 1° de abril, o dr. Ley em pessoa almoçou em Wanfriedhof. Martin Bormann, o famoso amigo de Hitler, tem parentes na região. A última trincheira do Ministério da Aeronáutica foi aqui, as ruínas do antigo Ministério da Guerra se espalham nestas paragens, e o derradeiro escritório da Radiodifusão alemã, camuflado dentro de uma fábrica de charutos, situava-se em Waldkappel, não muito distante de Wanfried.

Ao longo do jantar, Glick, nosso novo amigo americano, apareceu para nos visitar. Do terraço de Wasserburg, eu lhe chamo a atenção para a fumaça de pólvora que sobe dos bosques. Obviamente não são os americanos que mandam tais sinais. Bastante contrariado, Glick garante que fará circular um tanque com todos os faróis acesos pelas ruas de Wanfried esta noite, com a única finalidade de impedir que os SS apareçam para flanar por ali de forma tão acintosa.

Wanfried, 19 de abril de 1945

Desta vez é um capitão que se desloca de Mühlhausen especialmente para nos visitar. Este, afinal, nos leva a sério! A sério até demais, pois nos anuncia que requisitou um apartamento para nós em Mühlhausen e que, no futuro, devemos exercer nossas atividades ali. Oferece-nos um soldo de oficial, que recuso dizendo que, apesar de toda a sua riqueza, o governo dos Estados Unidos jamais conseguirá pagar pelo prazer que sentimos atualmente em caçar os nazistas. Resolvida assim a questão do soldo, acabamos nos deixando convencer e aceitamos ir trabalhar em Mühlhausen, desde que nos tragam de volta ao castelo todos os domingos. Precisamos manter nosso escritório e o contato com Pierre Dupont, que continuará a trabalhar em Wanfried. Também não quero perder de vista os russos, que, diariamente agora, efetuam buscas na floresta. Não só nos trazem informações valiosas, mas com frequência também armas abandonadas ou prisioneiros que se deixam pegar muito docilmente, ao que parece!

Wanfried, 20 de abril de 1945

É Charley que vem nos apanhar de "jipe". Já conhecíamos Charley. Ele assistiu a um de nossos interrogatórios em grande estilo no qual rimos bastante. Charley já é um companheiro, sujeito engraçado que adora palhaçadas. Lança mão de seu tipo judeu muito pronunciado para encher a paciência dos alemães, mas sem nenhuma maldade. Em suas próprias palavras: "Se eu não tivesse a cara que tenho, não seria engraçado, mas, como tenho, é cômico incomodá-los um pouco." Repentinamente, estende o braço na saudação hitlerista e grita: "*Heil Hitler!*" Reclama que se chateia um bocado na Alemanha e não tem senão uma ideia, uma única esperança: voltar para os braços da esposa. Ela é deslumbrante, a julgar pela foto. Na verdade, são todas adoráveis, as esposas, as noivas, as namoradinhas de nossos americanos: dentes faiscantes, olhos de desencaminhar um santo. E lá vamos nós de "jipe" com Charley, a caminho de Mühlhausen. Que delícia é percorrer um punhado de quilômetros ao ar livre, atravessando os bosques! Charley dirige como um louco. Não andamos, voamos. Com grande delicadeza, comento que acharia ótimo ir menos depressa para saborear melhor o ar, a claridade da primavera, e Charley responde que é precisamente porque pretende, ele também, continuar a aproveitar essas coisas que dirige tão rápido... Não entendo. Ele põe os pingos nos is. Um de seus colegas, anteontem, teve o ombro atravessado por uma bala nesta mesma estrada. Por isso a sua pressa em sair da floresta e entrar na cidade. Mühlhausen, à primeira vista, não nos agrada. É uma cidade grande, antipática, não muito destruída. De vez em quando, vê-se uma casa bonita, mas o conjunto não agrada nem a mim nem a Madeleine. O quartel-general se encontra instalado no interior de uma escola. Uma garotada se reúne à volta da sentinela: "*Chewing-gum, chocolate.*" O soldado faz distribuições generosas e lhes dá como bônus aulas de inglês. O pátio da escola está cheio de objetos disparatados, decerto atirados pelas janelas. A desordem que reina dentro do prédio é, de fato, indescritível. Parece que o nosso escritório fica no interior deste edifício onde centenas de meninos cantam, tocam banjo, ocarina ou acordeão; a "música" é interrompida a todo instante por rugidos que nada têm de humanos. Nossa chegada aparentemente causa uma perturbação... Com certeza estas escadas não veem uma vassoura desde o início da ocupação americana. Literalmente, não se sabe onde pôr o pé, já que por todo lado objetos estranhos dividem o espaço com armas e trapos.

Após a visita ao que deverá ser o nosso "escritório", o capitão nos leva para jantar no "Kaiserhof". Acaba de requisitar o carro que ele próprio dirige e cujo motor ele afoga. Imediatamente somos cercados de soldados às gargalhadas, que zombam abertamente do *old man*, que não sabe guiar um carro boche. Ao que tudo indica, o capitão considera naturais essas pequenas insolências. Madeleine e eu passamos do susto ao espanto, mas a nossa estupefação atinge seu auge no restaurante do Kaiserhof, onde nos sentamos, solenemente, uma à direita e outra à esquerda do coronel-comandante da região. Não há praticamente nada para comer, já que as rações não chegaram. Não temos coragem de perguntar por que o coronel não requisitou os alimentos, pois tanto ele quanto seus oficiais estão nitidamente com fome. À mesa falamos livremente, em tom alto, de coisas que os alemães não deveriam escutar. O dono do hotel serve pessoalmente a mesa e mantém o ouvido atento. Comento o fato com o coronel, que me responde que o bom sujeito com certeza não entende inglês, muito menos inglês americano. Para completar, vários policiais alemães entram, saem e escutam. Dou-me ao luxo de esboçar desconfiança sobre esses personagens que parecem curiosos demais para serem honestos. O coronel me tranquiliza dizendo que esses dignos senhores lhe deram sua palavra de jamais terem sido nazistas.

Ao longo de toda essa refeição extravagante, garotos alemães nos examinam por detrás de seus copos, batem com os pés no chão para implicar conosco e se safam rindo. De vez em quando, Madeleine e eu trocamos olhares eloquentes. Estamos de acordo. Não ficaremos aqui, nesta bagunça, onde é concretamente impossível fazer algo de bom. Assim, declaro franca e claramente ao coronel que, sem conhecer pessoa alguma em Mühlhausen, nós nos arriscamos a perder nosso tempo aqui até conseguir estabelecer vínculos úteis e criar uma rede de informações. Uma vez que a operação está dando certo em Wanfried, preferimos voltar para lá. Não é difícil convencer o coronel, cujas ideias parecem meio embaralhadas. Ele nos promete um jipe para amanhã de manhã. Cheias de esperança de deixar Mühlhausen o mais rápido possível, vamos nos deitar para dormir.

Wanfried, 25 de abril de 1945

Desde a nossa excursão a Mühlhausen não vemos nenhum americano. As buscas nos bosques empreendidas por meu jovem amigo Dimitri Lestroyé parecem cada vez mais interessantes. Ele já prendeu sozinho e desarmado um bom número de alemães e identificou para os americanos a localização de canhões abandonados em perfeito estado. Entre os russos, Dimitri é aquele com quem mais simpatizo. Bonito como um deus, tem a pele muito bronzeada, olhos azuis e cabelos bem louros. Veste sempre uma camisa russa imaculadamente branca. Todo dia passa em nosso escritório para relatar suas descobertas. Parece um cão de caça à espreita de uma presa odiada.

Wanfried, 26 de abril de 1945

Hoje Dimitri fez o desenho de um mapa para mim. É bastante complicado. Primeiro, a estrada que leva à floresta, depois uma trilha que conduz a uma casa situada junto à entrada de um subterrâneo e, bem próximo, a um veículo abandonado. Tudo isso é um bocado rocambolesco. Acho que Dimitri alimenta seus neurônios lendo romances policiais de sua Ucrânia natal. Assim, cheia de hesitação, mostro esse projeto ao sargento que hoje está de serviço em Wanfried, o qual demonstra interesse suficiente pela história do meu jovem amigo para se pôr imediatamente a caminho. Anseio por acompanhá-lo, mas não digo nada, pois sei muito bem que ele não me levará consigo. Em poucos minutos organiza-se a expedição. Todos partem num caminhão munido de uma metralhadora e seis homens. Dimitri se acomoda no banco do carona, todo feliz. Chagnoux, ao meu lado, vê, desolada, o rapaz partir.

— Pobrezinho, vai acabar sendo morto! — lamenta ela.

O "pobrezinho" não acabou nem morto nem ferido. Uma hora depois, já estavam todos de volta a Wasserburg. O sargento me confirma que o mapa de Dimitri era absolutamente preciso, que tudo que ele contou é verdade. Infelizmente, a casa, até muito recentemente habitada, no momento se encontra abandonada.

Na praça de Wanfried, um veículo militar para diante de mim. Traz as nossas três cores nacionais na porta e uma cruz de Lorena desenhada na parte branca. É a primeira bandeira gaullista que vejo. Avanço em sua direção, sorridente, feliz. Um tenente-coronel, sem qualquer cumprimento, me grita da janela:

— São quantos quilômetros daqui a... (o nome da cidade não me é familiar).

Ele fala em francês e eu ostento, como todas nós, de forma bastante agressiva, as cores nacionais na lapela da minha jaqueta. Peço desculpas por não estar em condições de ajudá-lo, já que sou uma deportada política recentemente libertada, razão pela qual ainda desconheço a topografia da região... O coronel me responde com um rosnado surdo:

— Então, não sabe nada, não é?

Com uma expressão seca dá ordem ao motorista para seguir em frente. É o primeiro francês livre que vejo. Faz quatro anos que o aguardo...

O tenente Jones está finalmente instalado em Wanfried, com dez homens, para um período de alguns dias. Ele também toma conhecimento das minhas fichas e nós lhe repassamos as informações recebidas de Pierre. Os nazistas que fugiram depois da chegada dos americanos retornam tranquilamente e retomam suas ocupações. Jones vai a Eschwege e promete avalizar o pedido que deixei ali já faz vários dias. O pobre Jones volta cabisbaixo. O que encontrou em Eschwege, na nossa subprefeitura? Um oficial e quatro homens que vigiam as pontes... Começamos a entrar em desespero.

Ouvimos um barulhão inusitado lá para as bandas dos russos. Sinto que há problemas e corro para ver do que se trata. Me deparo, estupefata, com uma fila de caminhões dirigidos por alemães sob a supervisão de um soldado americano. Sem aviso prévio, vieram buscar os russos para reuni-los num campo. Dão-lhes uma hora para arrumar as trouxas. Os métodos alemães fizeram escola! Parlamento com o soldado. É doloroso para mim ver partir meus amigos russos aos quais me apeguei, e sobretudo vê-los partir assim, como condenados. O americano, que fala um pouco de polonês, explica aos russos pacientemente, como se faz com crianças, que grandes aviões soviéticos virão buscá-los no campo para levá-los para a Rússia. Como se fosse possível repatriá-los antes do fim das hostilidades! Aqui eles viviam tranquilos, respiravam ar puro e se alimentavam bem. Suplico, grito e me enfureço. O pobre soldado não pode fazer nada, está ali cumprindo ordens. Só me resta correr até o "Stadtpark" e alertar os convalescentes russos sobre a partida repentina. Quem cuidará deles agora? Sinto tamanho desânimo que declaro a Madeleine (sem dúvida pela décima vez) que seria melhor se dedicássemos nosso tempo a tomar banhos de sol, já que ultimamente o clima anda maravilhoso.

Não temos ouvido rádio nos últimos tempos. Sabemos que os russos e os americanos avançam muito rapidamente e temos certeza de que a vitória se aproxima. Hoje, porém, ouvi uma transmissão que me deixou doente de nervoso. Era uma entrevista com uma jovem deportada política que contou em palavras muito simples e sem rodeios os horrores que enfrentou nos campos de concentração onde esteve presa. Os prisioneiros não apenas sofriam torturas, mas também, quando ficavam incapazes de trabalhar, eram levados para a câmara de gás e, de lá, para o forno crematório. Com a chegada dos exércitos libertadores, milhares e milhares de prisioneiros, ao que parece, foram assassinados. Me sinto perseguida pela voz dessa mulher, pelo seu tom sincero. Depois, como sempre, me imagino no lugar dela e digo a mim mesma, de maneira egoísta: "Você teve sorte." Relembro as ameaças do soldado das SS na manhã da chegada dos americanos. Naquele dia, suas ameaças de fuzilamento me soaram especialmente pueris e cômicas. Hoje me dou conta de que escapamos de um grave perigo. Estou terrivelmente aflita quanto ao destino de minhas amigas. Onde estarão elas? Como terão se saído? Voltarei a vê-las? Betty, tão doente, Yvonne Oddon, Mickey e todas as outras? Eu as imaginava descansando ao sol à espera do momento de voltar à França. Será que ao menos estão vivas?

Wanfried, 29 de abril de 1945

Pierre nos informou hoje de manhã que um novo capitão americano se instalou com duzentos homens no castelo de Kalkoff, a dois quilômetros daqui. Pierre esteve com ele, o capitão Blumenthal, que fala alemão e, segundo Pierre, tem uma cara inteligente e simpática. Declaro sem rodeios a meus amigos que pretendo tentar uma derradeira manobra com o novo capitão e que esta será realmente a última.

O capitão Blumenthal não parece tão compreensivo como me fez crer Pierre. Ainda assim, consigo a promessa de um jipe que nos levará até Eschwege, onde, diz ele, as coisas estão finalmente organizadas. Seremos recebidas pelo capitão Landes, comandante do *Kreis* de Eschwege, e este poderá sem dúvida tirar melhor proveito das minhas informações.

Wanfried, 29 de abril de 1945 (à noite)

A recepção do capitão Landes me pegou de surpresa. Ele é exuberante e seus olhos negros lançam faíscas. Fala com desembaraço, sabe disso e tira partido do fato. Somos recebidas com estas palavras:

— Vocês são as duas francesas que elaboraram estes notáveis registros de informações? — indaga ele, brandindo um punhado dos nossos bilhetinhos que parecem atulhar seu escritório.

Confessamos com modéstia sermos as redatoras, com a ajuda das informações fornecidas por Pierre Dupont. Aparentemente, o capitão vem tentando há vários dias nos encontrar a fim de nos pôr em contato com o CIC[5] de Eschwege. Nunca na vida ouvi tanto elogio. Ele comenta a nossa ajuda "inestimável", o nosso trabalho "profissional". Trocando em miúdos, desta vez contamos com um oficial ao mesmo tempo disposto e capaz de arregaçar as mangas para lutar contra o hitlerismo. Comento com ele a retirada arbitrária dos russos. O oficial dá pesados murros na mesa e diz que os russos foram

[5] *Counter Intelligence Corps.*

levados para atender a queixas da população. Afirmo que tais queixas não tinham o menor fundamento, que os russos jamais se comportaram como os poloneses, muito pelo contrário, nos prestaram ótimos serviços. O capitão Landes entende, um pouco tarde, porém, o motivo que levou os alemães a exigir a retirada brutal dos russos, retirada esta que não foi ordenada por ele. Promete, então, mandar zelar pela nossa segurança, considerada bastante precária. Teremos à nossa disposição uma viatura, bem como um motorista policial. Os planos que o capitão desenvolve na nossa presença e com uma segurança impressionante nos tranquilizam. Ele encara a ocupação da Alemanha da maneira mais firme possível em todos os sentidos. Sua expressão me fascina. Quando fala de coisas que o apaixonam, seus olhos negros brilham de forma extraordinária.

Wanfried, 1º de maio de 1945

Pierre, Madeleine e eu trabalhamos com entusiasmo. Seguimos pistas, debatemos, interrogamos, tomamos notas. A vida é bela!

O acaso nos leva, a Madeleine e a mim, a Sontra. Ainda hoje uma encantadora cidadezinha de contos de fadas, tem o mesmo estilo de Wanfried. Ouvi dizer que o chefe de polícia é um sujeito notável. Alemão, acaba de ser libertado de um campo de concentração onde ficou preso durante cinco anos. Podemos ter certeza de seus sentimentos antinazistas. Herr Schellhase acaba de assumir suas funções e está apenas começando um trabalho que promete vir a ser importante. Sabe que todos os documentos nazistas relacionados à cidade de Sontra estão escondidos no fundo de uma mina. Em breve irá recuperá-los e então poderá trabalhar, sem preconceito e sem ódio, apoiado sobre fatos irrefutáveis. Herr Schellhase ainda está muito magro. Tem um rosto delicado e diáfano como certos místicos do século XVII. Ainda não houve tempo para o cabelo raspado voltar a crescer. Aos cinquenta anos, parece mais velho, mas sua postura é boa. Admite para mim que ainda pretende passar mais 25 anos a serviço do antifascismo. Enquanto falo, meu olhar se fixa numa bela casinha antiga do outro lado da praça. Trata-se de um desses imóveis antigos e charmosos em que a vida devia ser feliz. Herr Schellhase acompanha meu olhar e diz:

— Bonitinha, não, a casa ali em frente? Antigamente, os moradores eram amigos meus, judeus. Tinham um filho pequeno. Por volta de 1934, conseguiram mandar o garoto para o exterior e ontem vi chegar um belo soldado americano. Era o filho dos meus amigos. Voltou a Sontra atrás da família. Perguntou se sei deles. Respondi que não, que os perdi de vista... Que outra pessoa diga ao pobrezinho como seus pais foram assassinados e em que condições...

Schellhase passa então a falar de algumas lembranças de seus cinco anos de campo de concentração, onde os intelectuais, acorrentados como cachorros, eram obrigados a ficar de quatro e, para conseguir uma tigela de comida, para não morrer de fome, precisavam fingir que latiam! Ele relata outros fatos semelhantes quase incapaz de conter a emoção, e diz:

— Há coisas que um homem não pode contar a uma mulher olhando-a na cara.

Então se levanta, caminha na direção da janela aberta e deixa o olhar se perder no conjunto pitoresco de casas. Só que não as vê, enxerga apenas a cena horrível que me descreve em frases entrecortadas e muito curtas:

— Era o que nós, os antinazistas, chamávamos de sessões de *Kultur* deles, sempre novas, cujo tema brotava da imaginação monstruosa dos SS. Um dia, veio a ordem para selecionar cinco judeus. Escolhem dois médicos, dois professores de Berlim e um advogado. Homens conhecidos, dois deles famosos na Alemanha. Pergunto a mim mesmo que horror estarão armando. Os SS dão ordem para trazer cinco vacas. Cinco bancos são postos atrás das vacas e os judeus, obrigados a copular com elas.

E Schellhase acrescenta:

— Eu tive que segurar uma das vacas. Os SS nos cercaram rindo. O riso deles ainda soa em meus ouvidos, hei de ouvi-lo para sempre.

Apesar de tudo, ele não se mostra abatido, mas cheio de esperança. Será sobre um esterco como este que ele e seus amigos terão que reconstruir uma nova Alemanha.

— Faremos isso, ah, sim, faremos isso, se nos ajudarem, se contarmos com a compreensão dos ocupantes e ao mesmo tempo com sua frieza e uma determinação absoluta de cortar o mal pela raiz e castigar os culpados.

Todas as manhãs, às nove horas, o carro vem buscar Pierre, Madeleine e eu. Saímos para investigar. Escolhemos uma cidade para prospectar informações. Pierre costuma ter homens de ligação nesses locais e encontra-se com eles a sós. Madeleine e eu quase sempre interrogamos mulheres. Quando nos faltam informações específicas sobre uma cidade, vamos direto à casa paroquial e pedimos para falar com a mulher do pastor. Nove entre dez vezes, o pastor não está. Alguns se alistaram no Exército, mas na maioria das vezes é melhor procurá-los na cadeia, onde se não estão agora já estiveram. São estes os ambientes em que o nome de Hitler não é reverenciado. Estas igrejas protestantes das cidadezinhas alemãs têm um bonito ar digno e glacial. Fico pensando no aposento em que Frau Frankenhausen nos recebeu. Assoalho encerado, duas poltronas, três cadeiras, dois bancos, uma pequena escrivaninha. No meio da sala, há uma mesinha coberta por uma pesada toalha de renda branca, sobre a qual repousa uma Bíblia magnificamente encadernada. O livro é o único "ornamento" da sala. As paredes creme estão nuas, salvo por uma reprodução do retrato de Lutero pintado por Cranach. Frau Frankenhausen observa que meus olhos estão fixos no retrato.

— É o único quadro que já tivemos aqui — esclarece com orgulho.

Começamos sempre nos apresentando e explicamos o que nos trouxe à Alemanha. Explicamos que fomos enviadas pelos americanos para recensear os anti-hitleristas. Dou a entender como é difícil, se não impossível, para os ocupantes separar o joio do trigo. Cidadãos excelentes se arriscam a ser confundidos com os maus e a pagar por estes. Esse preâmbulo simplista passa confiança. Em seguida pergunto que pessoas, na cidade, mais sofreram com os nazistas. De pronto obtemos a lista dos que levaram "a pior" e que se tornarão informantes excelentes. Feito isso, tentamos conseguir o nome dos que socorreram os perseguidos e, com muito tato, pouco a pouco, sem pressão, acabamos obtendo o nome dos perseguidores. Deixamos a casa paroquial cheias de informações e damos um giro pela região; uma apresentação leva à outra, uma confidência gera a seguinte. Naturalmente, é preciso descontar os ódios pessoais, as rivalidades entre vizinhos, as maledicências absurdas, a chatice provinciana que testa o limite da nossa paciência... Resumindo, depois de descontar 50% do que coletamos e passar o restante pelo crivo, estamos de posse de um punhado de material bastante sólido. Por volta das quatro da tarde, exaustas, com a cabeça cheia de queixas, reencontramos Pierre. Comemos um sanduíche no carro com Herr Traub, nosso motorista, e voltamos ao castelo. Ali nós três nos reunimos para comparar anotações e redigir nossos relatórios que serão batidos à máquina por Madeleine. Às oito, nós duas levamos os documentos ao capitão Lampp, que, finalmente, assumiu o comando de Wanfried e aqui permanecerá por vários meses. É ele que se encarrega de transmitir nossas fichas diariamente ao CIC de Eschwege.

Nossas entrevistas nos levam a entrar em vários lares alemães. Muitos são bastante modestos, mas por todo lado notamos que a qualidade de vida aqui é superior à da nossa terra natal. As residências camponesas, as pequenas fazendas, são mais limpas, mais harmoniosas que as nossas e, em sua maioria, contêm móveis melhores e de gosto mais refinado. Nas casas dos camponeses católicos, não encontramos aquelas imagens atrozes de santos que vemos, infelizmente, na França. As deles têm um nível artístico nitidamente superior.

Entrei em contato com os adeptos de uma seita que parece bastante disseminada na Alemanha: os *Bibelforscher*[6]. Os que encontrei têm uma postura especialmente digna. Hoje, nossa investigação nos levou à casa de Herr Mengel, que saiu de um campo de concentração onde se achava confinado desde 1937. Embora sejam infinitamente respeitáveis, os *Bibelforscher* jamais nos forneceram qualquer ajuda prática. Muito discretos, recusam-se a denunciar seus perseguidores, deixando ao Céu a tarefa de vingá-los... Tentei em vão lhes sugerir, discretamente, que talvez o céu tenha nos enviado em seu socorro, mas eles se recusam a nos considerar anjos disfarçados e mantêm a boca fechada!

Wanfried, 8 de maio de 1945

É fato consumado, Hitler foi derrotado! Às três horas da manhã ouvimos o discurso, bem curto, muito emocionado, do general De Gaulle. Ouvimos soar os sinos da Notre-Dame de Paris! À noite, será indispensável fazer um brinde a "isto", nos aconselha "Al", soldado americano cheio de entusiasmo, que declara que, mesmo não sendo emotivo, há coisas a que não se pode assistir sem uma bebida para acompanhar.

As tropas de choque não deixaram grande coisa em matéria de vinho em Wanfried. Foi com esforço que Madeleine e "Al" conseguiram "requisitar" quatro ou cinco garrafas. Marie Fromond e Fidéline Legrand são quituteiras

[6] Testemunhas de Jeová. (N.E.)

de primeira. Salgadinhos e doces são preparados rapidamente, e às sete partimos para passar a noite no castelo dos Kalden, ocupado pelos americanos que ali nos aguardam. A mesa está posta na imensa sala de jantar toda enfeitada com troféus de caça. Ornamentaram-na com uma profusão de flores deslumbrantes, belos cristais, prataria e porcelana fina. Tomamos nossos lugares, sete deportadas políticas francesas e sete soldados americanos. No início, todos se mantêm calados. Tudo nos parece incrivelmente irreal: a noite, o luxo ostensivo, as luzes! Nós, as prisioneiras de ontem, nos sentimos oprimidas, oprimidas por tamanha felicidade! Após o jantar, passamos ao salão. Reparo num mapa-múndi, me aposso dele e começo a utilizá-lo como bola. Cabe a nós agora manobrar o mundo como quisermos; e lançamos o globo um para o outro, sublinhando o jogo com mil brincadeiras. Depois, explico a nossos amigos onde estamos e quem é o proprietário da casa: Arthur Kalden, que em 1929 ainda usava seu verdadeiro nome, Israël. No entanto, Herr Arthur Israël, tocado pela graça, tornou-se nazista, renegou as origens e conservou sua imensa fortuna, seu castelo, sua fábrica, as caçadas, os criados e seu parque. Tornou-se nazista, envergou um belo uniforme enfeitado com oito estrelas. Hoje, Arthur Kalden, ex-Israël, mora na casa do seu jardineiro. Os americanos vivem bastante à vontade em seu castelo e nele recebem deportadas políticas francesas. Amanhã, Herr Arthur Kalden estará na prisão (obtive essa promessa formal), e agora vamos dançar em seu salão!

Vamos quebrar o mapa-múndi em minúsculos pedacinhos, pois reconstruiremos um outro mundo no qual os Kalden nazistas nada mais terão a dizer.

O rádio transmite, entre dois números de jazz, os gritos de alegria da multidão, tanto em Paris, quanto em Londres, e gritamos de felicidade com essa gente toda... Em seguida dançamos. Também dancei no dia 11 de novembro de 1918, mas em 1918 eu não sabia o quanto iria sofrer e ver sofrer. Agora que sei, danço melhor, rio melhor. Odeio melhor, também.

Em razão do serviço que presto, aproximei-me de um jovem americano. Ele tem apenas 24 anos, mas já é dono de uma personalidade extraordinária. Muito culto, viu muita coisa e entendeu um bocado. Seu vocabulário, especialmente criativo e florido, me faz lembrar o do meu filho Pierre, o que me leva a decidir, de pronto, que Mike é meu filho adotivo, o filho do meu coração. Nasceu em Berlim. O pai, Arnold Zweig, é um famoso escritor alemão e a mãe, pintora. Quando Mike tinha 13 anos, os pais, a muito custo, escaparam com ele para a Palestina. Era o ano de 1933, o reinado efetivo de Hitler debutava. Mike Zweig morou alguns anos na Palestina, numa daquelas maravilhosas repúblicas infantis, e aos 18 anos foi para os Estados Unidos, onde virou piloto de uma companhia aérea. Começada a guerra, alistou-se no Exército. Quando quer, Mike fala a gíria vulgar berlinense. Ele engambela os alemães empregando termos regionais. Pasmos, os boches timidamente indagam se ele não é alemão de verdade. Superior, Mike responde:

— Alemão? *Mein Gott*, eu morreria de vergonha! Sou judeu!

E Mike sempre repara que esta declaração simples e clara é como um jato de água fria...

Semana passada, Mike prendeu um SS. O indivíduo ainda carregava consigo uma carta que não conseguira entregar ao destinatário. O SS se vangloriou de ter torturado pessoalmente oitenta russos antes de matá-los. Vendo-se preso e sem nutrir ilusão alguma quanto ao destino que o aguardava, nosso SS pede a Mike permissão para beijar a esposa e os filhos antes de morrer, ouvindo de Mike:

— E você por acaso permitiu que os russos beijassem suas mulheres e filhos?

Mike e eu conversamos durante horas. Ele se instala de um jeito cômico em meu sofá, enroscado como um cachorrinho. Falamos dos nossos pais. O dele, o escritor Arnold Zweig, esteve às portas de Verdun em 1916 e o meu, Charles Humbert, senador de Meuse, estava em Verdun na mesma época. Agora, cá estamos os dois, seus filhos, conversando em meu sofá, em Wasserburg, sobre a reorganização da Alemanha e do mundo inteiro. Como lidar com os alemães? Pau neles, sem dó nem piedade, olho por olho etc.? Todos os velhos lugares-comuns nos ocorrem e, claro, somos ferozes da boca para fora!

Desde a nossa libertação, temos uma enorme vontade, Madeleine e eu, de explorar a floresta em torno de Wanfried, mas os americanos nos desaconselham com veemência de fazê-lo sozinhas. Hoje, domingo, Mike apareceu com um colega. Sob a proteção de seus uniformes cáquis, podemos finalmente dar um passeio na colina arborizada que fica atrás de Wasserburg. Passada uma meia hora de caminhada, chegamos a uma clareira. Encontramos um barzinho.

— Maravilha! — gritam nossos amigos. — Vamos poder tomar uma cerveja!

O bar, porém, visto de perto, não passa de um esqueleto, não restando senão a carcaça. Tudo foi saqueado, pilhado, quebrado, de maneira tola. Os copos estão pelo chão, um monte de poeira cintilante. Nada de mesas, de cadeiras, de lenha para queimar. Olhamos em volta, em silêncio e abestalhados. Eu digo:

— Os poloneses, como vocês sabem, saquearam tudo por todo lado.

Mas Mike se abaixa e recolhe uma embalagem de chiclete.

— Os poloneses — responde — não mascam chiclete da Filadélfia... Evidente que não. Sabemos muito bem que os soldados americanos quando bebem, não pilham apenas as prefeituras...

Nesse meio tempo, surge a dona do bar. Ela fugiu quando os americanos chegaram e aqui está de volta. Ao ver seu negócio arruinado, desata a chorar e a gemer. Mike está desolado, cheio de uma atenciosa solidariedade:

— Pobre mulher, que horror — diz ele e a consola com todo carinho, dando-lhe bons conselhos, como o de redigir um relatório, a quem endereçá-lo e aonde levá-lo.

Os olhos de Mike se enchem de lágrimas e vejo sua mão direita dirigir-se lentamente para o bolso em que guarda a carteira. Acompanhando a cena, eu já esperava por esse gesto. Intervenho então, sorrindo, para fazê-lo lembrar-se das nossas resoluções, tomadas faz menos de uma hora: pau neles, sem dó nem piedade. Mike é um ser civilizado, a civilização desenvolve a emoção. Adoro Mike, e com a mesma sintonia perfeita de ainda há pouco, abordamos a questão individual: essa mulher, apesar de tudo, não pode ser responsabilizada por Hitler, Buchenwald, Oradour[7*]!...

Wanfried, 15 de maio de 1945

Os oficiais do escritório do CIC de Eschwege riem de chorar. Pedimos para que compartilhem conosco tanta alegria. Ela é tamanha que mal conseguem nos explicar que acabam de dispensar o quarto alemão que, hoje de manhã, quis se alistar no Exército americano! São apenas dez horas e nossos amigos se perguntam qual será o número de "voluntários" à noite...

[7*] Oradour-sur-Glane teve todos os seus habitantes (642 pessoas) mortos num massacre conduzido pelas SS em 10 de junho de 1944. (N.T.)

No quarto candidato, o intérprete chegou a se dar ao trabalho de indagar o motivo desse entusiasmo súbito pelo Exército americano. A resposta foi:

— Queremos ajudar a derrotar os russos...

E nossos americanos cortaram um dobrado para fazê-lo entender que os russos são e continuam sendo seus aliados e amigos.

Este "boato" sobre a guerra entre os Estados Unidos e a URSS corre pela região. Ontem à noite, Frau Wolff, uma das "senhoras de bem" de Wanfried, me garantiu com a maior seriedade que era preciso camuflar as luzes, pois esperava-se para qualquer momento um *terror angriff* da parte dos russos. Nós rimos e, em seguida, o tenente Donnellan comentou que estava na hora de cortar pela raiz essas "abobrinhas" absurdas e que também seria interessante saber de onde brotam, quem as colhe e quem as semeia...

As estradas estão coalhadas de infelizes de todas as origens arrastando bagagens e crianças. Nosso abrigo, a sopa e o hospital se revelam cada vez mais úteis. Sua organização, totalmente entregue aos alemães, sempre nos pareceu irrepreensível. A enfermeira-chefe, a nata das mulheres de fibra, perdeu os três filhos no *front* e há muito entende a beleza do regime.

Pergunto-lhe por que, dispondo de vontade e competência, ela não tomou a iniciativa de pôr em andamento a nossa organização alguns dias antes de ouvir de mim que a sua criação era uma necessidade imperiosa. Ela assume uma expressão ingênua e me diz que não havia como, que era impossível. Fiz a mesma pergunta a vários outros alemães, e Madeleine bate na mesma tecla. Só recebemos respostas evasivas e insatisfatórias. Finalmente, diante da minha reiterada insistência, ela responde:

— Nossas obras eram de cunho nacional-socialista, por isso não podíamos dar continuidade a elas.

Ninguém, dentre esses pobres imbecis, ousou sair em socorro de seus semelhantes porque suas obras sociais eram hitleristas; ninguém, dentre todos esses idiotas, teve a ideia de substituir a cruz suástica por uma Cruz Vermelha! Não, dizem eles, era preciso receber uma ordem para tanto, ordem essa que só podia vir de nós, jamais de um alemão. Eles precisavam que franceses lhes dissessem para não deixar morrer de fome e cansaço os coitados que vagavam pelas estradas; precisavam que os mandássemos de um jeito curto e grosso cuidar deles e alimentá-los!

O chefe da Secretaria de Saúde do município, acompanhado de uma senhora da Cruz Vermelha alemã, veio me agradecer oficialmente pela fundação dessas duas pequenas organizações indispensáveis. O médico bateu os calcanhares diante de mim para mostrar sua satisfação! Ele me confirmou que a nossa iniciativa é a única do gênero num raio de duzentos quilômetros. Me permiti o prazer de gritar na cara deste médico-chefe, diante da sua enfermeira condecorada, que ele devia se envergonhar por pertencer a um povo que precisa esperar que uma prisioneira política inimiga venha lhe dar ordem para desempenhar seu ofício, seu dever humano! Ele vestiu a carapuça sem dizer uma palavra...

O que existe de mais triste no nosso ofício de alcaguete é não saber quase nunca o que é feito da presa que desencavamos e que, na maioria das vezes, não vemos.

Ontem, o dr. Braun veio me dizer que o seu colega de uma pequena cidade vizinha acabava de lhe confidenciar que Martin Bormann, o acólito demasiado famoso de Hitler, escondera documentos importantes no castelo de Lüderbach, de propriedade da sua família. Imediatamente, mandamos os americanos para lá. Parece que somente o acaso poderia fazê-los encontrar documentos camuflados num prédio desses. Uma pena!

Hoje, porém, rimos um bocado brincando, como crianças, de polícia e ladrão. Há semanas sabemos que o prefeito de Schwebda se esconde nas florestas. Por via das dúvidas, Pierre Dupont dá uma olhada em sua casa ao passar por ela. Que maravilha! O passarinho está no ninho! Damos uma freada brusca e partimos a noventa por hora rumo a Eschwege para buscar a polícia. Desta vez o simpático Herr Heinrich Bernhard, *Ortsgruppenleiter* do Partido Nacional-Socialista, não retornará à floresta.

Existe um outro indivíduo que esperamos mandar prender em breve. Trata-se de Herr Friedel Albrecht, presidente do *Pferdeverkehrsgesellschaft* do Grande Reich. Em compensação, sabemos que nossas informações já puseram atrás das grades o presidente do Automóvel Clube alemão, que se acreditava a salvo em Eschwege.

Pierre Dupont no momento está concentrado em encontrar Karl Pfetzing, de Eschwege. SS dos mais puros, ofereceu-se para servir em Buchenwald, mas ainda não reapareceu em casa. Há também o dr. Heilmuth Pippart, "médico" em Buchenwald. Supomos que mais cedo ou mais tarde caberá a nós privar a ciência de seus luminares...

Tão ingênuos quanto recém-nascidos, os americanos empregam qualquer alemão que fale um pingo de inglês. Eles parecem se emocionar ao encontrar, tão distante de seu país, indivíduos que conhecem sua língua e lhes confiam com demasiada frequência missões que, a nosso ver, não pertencem à seara dos boches. Ultimamente identificamos no mínimo quatro casos de intérpretes como esses com um passado nazista bastante glorioso...

Não se passa um dia sem que descubramos o calvário de certas famílias alemãs. As brincadeiras jocosas sofridas pelas crianças que não quiseram se juntar à Juventude Hitlerista provocavam enorme ressentimento em seus pais. A vida dos não-hitleristas (não falo de anti-hitleristas) continha emboscadas diárias. Quanto aos antinazistas católicos, democratas, comunistas ou outros, o mundo inteiro começou a fazer uma ideia do quanto sofreram. Por todo lado ouço a mesma exclamação: "Detestávamos Hitler", e frequentemente ela é sincera. Então me pergunto por que essa gente não se livrou daquele que supostamente odiavam. "Não podíamos! Estávamos de mãos atadas." E respondo: "Mais que nós?" Sei muito bem que as circunstâncias eram outras, mas não canso de me dar o prazer de lhes dizer que nós teríamos preferido arriscar a própria vida a continuar vivendo sob o domínio de Hitler. Os alemães são frouxos, em geral, com uma absoluta falta de lógica e senso crítico, além de totalmente privados de iniciativa em consequência de uma educação secular!

Pergunto a mim mesma pela centésima vez, com a voz de Schellhase ainda ecoando em meus ouvidos: "Será que nos ajudarão a reconstruir uma Alemanha limpa?..." Tenho muito medo, eu, a ex-deportada política, da frase já demasiadamente familiar e banal que, infelizmente, para muitos franceses resume a situação: "É preciso fazê-los sofrer." Sim, é preciso fazer com que os hitleristas sofram e, em muitos casos, é preciso privá-los em definitivo de sofrer. Mas quanto aos outros, os alemães que tanto sofreram, aqueles cujo destino cruel foi o de ser frouxos, de não ter sabido ou podido resistir, aqueles que precisaram esperar que a mais atroz das guerras e que uma ocupação estrangeira viessem libertá-los, não se deve "fazê-los sofrer" sob pena de promover o nascimento de um novo Hitler, sob pena de fomentar uma "revanche" ao mesmo tempo trágica e absurda. Os antinazistas estendem a mão (na maior parte dos casos sinceramente) aos que oficialmente são seus inimigos e a quem veem não como amigos, não exageremos, mas ao menos como ajudantes leais e atualmente todo-poderosos. Ora, estes ajudantes, a meu ver, não dispõem senão de duas alternativas se quiserem realmente construir um mundo novo: eliminar totalmente a nação alemã (os fornos crematórios ainda se encontram em condições de funcionar a pleno vapor) ou cooperar com os alemães que forneçam garantias fidedignas. Punir sem piedade os culpados e reeducar a juventude. O alemão quer aprender, ele é dócil (e como!). Sentir um pulso firme é necessário, até mesmo indispensável, mas a justiça deve ser feita sem anarquia e sobretudo, sim, sobretudo, sem asneira!...

Ainda demasiado sensível, a minha imaginação costuma me apresentar um drama que deve ter ocorrido milhares de vezes. Com efeito, estamos convencidas de que, a partir de 1945 e quem sabe mesmo antes, os recrutas eram automaticamente inseridos nas SS, querendo ou não. Sabemos o destino que os soldados aliados reservam, justificadamente, para os membros das SS. No entanto, quantos serão os SS recentes e involuntários confundidos com os "puros"? Penso no irmão de uma jovem comunista, Frau Kotulan, de Langenhain, ele próprio comunista, que virou SS contra a vontade. Que fim terá levado o coitado?

Descobri, por intermédio de depoimentos totalmente dignos de confiança, que está formalmente vedado aos prisioneiros de guerra franceses na região de Schwelm (Vestfália) identificar para os americanos os anti-hitleristas ou os alemães que dispensaram bom tratamento a prisioneiros e deportados. Proibiram aos prisioneiros de guerra franceses fornecer atestados a pessoas às quais são gratos. Essa restrição foi imposta pelos oficiais franceses encarregados da repatriação. É inútil, acho eu, ressaltar os motivos que movem nossos oficiais simpatizantes de Vichy a emitir essas estranhas ordens...

Wanfried, 4 de junho de 1945

Fomos avisados de que devemos voltar à França em breve. Para nós, como para a maioria dos prisioneiros, a alegria do retorno fica maculada pela apreensão sobre o que iremos encontrar, ou não encontrar, em casa. Faz tanto tempo que não temos notícias de nossos entes queridos! Estarão vivos ou mortos? Nossas casas estarão de pé? Sem querer ser pessimista, sem esperar pelo pior, temos certeza de que grandes mudanças nos aguardam na França. Eles viveram sem nós, surgiremos como fantasmas, e fantasmas sempre despertam um certo medo nos vivos. Sim, é verdade, todos nós tememos esse retorno que agora se avizinha!

Wanfried, 6 de junho de 1945

Fomos, nós três, dar adeus ao capitão Landes em Eschwege. Eu precisava, em primeiro lugar, agradecer-lhe a imensa alegria que acabo de ter. Passamos esta manhã no cemitério judeu de Eschwege, onde, sob um sol de rachar, nazistas bem-conhecidos limpam o mato das aleias, reparam as lápides quebradas, repondo os túmulos profanados em condições dignas. Dois alemães recentemente libertados de um campo de concentração e vestindo ainda seus uniformes listrados estão encarregados de supervisionar o trabalho. Ele será bem-feito e *schnell, schnell.* Contemplo a cena com uma satisfação maldosa. Pierre cochicha em meu ouvido:

— Está vendo lá na frente aquele grandalhão removendo a lápide de mármore preto? Preste atenção, é Karl Schumacher, o chefe do DAF (*Deutsche Arbeits Front*) de toda a municipalidade, um safado notório...

Karl está encalorado, suado. Seu traje elegante não foi feito para o trabalho duro que o obrigam a executar hoje. Sorrio. Sei que tenho bem debaixo do braço, na minha bolsa, uma ficha que chama a atenção dos americanos para ele... Sei que, dentro de algumas horas, o sujeito estará atrás das grades. É raro (o que várias vezes lamentei) termos o prazer de ver a presa que desencavamos da toca. Hoje, nós a admiramos sob o sol, um belo espécime com seu olhar duro e canalha, seu maxilar de buldogue.

Ao nos felicitar por nosso trabalho, o capitão Landes manda nos trazer a cópia de uma menção bastante elogiosa a nosso respeito que enviou ao Ministério da Guerra em Paris. Claro que não esperávamos tanto e ficamos bastante emocionados com seu reconhecimento tão calorosamente explicitado. Saindo da subprefeitura, vamos nos despedir do tenente Donnellan, nosso chefe no CIC. Também ele nos cobre de elogios. Dirige a cada um de nós uma palavrinha de agradecimento por lhe ter sido possível, por nosso intermédio, prender um bom número de nazistas e criminosos de guerra. Para Pierre acrescenta que este honra o Exército francês... Que prazer me deu ouvir isso!

De volta a Wasserburg, encontramos o dr. Braun que nos aguarda. Apesar de todas as nossas tentativas, os americanos o demitiram. Ele está acabado, sua confusão nos dá pena; é um fraco. Para conservar o cargo, filiou-se ao Partido Nazista e protegeu vários antinazistas e judeus, arriscando a própria vida. Interroguei algumas testemunhas e tenho provas incontestáveis nas mãos. No entanto, o capitão Landes não quer usar dois pesos e duas medidas, e todos os prefeitos inscritos no Partido (ou seja, a integralidade deles) foram destituídos dos cargos. O dr. Braun foi substituído por um corajoso social-democrata, é verdade, mas sabidamente incompetente. Ainda que o ex-prefeito fosse "oficialmente" nazista, guardarei para sempre uma excelente lembrança deste homem, um pouco "dócil" demais, talvez, mas que se mostrou o tempo todo um ótimo administrador, escrupuloso e profundamente humano. Ao se despedir, o dr. Braun me entregou uma bonita gravura retratando o "Rathaus" de Wanfried. Nela consta a seguinte dedicatória, com uma citação de Goethe: "Para a sra. Agnès Humbert, francesa, como lembrança dos dias de abril de 1945, quando ela se dedicou corajosa e maternalmente à nossa cidade e aos estrangeiros que necessitavam de ajuda." Senti o maior orgulho ao receber o presente, bem como uma enorme emoção e, sem pensar, com toda a naturalidade, dei um forte abraço no dr. Braun. Quem diria que um dia eu abraçaria um alemão, ainda por cima um alemão inscrito no Partido Nazista!

Campo de triagem de Cassel, 9 de junho de 1945

Finalmente, cá estamos no campo de triagem de Cassel. A "Santíssima Trindade", como gostávamos de chamar o nosso trio, continua inseparável. Madeleine, Pierre e eu decidimos voltar a Paris juntos. De lá, Pierre irá reencontrar sua jovem esposa, que o espera em Néris, e conhecerá o filho, já com quase cinco anos e que ele jamais viu!

Trata-se de um lugar bem curioso este campo de reunião e triagem de milhares de pessoas de diferentes países. Moramos aqui num acampamento onde não existe praticamente nada além do assoalho (bastante gasto), das paredes e do teto. Em compensação, há percevejos para dar e vender. Os poloneses levaram tudo, quebraram tudo, mas, infelizmente, deixaram os percevejos! Os americanos (são 15, os coitados!) fazem o que podem, nos alimentando duas vezes ao dia com uma comida excelente. À noite, temos cinema e dança. Se os poloneses se matam uns aos outros, os americanos tentam intervir. O "médico" me contou ontem à noite que dois poloneses resolveram "acertar suas diferenças" à machadinha, que ele tentou apartá-los, quase levou uma machadada e ficou coberto dos pés à cabeça com o sangue de um dos contendores. Esse rapaz desempenha seu ofício com grande dedicação, mas já começou a enjoar dele e a "se sentir nostálgico", como dizemos na Provence, da sua Nova York natal. O capitão Mary, comandante do campo, enfrenta dificuldades incríveis com fleuma e coragem. Também ele já está farto e me disse com um meio sorriso:

— Não quero ver um polonês nos próximos cinquenta anos!

Quanto aos médicos franceses, dr. Rougier e o dr. Sirot, seria preciso um livro inteiro para louvar sua dedicação heroica, bem como a da charmosa enfermeira-chefe francesa que os assessora. Estão todos instalados num hospital que está sendo erguido num prédio bombardeado e parcialmente destruído. Não há uma pinça, uma mesa, um bisturi que eles próprios não tenham "roubado" nos escombros de Cassel e levado no próprio carro para o hospital, cujas obras se desenvolvem por sobre os leitos de doentes de tifo que são tratados, e em sua maioria curados, em circunstâncias que só vendo para crer. Após visitar esse hospital, não se fica de todo desgostoso de ser francês!

Aprecio o baile esta noite. É pitoresco. Todas as nacionalidades possíveis se encontram reunidas, e todo mundo dança com todo mundo, e todo mundo se diverte com a ajuda de um vocabulário restrito desse esperanto-alemão que me fascina.

Não sinto vontade de dançar, estou com sono. Converso languidamente com Pierre, que tem os olhos inchados de picadas de percevejos. Impliquei com ele o dia todo. De repente, porém, ele já não demonstra vontade de brincar, parece preocupado, como quem está prestes a dizer alguma coisa, mas não sabe por onde começar. Belisco a mim mesma para ficar acordada, para ouvi-lo. Ele me pede desculpas, se justifica, solicita a minha atenção... Preciso fazer um esforço para despertar totalmente e volto a me beliscar, pois sinto que o que Pierre me diz é grave. Mais uma vez ele se desculpa por me ter enganado, por ter escondido de mim a verdade a seu próprio respeito, mas me explica em frases curtas, canhestras, que precisava ficar calado, caso contrário seria... a morte! Pierre Dupont me confessa não ser Pierre Dupont, mas Hans Eric Diehl, socialista de Sarre, refugiado político na França, em processo de naturalização em 1939. Alistado no Exército francês, Pierre Dupont sempre lutou voluntariamente na linha de frente, foi feito prisioneiro, confinado no Stalag IX em Ziegenhain e, depois, uma vez despachado para Wanfried, aguardou pacientemente, realizando sem pressa o trabalho pelo qual os americanos o recompensaram com este bilhetinho que se encerra com as palavras: "Pierre Dupont honrou o Exército francês!" Com efeito, Pierre Dupont comprova mais uma vez através de seu exemplo corajoso que a barreira das fronteiras só vigora nos mapas. O que existe são homens: os que lutam pela civilização e os que lutam contra ela. Não há senão dois campos. Boris Vildé era russo como Anatole Lewitsky; Pierre Walter, nascido em Metz de pais alemães, optou pela França, e Georges Ithier era natural da República do Panamá. Dizemos que morreram pela França. Na minha opinião, eles morreram TAMBÉM pela França!

Em 11 de junho de 1945, embarcamos os três num caminhão americano. O motorista é um soldado francês, um parisiense chique, muito gentil e alegre. Falando com ele, acredito já estar em Paris. Chegaremos lá "de verdade", como dizem as crianças, depois de amanhã pela manhã. Dormimos na caçamba do caminhão, deitados sobre as bagagens, cuja aspereza massageia o corpo. Acordo com frequência e penso em tudo que acaba de acontecer, na aventura que, esta noite, chega ao fim para mim. Penso nos amigos, penso em Pierre Dupont que dorme ao meu lado e que me aquece bastante. Penso no profeta Isaías que disse, há mais de três mil anos: "...quebrarão suas espadas, transformando-as em relhas, e suas lanças, a fim de fazerem podadeiras... Uma nação não levantará a espada contra a outra, e nem se aprenderá mais a fazer guerra..." Foi por isso que lutamos, que ainda lutaremos, para que um dia não mais aprendamos a fazer guerra!... Estou perdida nesses pensamentos profundos quando o motorista levanta um canto da lona, enfia a cabeça pelo buraco e grita:

— Acorda, pessoal, vamos lá... Estamos na França!

Wanfried, abril de 1945
Paris, janeiro de 1946

POSFÁCIO

Há muito tempo é impossível encontrar *Notre Guerre* nas prateleiras das livrarias. Esgotadas e jamais reeditadas até hoje, estas *Lembranças da Resistência* tiveram, no entanto, grande repercussão ao serem lançadas, em 1946.[1] Descrevendo uma luta de quase cinco anos contra a opressão nazista, desde os primeiros gestos de rejeição ao ocupante no verão de 1940 até os trabalhos forçados hitleristas, passando pelo nascimento de uma das organizações pioneiras de resistência em zona ocupada e pelo encarceramento em prisões francesas, Agnès Humbert revela aqui seu itinerário, sem floreios, sem grandiloquência, num estilo ao mesmo tempo denso e conciso.

Muito rapidamente e de forma sistemática, os historiadores se apoiaram neste testemunho, considerado, com justa razão, um texto importante sobre o período. Por esse motivo, em várias obras acadêmicas e nos testemunhos de resistentes, Agnès Humbert é citada como referência, sobretudo quando se trata de ilustrar as primeiras formas da dissidência. Todos concordam em render homenagem à precisão de seu relato. *Notre Guerre* apresenta o perfil contraditório de um documento clássico, utilizado com frequência há várias décadas, mas limitado a um círculo reduzido de iniciados, inacessível ao grande público e, afinal, pouco conhecido.

A autora, Agnès Humbert, acabava de fazer cinquenta anos quando publicou seu livro. Nascida em 1896 em Dieppe, era filha de Charles Humbert, oficial da ativa que se lançou na política com algum sucesso. Deputado e

[1] Agnès Humbert, *Notre Guerre: souvenirs de Résistance*. Paris: Éditions Émile-Paul Frères, 1946, 413 p.

depois senador em Meuse a partir de 1908, especialista em assuntos militares, teve seu momento de glória ao alertar a classe política e a opinião pública para o déficit francês de armamentos às vésperas da Primeira Guerra Mundial. Para concretizar suas ambições políticas, adquiriu em 1915 o *Journal*, graças a recursos duvidosos provenientes de financistas ligados à Alemanha. Preso em fevereiro de 1918, passou 15 meses detido na prisão de La Santé antes de comparecer perante o conselho de guerra. O caso se encerrou com o arquivamento do processo por falta de objeto, mas jogou uma pá de cal em sua carreira política.

Em janeiro de 1916, aos 21 anos, Agnès Humbert casou-se com o pintor Georges Sabbagh, de quem veio a se divorciar em 1934. Dois filhos, Jean e Pierre, nasceriam dessa união. Aquarelista por formação, Agnès estudou História da Arte na École du Louvre. Diplomada em Letras, complementou seu currículo com diplomas universitários em Filosofia e Etnografia. Publicou em 1936 um estudo sobre o pintor Louis David.[2] Um ano depois, passou a integrar, como assistente, o quadro do Museu Nacional de Artes e Tradições Populares, que acabava de ser criado: gêmeo do Museu do Homem, porém mais voltado para a França, também ficava no palácio de Chaillot. Em pouco tempo, Agnès se tornou a colaboradora mais próxima do primeiro diretor da instituição, Georges-Henri Rivière. Esquerdista e militante antifascista, ela apoiou com entusiasmo o governo da Frente Popular, lecionou na Universidade Operária e colaborou ativamente na revista *La Vie ouvrière (A vida operária)*, na qual assinou seus artigos sob o pseudônimo de Delphine Girard.

Esses engajamentos políticos estão presentes também na esfera profissional. Assim é que participa do trabalho de reunir fotografias que abordam os ritos da greve por ocasião dos movimentos sociais de 1936, antes de empreender, no verão de 1939, uma viagem de pesquisa à União Soviética, focada nos museus e na cultura soviética, a qual confirmará sua ligação à causa comunista. Quando eclode a guerra, Agnès já é uma mulher madura de 43 anos, experiente nas lutas militantes, dotada de uma sólida cultura política e capaz de perceber as relações de poder "na mesma hora". Seu livro, melhor que qualquer biografia, por mais completa que seja, nos leva a descobrir que ela tem uma personalidade muito forte, uma franqueza absoluta e é íntegra, generosa

---

[2] Agnès Humbert, *Louis David: peintre et conventionnel*. Paris: Éditions sociales internationales, col. "Problèmes", 1936, 183 p.

e plena de convicções profundas às quais não renuncia. Agnès Humbert é ao mesmo tempo uma mulher racional, apta a analisar lucidamente uma situação, e uma mulher de ação, que jamais recusa o trabalho concreto.

Uma obra híbrida

Devido à própria estrutura e à história íntima de sua redação e construção, *Notre Guerre* é um texto radicalmente singular. Abordando a derrocada da França, os primeiros meses da Ocupação de Paris e as atividades da autora no seio da Resistência recém-nascida, as sessenta páginas que compõem os dois primeiros capítulos são a retranscrição do diário particular que Agnès Humbert meticulosamente escreveu a partir de junho de 1940. Nas estradas do êxodo primeiramente e, depois, na "Paris sob a cruz suástica",[3] Agnès pôs no papel, dia após dia, suas impressões e ações. Esse testemunho em primeira mão, prestado quase diariamente, de imediato e sem distanciamento no tempo, se encerra em 13 de abril de 1941,[4] ou seja, dois dias antes de sua prisão em Paris pela polícia alemã, para ser retomado somente no finalzinho da obra, em abril de 1945, por ocasião de sua libertação pelo Exército americano. O décimo e último capítulo do livro, intitulado "A caça aos nazistas", consiste, novamente, de anotações quase cotidianas, reproduzidas fielmente, que descrevem sua ação junto aos serviços americanos nas primeiras semanas da derrota alemã.

Muito mais longos e ocupando três quartos do livro, os sete capítulos que representam o coração da obra evocam os períodos passados nas prisões francesas, o processo do "caso do Museu do Homem" em janeiro e fevereiro de 1942, a longa deportação para a Alemanha e os trabalhos forçados nas prisões nazistas. A essência da obra, assim, foi escrita após os fatos. Não podendo tomar notas depois de ser presa,[5] Agnès reconstitui *a posteriori* seu percurso, confiando apenas em suas lembranças.

Notre Guerre justapõe, assim, duas formas distintas de escrita (a matéria bruta e instantânea do diário e a massa retrabalhada e polida das lembran-

---

[3] Este é o título do capítulo 2.

[4] *Resistência*, p. 45 da presente edição.

[5] Com exceção de um breve período em fevereiro de 1942, por ocasião do seu processo, em que ela conseguiu rabiscar algumas anotações usando como suporte um livro de Descartes.

ças) que abrangem também temporalidades diversas. Entre o breve período, incrivelmente denso, do início da Resistência (7 de junho de 1940 a 13 de abril de 1941) e as primeiras semanas de sua libertação (4 de abril a 9 de junho de 1945) intercala-se o tempo em suspenso, quase abolido, da prisão e da deportação. No mesmo livro se aninham, desta maneira, várias obras que parecem, por sua natureza e pelas condições de sua redação, heterogêneas. Esse conteúdo híbrido faz deste livro um objeto editorial fundamentalmente original, pertencente a dois gêneros literários que de hábito não se misturam. É provável que justamente essa natureza inclassificável tenha desencorajado o ânimo de muitos editores, em geral inclinados a reeditar tudo que diz respeito à história da Resistência.

No entanto, apesar da estrutura peculiar, uma unidade genuína emerge do conjunto. Vários elementos explicam tal continuidade jamais rompida.

Primeiramente, a precisão da memória da autora, que tanto se aplica a pessoas quanto a lugares e situações. Com justa razão, ela pôde afirmar:

> *Minhas lembranças são tão claras que posso escrevê-las seguindo uma ordem rigorosa. Tudo está anotado em minha memória como se escrito em cadernos, tudo se encadeia, basta virar lentamente as páginas.*[6]

Por outro lado, para preservar o frescor e a precisão dessa "matéria-prima", Agnès Humbert se dispôs a registrar muito rapidamente no papel a sua experiência. Ao contrário de várias testemunhas que esperaram anos, às vezes décadas, para sacar da pena, Agnès assumiu a tarefa no próprio dia seguinte à sua libertação, ou seja, nos primeiros dias de abril de 1945. Foi lá mesmo na Alemanha, na cidadezinha de Wanfried, no Hesse, que ela começou a reunir suas lembranças, a reconstituir cuidadosamente seu percurso nos quatro anos anteriores e a escrever. Prosseguiu nesse trabalho ao retornar à França em junho de 1945, completando-o em janeiro de 1946. As menções "Wanfried, abril de 1945" e "Paris, janeiro de 1946", que figuram no finzinho da obra, comprovam a rapidez com que a redação, empreendida sem demora, foi levada a termo. Em dez meses apenas, e apesar do desgaste resultante de uma deportação de mais de três anos, Agnès Humbert conseguiu fechar seu manuscrito. *Notre Guerre* veio à luz na primavera de 1946, o que faz dele um dos primeiros testemunhos publicados sobre o período da guerra. Entre os fatos e a escrita, o espaço foi encurtado ao máximo. As lembranças estão intactas,

[6] *Resistência*, p. 45.

"ainda vivas, como no calor das provações"[7] enfrentadas, sem tempo para serem encobertas, obscurecidas, quem sabe até distorcidas pelo tempo que passa.

À precisão da memória e à rapidez do registro se soma o estilo adotado. A façanha de Agnès foi manter, ao longo de toda a obra, um tom homogêneo, ao mesmo tempo vivaz e pitoresco, fazendo sempre questão de respeitar atentamente os códigos da escrita de um diário, a saber, o emprego do presente na narração, a menção sistemática das datas e dos lugares ou a utilização constante de casos reais que esclarecem e alimentam o relato. De ponta a ponta, ela escreve "à maneira" de um diário íntimo, porque julga, sem dúvida, que esta é a melhor forma de testemunho, a mais apta a tornar viva a experiência vivida. Misturando assim as pistas, apagando as marcas de diferentes registros literários, a autora consegue dar ao leitor a ilusão de ler o tempo todo um diário de bordo mantido com regularidade. Seu relato conserva o frescor e a espontaneidade que somente as melhores crônicas redigidas dia após dia oferecem.

Um outro elemento confere unidade ao conjunto. Trata-se desta vez não mais da forma, mas do conteúdo, isto é, da finalidade pretendida. A Resistência constitui o verdadeiro fio condutor do livro. O subtítulo mantido, *Lembranças da Resistência*, não é de forma alguma usurpado. Por todo lado e o tempo todo, tanto em liberdade quanto encarcerada nas prisões francesas, nas prisões de trabalhos forçados e nas fábricas alemãs, Agnès Humbert nos conta sua luta. Usando armas e meios que variam segundo as circunstâncias, jamais baixa a guarda e trava um combate incessante contra a opressão nazista. Essa recusa contínua em ceder e a vontade inflexível de lutar afloram a cada página.

Um documento excepcional

É preciso voltar aos capítulos iniciais do livro, que constituem o diário escrito nos primeiros meses da Ocupação, entre junho de 1940 e abril de 1941.

O fato de manter um diário em tal período não é por si só excepcional. Outros além de Agnès Humbert fizeram o mesmo e alguns desses textos foram publicados. Os diários escritos durante a Ocupação por indivíduos tão

[7] Jean Cassou, *Une vie pour la liberté*, Paris: Robert Laffont, 1981 (322 p.), p. 138.

diversos quanto Edmond Duméril, Charles Rist ou mesmo Léon Werth[8] constituem preciosos indicadores dos tormentos, preocupações e esperanças dos franceses naqueles anos turbulentos.

Entre os membros da Resistência, são mais raros os que puseram no papel suas impressões e descreveram seu cotidiano. Procurando bem, porém, encontramos alguns exemplos, pouco numerosos, de resistentes-diaristas. Jean Guéhenno,[9] na zona ocupada, Charles d'Aragon,[10] no sul, são alguns deles. No entanto, buscaremos em vão em seus textos uma pista explícita de sua resistência. Jamais abordando as próprias atividades clandestinas, todos eles demonstram uma extrema prudência, não se permitindo citar nomes, relembrar seus encontros ou falar das ações empreendidas. As limitações e os riscos da clandestinidade representaram, percebemos, um freio potente para a catarse. O medo das investigações policiais, a preocupação em se proteger e não comprometer ninguém geram nos escritores da Resistência um processo permanente de autocensura. A escrita se torna um filtro notável: dissimula tanto, ou mais, quanto revela.

Jean Guéhenno expressou magistralmente o peso dessas limitações e suas consequências no próprio conteúdo dos diários íntimos. No prefácio que redige em 1947 para a edição completa do seu *Journal des années noires*, ele escreve:

---

[8] Edmond Duméril, *Journal d'un honnête homme pendant l'Occupation: juin 1940-août 1944*, prefaciado e comentado por Jean Bourgeon. Thonon-les-Bains: L'Albaron, 1990, 405 p.; Charles Rist, *Une Saison gâtée: journal de la guerre et de l'Occupation, 1939-1945*, montado, apresentado e comentado por Jean-Noël Jeanneney. Paris: Fayard, 1983, 469 p.; Léon Werth, *Déposition: journal 1940-1944*, prefácio e comentários de Jean-Pierre Azéma. Paris: Viviane Hamy, 1992, 733 p.

[9] Escritor, militante antifascista, ex-diretor da revista *Europe* e da publicação semanal *Vendredi* durante a Frente Popular, Jean Guéhenno foi professor da Escola Normal superior em Louis-le-Grand durante a Ocupação. Publicou *Dans la Prison* sob o pseudônimo de Cévennes, pelas Éditions de Minuit, em 1944. Este texto consiste de transcrições do seu diário, que foi lançado integralmente em 1947: Jean Ghéhenno, *Journal des années noires, 1940-1944*, Paris: Gallimard, 1947, 347 p.

[10] Democrata-cristão, membro do *Liberté* e depois do *Combat*, responsável de destaque pela Resistência no Tarn, Charles d'Aragon publicou em 1977 suas memórias, reeditadas em 2001: Charles d'Aragon, *La Résistance sans héroïsme*, edição prefaciada por Guillaume Piketty, Paris: Éd. du Tricorne, 2001, 258 p. Seu diário íntimo, inédito até hoje, estava para ser publicado em 2005 por Guillaume Piketty.

... O que tolda este diário, sobre o que me cabe prevenir o leitor, é que eu não podia anotar tudo. Assim era aquele tempo, assim é a servidão: não tínhamos sequer o direito de guardar segredos. Entretanto, sendo prudente, eu escondia as páginas deste diário à medida que as escrevia. Apesar disso, carregava sempre comigo o temor de que a polícia, presente por todo lado, as descobrisse. Das empreitadas dos meus camaradas e dos meus amigos não deveria haver pistas em lugar algum. A rigor, eu bem poderia registrar seus fracassos. Não me era proibido, de forma alguma, mencionar seus encarceramentos ou mortes. Mas da coragem, de tudo que ousaram realizar, nada podia eu escrever sem correr o risco de comprometê-los. Mesmo quanto aos pensamentos fraternais que por eles nutria não nego que vez por outra me amedrontava um pouco expô-los aqui. Tal prudência falseia o tom de todo este diário...[11]

Essa discrição necessária e essa preocupação constante em esconder as próprias ações e os pensamentos mais íntimos estão presentes, de maneira recorrente, em textos de outros protagonistas.

Em 24 de maio de 1942, Claude Mauriac escreveu, lacônico, em seu diário: "Vi Georges Izard, André Dubois etc. Haveria muita coisa a dizer se..." E, complementando a frase quarenta anos mais tarde (21 de maio de 1982), esclarece:

...se a Gestapo não pudesse pôr as mãos em meus cadernos e lê-los... Através de Georges Izard, de André Dubois, de Alain Le Ray e de meu pai tive contato com diversas formas da Resistência. A impossibilidade em que me encontrava de falar dessas coisas desequilibra o meu diário da Ocupação. O que me era então proibido de expressar é o que mais me interessaria hoje.[12]

Lemos esses textos hoje com um olhar peculiar, pois sabemos, *a posteriori*, que seus autores se achavam envolvidos em graus diversos na Resistência. Assim, procuramos alusões discretas, referências codificadas que acabamos às vezes desencavando.

Nesse cenário dominado pelos não-ditos, o diário de Agnès Humbert impressiona, mais uma vez, por seu conteúdo fora do comum. A autora foi bem mais que uma simpatizante da Resistência ou deflagradora de consciências. En-

---

[11] J. Guéhenno, *Journal des années noires*, *op.cit.*, p. 11-12.

[12] Claude Mauriac, *Le Temps immobile, 8: "Bergère, ô Tour Eiffel"*, Paris: Grasset, 1985 (536 p.), p. 123.

volvida de corpo e alma na luta contra o ocupante, desempenhou, como veremos, um papel de destaque a partir do verão de 1940. É uma testemunha única em seu gênero, pode-se dizer, sobretudo porque revela seus feitos e atitudes. Enquanto outros diaristas se calam obstinadamente, guardando para si, enterrados na própria memória, "até os nomes dos que, no silêncio e em segredo, salvam a honra",[13] ela conta tudo sem a menor censura, sem reservas. Entrega sem rodeios seu estado de espírito no dia seguinte à derrocada, não esconde sua necessidade vital de se revoltar e agir, mas acima de tudo presta contas nos mínimos detalhes de seus encontros, das primeiras ações dissidentes esboçadas, dos contatos entabulados... Sob sua pena, a Resistência, longe de ser um assunto tabu, se torna, ao contrário, o tema primeiro, central e praticamente único do projeto.

Metodicamente e durante nove meses, Agnès cria um precioso herbário que conserva tudo que ela e os amigos realizam. Ao longo das páginas, deixa ainda à mostra o funcionamento de um dos primeiros grupos de resistência da zona ocupada, com suas tentativas, seus progressos e sucessos, suas dificuldades e seus revezes. Registro atento do passado, o diário resgata o som, a imagem e os sabores de uma época conturbada e de um combate secreto. Ele permite ao leitor, mais de meio século após os fatos, uma imersão incomparável no ambiente do primeiro ano de ocupação, levando-o, afinal, a penetrar as engrenagens de uma organização prestes a nascer. Este mergulho *in vivo* no coração da Resistência balbuciante é encantador e oferece um ponto de vista ímpar, deixando entrever um mundo desaparecido cujos vestígios são raros e que a historiografia há muito abandonou.

Desde o final da guerra, com efeito, testemunhos, teses universitárias e obras diversas abordando a Resistência francesa formam um conjunto impressionante de vários milhares de títulos. No entanto, essa abundância esconde, na verdade, profundas disparidades. A tônica desde cedo recaiu nas grandes organizações, e monografias sólidas rastrearam a história dos "movimentos", os da zona sul primeiramente, os da zona ocupada mais recentemente. Assim também, as relações complexas entre a França livre e os resistentes do interior são hoje mais bem-conhecidas. Esses trabalhos, além dos temas abordados e de suas próprias especificidades, pintam o retrato de uma Resistência que, bem ou mal e enfrentando muitas vicissitudes, se organizou, atingiu a maturidade e construiu sua unidade. Ao lado dessas áreas demarcadas, persistem zonas de penumbra, e tal constatação se aplica principalmente

[13] J. Guéhenno, *Journal des années noires*, *op. cit.*, 13 de novembro de 1943, p. 365.

ao que diz respeito às primeiras iniciativas de resistência. Pouco estudadas, elas figuram ainda hoje, aos olhos dos entendidos, como "pontos cegos" da historiografia. Relembrados brevemente na totalidade dos estudos sobre o tema, os primeiros passos da rejeição são abordados como a reconstrução de uma "pré-história", como uma soma de ações atabalhoadas e sem amanhã que, na melhor das hipóteses, prepararam o futuro. Prima pobre da pesquisa científica, a primeira infância da "dissidência" interior foi negligenciada. Suas formas de estruturação, suas atividades, bem como suas características específicas continuam a ser territórios amplamente desconhecidos.

A própria utilização que os historiadores fazem do texto de Agnès Humbert revela essa falta de interesse. Se *Notre Guerre*, como dissemos, continua a ser ritualmente citado é porque fornece um exemplo cômodo e, de lambuja, claramente identificado das primeiras formas da resistência. Através de algumas citações bem-escolhidas, ele nos remete, com efeito, à "rede do Museu do Homem", símbolo por excelência dessa dissidência pioneira. A referência a Agnès, assim, na maioria das vezes, é puramente ilustrativa e superficial. Os historiadores quase sempre "passaram ao largo" de um texto cuja riqueza jamais puderam aquilatar. Não são eles, porém, os únicos responsáveis pela grande opacidade que cerca a Resistência balbuciante. As próprias testemunhas se mostram frequentemente pouco articuladas quanto ao assunto, pela simples razão de mal se lembrarem do que se passou. A memória, naturalmente, hierarquiza e seleciona, privilegiando determinado acontecimento em detrimento de outro. A dos membros sobreviventes da Resistência não escapa a essa regra, e suas lembranças mais remotas, as que se referem aos primeiros tempos da clandestinidade, deixam a desejar em precisão, esmaeceram a ponto de, algumas vezes, se apagarem sob imagens mais recentes ou mais marcantes. Christian Pineau, membro da Resistência de 1940, fundador do *Libération-Nord*, chefe de rede e primeiro dirigente da Resistência interiorana a empreender a viagem a Londres, aborda de forma muito breve, em suas memórias,[14] o início do seu envolvimento. O peso do "Começo"[15] se encontra nitidamente minorado. Ademais, a essência de seu projeto não se refere a suas atividades na Resistência, mas a seu encarceramento na prisão Montluc de Lyon e sobretudo à sua deportação para Buchenwald, que, sozinha, cons-

[14] Christian Pineau, *La Simple vérité: 1940-1945*, Paris: Julliard, 1960, 637 p.

[15] É o título do curto capítulo — 36 páginas em 637 — que Pineau consagra a suas primeiras iniciativas.

titui metade do livro. Fenômeno idêntico está presente na obra de Germaine Tillion. O âmago de sua memória é praticamente todo "ocupado" pela experiência de confinamento[16] em detrimento do restante. Aqui, a deportação cria um véu tão espesso e lembranças tão impactantes que a primeira Resistência, relegada a um segundo plano, se torna um tema vago e secundário.

O caso de Jean Cassou é, no que lhe diz respeito, um exemplo da forma como os combatentes que viveram longos períodos na clandestinidade tendem a minimizar o significado de suas ações iniciais. Consequentemente, é mais revelador o fato de Cassou ter sido, antes de partir para a zona sul e ocupar postos importantes, um dos principais incentivadores, ao lado de Agnès Humbert, dessa Resistência pioneira. Na autobiografia publicada em 1981,[17] ele aborda seu primeiro engajamento parisiense no seio da "rede do Museu do Homem" sob o título "La Débâcle". O capítulo seguinte, simbolicamente intitulado "La Résistance", começa quando ele se instala em Toulouse, em abril de 1941. Um corte tamanho, longe de ser casual, diz muito a respeito dos respectivos lugares que ocupam, na memória de Cassou, as diferentes etapas de seu envolvimento.

Graças às anotações feitas no calor da ação, Agnès Humbert frustra essas armadilhas da memória. Ainda que o encarceramento e os trabalhos forçados na Alemanha preencham a maior parte das páginas, a resistência empreendida do verão de 1940 à primavera de 1941 não foi sacrificada, tampouco asfixiada. O retrato que Agnès pinta, ao contrário, é de grande precisão documental, não se resumindo jamais a generalidades mostradas de passagem. Ao longo dos dias, através dos contatos desenvolvidos, acompanhamos passo a passo o desenrolar, concreto e objetivo, do que se torna em poucos meses uma das mais precoces e importantes organizações de Resistência da zona norte.

Indagações acerca de um diário

A própria existência deste diário, verdadeiro "reservatório" dos primórdios da Resistência, não poderia ser contestada. Ocorre que, tanto no que se

---

[16] Afora um artigo datado de 1958, que abordaremos mais adiante, Germaine Tillion jamais se dedicou a contar em detalhes sua Resistência. Ao contrário, explorou amplamente o sistema de confinamento nazista por meio de seus estudos sucessivos sobre Ravensbrück. Quanto a isso, vide Germaine Tillion, *Ravensbrück*, nova edição, Paris: Éd. du Seuil, col. "XXe siècle", 1988, 468 p.

[17] J. Cassou. *Une vie pour la liberté, op. cit.*

refere às condições de sua redação ou à conservação do manuscrito, quanto às escolhas eventualmente feitas no momento da publicação, Agnès Humbert guarda total silêncio e não fornece informação alguma. A edição de 1946 não traz prefácio nem notas explicativas, tampouco desdobramentos que possam nos esclarecer quanto ao objeto muito particular que constitui seu suporte. Uma única breve menção determina: "Meu diário termina em 13 de abril."[18] Essa indefinição sabiamente adotada dá origem a algumas indagações.

Devemos nos perguntar, para começar, se a edição de 1946 reproduz ou não o diário original em sua íntegra. Diante dos saltos cronológicos presentes (capazes de cobrir o período de um mês), é provável que tenha havido escolhas. Considerando-se a preocupação constante de Agnès de se prender ao essencial e não se desviar desse propósito, é possível conjecturar que certas passagens, referentes sobretudo à sua vida familiar ou privada, tenham sido cortadas. Esse ponto não é de forma alguma secundário. Se foram mesmo efetuados, tais cortes modificam sensivelmente o equilíbrio geral do conjunto em benefício exclusivo da Resistência, que ocupa, como resultado, a essência da obra.

Terá havido, por outro lado, em vista da publicação, uma reescritura do material original do diário? Incontestavelmente existe a tentação de modificar, e muitas vezes de organizar *a posteriori* o que foi inicialmente redigido. Essa tentação de recompor um texto passado atormenta todos os autores de diários íntimos no momento de entregá-los à curiosidade pública. Será que Agnès Humbert se rendeu a ela? É impossível responder a essas duas primeiras perguntas. Apenas a consulta ao manuscrito original permitiria, ao final de um exame comparativo, prover respostas precisas. Infelizmente, as pesquisas realizadas junto aos detentores dos direitos[19] não permitiram até hoje encontrar manuscrito que, ao que parece, misteriosamente se evaporou.

Outras perguntas se impõem: onde e como Agnès escondeu suas anotações? Como estas escaparam ao escrutínio das investigações dos serviços de repressão alemães que revistaram sua casa? Também quanto a esse ponto a autora não nos fornece indicação alguma. É possível que o diário tenha

[18] *Resistência*, p. 45.

[19] Devemos aqui agradecer a Jean e Antoine Sabbagh, respectivamente filho e neto de Agnès Humbert, que concordaram com esta reedição. Sem ela, a sua autorização não teria sido possível.

sido simples e "tranquilamente escondido sob o tapete da escada, entre dois andares" com "o arquivo do *Résistance* — quatrocentos nomes e endereços — [...] e todas as cópias dos panfletos editados após setembro de 1940"[20]. Na verdade, e muito felizmente, os alemães sempre ignoraram sua existência.

A imprudência

Para além dessas perguntas que permanecem em suspenso, o fato de um diário como este ter sido escrito nas condições existentes durante a Ocupação remete a um traço essencial do caráter da sua autora: a intensidade de seu engajamento, que se revela por todo lado, em tudo que ela realizou na vida. Jean Cassou, que a conheceu muito bem, descreve a amiga como "uma mulher de temperamento extrovertido, impetuoso e temerário".[21] Ignorando as meias medidas, ela não seria capaz de conceber diários íntimos voluntariamente privados de uma parte da sua verdade. O conteúdo dessas anotações e a franqueza com que a autora se expressa só fazem refletir fielmente a sua personalidade. A incapacidade de dissimular os próprios sentimentos constitui, no caso preciso que nos interessa, uma grave violação às regras elementares de segurança e não podemos deixar de estremecer ao imaginar, em retrospecto, o que teria acontecido caso um documento como este caísse nas mãos dos inquisidores alemães. Não há dúvida de que, para a acusação, o diário constituiria uma peça magnífica para a condenação, com efeitos devastadores não só para a autora, como também para todos — e o número destes é grande — cujas atividades clandestinas são escrupulosamente reveladas nele.

Ao contrário de um Jean Guéhenno, paralisado, com razão, só em pensar que os alemães pudessem se apossar indevidamente de seus escritos,[22] Agnès Humbert relata sua resistência sem imaginar por um segundo sequer que pudesse ser lida por olhos mal-intencionados, sem pensar por um momento sequer nas consequências desastrosas da descoberta destas anotações.

---

[20] *Resistência*, 15 de abril de 1941, p. 47.

[21] J. Cassou. *Une vie pour la liberté*, *op. cit.*, p. 138.

[22] Em seu *Journal des années noires*, *op.cit.*, em 12 de outubro de 1941 (p. 196), Guéhenno escreveu: "Acho mais prudente esconder estes 'cadernos'. Manterei, doravante, este diário em folhas soltas."

Apenas escreve, num lampejo de lucidez tingido de ironia: "Tudo indica que teremos que ser muito prudentes. Especialistas da polícia chegaram de Berlim. Que fiquem todos avisados!..."[23] E prossegue na redação do seu diário como se nada houvesse...

Mas além do caso individual Agnès Humbert, tal imprudência... é em primeiro lugar e acima de tudo uma das características fundamentais dessa primeira Resistência, inventada e fabricada sob todos os aspectos por novatos na ação clandestina que não detêm predisposição alguma para representar tal papel, que improvisam constantemente, adaptando-se como podem às imposições da luta e que, no final das contas, pagarão muito caro por seu envolvimento. Madeleine Gex Le Verrier, antiga diretora da revista de política estrangeira *L'Europe nouvelle*, também ela resistente de primeira hora, comentaria, ao chegar a Londres no finzinho de 1941, a devastação provocada pela imprudência nas hostes dos combatentes das sombras. Num relatório dirigido aos serviços secretos da França livre em fevereiro de 1942, Madeleine estigmatiza, ao mesmo tempo, a falta de organização dos pioneiros, seu amadorismo e sua inexperiência. Para ilustrar seu argumento, cita o caso, emblemático em sua opinião, "de uma das colaboradoras do primeiro jornal *Résistance* que resolveu escrever à máquina 'Viva De Gaulle' nas notas de cinco francos que usava para fazer compras". Ora, acontece que essa imprudente que se expõe inutilmente não é outra, podemos adivinhar, senão uma certa Agnès Humbert,[24] amiga de longa data de Madeleine Le Verrier.

O punhado de páginas do diário que abre *Notre Guerre*, documento sem equivalente, se funde harmoniosamente a um relato mais vasto. Redigido com a intenção de descrever os acontecimentos o mais proximamente possível e dar sem demora seu testemunho, o texto de Agnès Humbert tem a precisão das melhores fontes. Não seria o caso de detalhar aqui, à semelhança de um catálogo, todos os temas abordados. Preferimos nos ater a alguns aspectos essenciais, privilegiando amplamente aqueles que dizem respeito à Resistência. Fica a cargo do leitor colher em seguida o que lhe aprouver, apropriar-se deste objeto inclassificável e encontrar num testemunho de riqueza impressionante algo com que nutrir sua curiosidade e reflexão.

---

[23] *Resistência*, 5 de fevereiro de 1941, p. 36.

[24] Ela menciona esse feito em seu diário no dia 30 de janeiro de 1941, p. 35.

Colapso, Opressão, Recuperação

Como milhões de franceses, Agnès Humbert conheceu as rotas do êxodo e o espetáculo da *débâcle*, "essa coisa monstruosa" que a deixa "por demais fatigada, por demais desanimada, [...] anestesiada [...] e meio idiotizada".[25]

O colapso da França, cataclismo fundador, traumatismo e matriz dos comportamentos que viriam a seguir, foi sentido, na sua plenitude, por Agnès; ele perturbou seu "equilíbrio mental" a ponto de lhe provocar uma sensação de loucura "no sentido fisiológico da palavra".[26]

Mas enquanto outros permanecem durante muito tempo nesse estado de abatimento e prostração, Agnès Humbert se recupera bem rápido e se empertiga. A fase de acabrunhamento foi breve; a reviravolta, quase imediata. Foi em Vicq-sur-Breuil, província de Vienne, em 20 de junho de 1940, que ela ouviu "por acaso" o apelo de De Gaulle pela BBC: "Foi graças a esse 'maluco' que não tentei pôr fim a tudo naquela noite... pois ele me deu uma esperança que nada no mundo será capaz de apagar agora".[27] Um mês depois, já cheia de indagações sobre "as maneiras como poderemos lutar e 'sair desta'", ela observa que "os parisienses começam a se rebelar"[28] e decide voltar para casa.

No entanto, o que ela vê em Paris, onde "encontra tudo tão mudado",[29] não lhe restaura a serenidade. Em busca de referências, seu primeiro impulso é voltar ao seu local de trabalho, no Museu de Artes e Tradições Populares (chamado, informalmente, de "ATP"). Um novo choque a espera. Em poucas semanas apenas, seu museu mudara muito. Seríamos levados a imaginar, erradamente, uma instituição preservada e por natureza avessa à nova ordem que triunfa no verão de 1940. Muito ao contrário, o comprometimento com os novos patrões já é ostensivo, e a adaptação segue adiantada. O inventário a que Agnès Humbert alude em alguns parágrafos não deixa dúvidas.

Assim é que "a biblioteca do Museu de Artes e Tradições Populares já foi modificada e expurgada. [...] Um volume novo de um certo Montandon sobre as *Raças* ocupa lugar não muito distante das obras de Lévy-Bruhl, e os

---

[25] *Resistência*, 20 de junho de 1940, p. 13.

[26] *Ibid.*, 6 de agosto de 1940, p. 19.

[27] *Ibid.*, 20 de junho de 1940, p. 14.

[28] *Ibid.*, 20 de julho de 1940, p. 15.

[29] *Ibid.*, 6 de agosto de 1940, p. 17.

autores alemães já se encontram em todas as prateleiras", observa Agnès em 6 de agosto de 1940, acrescentando ainda no mesmo dia que "a belíssima e interessantíssima série de fotos das greves de 1936 sumiu, bem como qualquer resquício de documentação museológica proveniente da URSS".[30] Sem citar uma vez sequer o nome de Georges-Henri Rivière, de quem, contudo, já fora assistente direta, Agnès Humbert já pressente as ambiguidades, os desvios e o comprometimento futuro de seu museu em relação aos temas da Revolução nacional. Sua análise é lúcida e seus temores, amplamente justificados, pois desde o verão de 1940 impõe-se uma linha bastante nova, e o ATP não tardará a se transformar numa extensão de Vichy. Sobre esse tópico, Daniel Fabre escreveu com razão que "o projeto cultural de Vichy reencontrou e apoiou ativamente as artes e tradições populares, o folclore local, as pequenas províncias, os costumes 'autênticos' e os artesãos ancestrais com a perspectiva de um 'retorno à terra' como momento fundador da reconstrução do país... A etnografia do ATP e a ideologia da Revolução nacional parecem bastante afinadas na descrição dos temas escolhidos e, com grande frequência, na retórica da decadência e da urgência de uma guinada que justifique o estudo e a revitalização voluntária de tradições ameaçadas".[31]

Diante dessa censura imediatamente exercida, primeiro indício de um ajuste ideológico ao novo regime, Agnès não esconde sua repulsa. Já em 18 de agosto de 1940, registra em seu diário: "Para mim, o ar do museu tornou-se irrespirável. Cassaram-me praticamente tudo o que eu tinha a fazer ali."[32] Sem alimentar a menor ilusão quanto a seu futuro profissional, Agnès não se surpreende ao ser oficialmente demitida por Vichy no final do mês de outu-

---

[30] *Ibid.*, p. 18. Georges Montandon, antropólogo, tornou-se um antissemita fanático nos anos 1930. Teórico do "etnoracismo", destila seu ódio aos judeus nas colunas de seu jornal, *L'Ethnie française*, e consegue, em fevereiro de 1942, o cargo remunerado de especialista em raças junto ao Comissariado geral de assuntos judeus. Foi executado em 3 de agosto de 1944 em seu domicílio de Clamart pela Resistência.

[31] Daniel Fabre, "L'Ethnologie française à la croisée des engagements (1940-1945)", *in* Jean-Yves Boursier, organizador, *Résistants et Résistance*. Paris, Montreal: Éd. l'Harmattan, col. "Chemins de la mémoire", 1997, p. 366-368. Este artigo constitui um estudo notável sobre a etnologia francesa durante a Ocupação. Sobre o mesmo assunto, remetemos o leitor ao esclarecimento utilíssimo e recente feito por Nancy Wood, *Germaine Tillion, une femme-mémoire: d'une Algérie à l'autre*, Paris: Éd. Autrement, col. "Mémoires", 2003, 251 p.

[32] *Resistência*, 18 de agosto de 1940, p. 21.

bro de 1940. Ainda assim, esse episódio doloroso deixará vestígios duradouros, provocando um rompimento irremediável. De volta da deportação, em 1945, quando houve oportunidade, Agnès Humbert recusou ser reintegrada ao serviço público e ter de volta seu cargo no ATP.

Alertada pelo que acabara de ver em seu museu, tenta pôr fim à sensação de isolamento que a acabrunha. Essa necessidade de encontrar os amigos, de ficar a par de seus sentimentos íntimos, de, simplesmente, trocar ideias, Agnès experimentou de imediato, em plena *débâcle*, visto que em 20 de junho de 1940 já se indaga: "Por onde andarão meus amigos? Será que os verei de novo? O que pensarão disto? Estarão sofrendo como eu?"[33] Nesse aspecto, o seu não é um caso isolado. No momento em que, tomando de empréstimo as palavras de Jean Cassou, "cada um voltou para sua casa",[34] essa busca de interlocutores que não se conformam com o colapso do país é vital e constitui uma primeira etapa decisiva no processo de resistência. Vários são os testemunhos que insistem na importância desses primeiros contatos. Daí, relata Vercors em *La Bataille du silence*, a visita repentina, no outono de 1940, de Jacques Lecompte-Boinet e sua mulher, Francette, desejosos de sondar seu estado de espírito a respeito de Pétain. E, percebendo que se encontram em sintonia, Vercors conclui: "A concordância quanto ao essencial aqueceu o coração de todos nós."[35]

Naturalmente, é para Jean Cassou que Agnès Humbert se volta sem demora. Em 6 de agosto, ela ouve dizer que Cassou voltou para Paris e não pensa "noutra coisa: encontrar com ele. Encontrar com ele imediatamente".[36] Agnès conhece, por tê-los muitas vezes partilhado, os envolvimentos passados de Cassou com a militância. Companheiros de êxodo e de infortúnio, os dois passaram a se conhecer melhor nas estradas da França. Ao lado do corpo sem vida de uma jovem de 16 anos, morta diante de seus olhares impotentes, atropelada por um caminhão militar francês em fuga, um vínculo duradouro nasceu entre ambos. Agnès escreveu: "Jean Cassou e eu já nos conhecíamos, simpatizamos um com o outro por várias razões, mas sentimos ambos que

---

[33] *Ibid.*, 20 de junho de 1940, p. 13.

[34] Jean Cassou, *La Mémoire courte*, Paris: Éd. de Minuit, 1953, 131 p., reeditado com posfácio de Marc-Olivier Baruch, Mille et une nuits, 2001 (110 p.), p. 22-23.

[35] Vercors, *La Bataille du silence: souvenirs de minuit*, reedição, Paris: Éd. de Minuit, 1992 (349 p.), p. 123.

[36] *Resistência*, 6 de agosto de 1940, p. 18.

essa meia hora passada ao lado da moribunda nos uniu fraternalmente."[37] É com ele, já que suas "impressões [...] são similares"[38], que a rejeição compartilhada se transmuta em engajamento concreto.

A Resistência pioneira em Paris em 1940-1941

É sem dúvida nesse aspecto, como veremos, que o texto de Agnès Humbert traz o ponto de vista mais esclarecedor. O que descobrir nesse mergulho nas águas agitadas das primeiras manifestações da desobediência?

Em primeiro lugar, a impressionante precocidade dessa dissidência, inventada do nada em poucos dias, dentro da mais completa improvisação.

A partir da primeira quinzena de agosto de 1940, Cassou e Agnès, procurando fazer "alguma coisa para reagir", montam um grupo "de uma dezena de companheiros, não mais", cujos objetivos são claramente definidos: "reunir-se em dias fixos", "trocar notícias, redigir e distribuir panfletos e fazer resumos das transmissões da rádio francesa de Londres".[39] Para montar esse núcleo primitivo, Cassou e Agnès apelam para os próximos: lá estão os irmãos Émile-Paul, editores do Quartier Latin que abrigarão as primeiras reuniões, o escritor Claude Aveline, Marcel Abraham, universitário e antigo membro do gabinete de Jean Zay, o casal Duval e Simone Martin-Chauffier, a egiptóloga Christiane Desroches... A maioria dos autores dessa "conspiração"[40] se conhece de longa data. Pertencem ao mesmo meio, todos do mundo literário. Com frequência, combateram lado a lado em revistas, jornais e comitês, a favor da Espanha republicana e da Frente Popular, contra as ligas de extrema direita e o perigo fascista. Os laços de sociabilidade do pré-guerra, reativados, têm aqui um papel decisivo.

Animados por "uma revolta moral"[41], compartilham o essencial, a saber, a recusa da derrota e a repulsa visceral, instintiva e imediata pelo ocupante. Agnès fala do "nojo"[42] que sentiu por ocasião de seu primeiro confronto com o ocupante no momento da travessia da linha demarcatória. Boris Vildé

[37] *Ibid.*, 20 de junho de 1940, p. 12.
[38] *Ibid.*, 6 de agosto de 1940, p. 19.
[39] *Ibid.*, p. 19.
[40] *Ibid.*, 18 de agosto de 1940, p. 21.
[41] J. Cassou, *La Mémoire courte*, *op. cit.*, p. 54.
[42] *Resistência*, 6 de agosto de 1940, p. 17.

expressa o mesmo ao escrever, em novembro de 1941, no interior da prisão: "Quando vi os soldados alemães em Paris pela primeira vez após o meu retorno, senti uma dor física aguda no coração que me fez ver quanto eu amava Paris e a França."[43] Cassou não fica atrás ao evocar o sentimento insuportável de expropriação diante "do espetáculo irreal de tropas alemãs subindo em passo cadenciado a avenida Champs Élysées", expressando assim a confusão extrema que o sufoca: "Eles não têm este direito! Tudo isto é meu, a chama do Soldado Desconhecido, a *Marseillaise* de Rude, o Arco do Triunfo, Victor Hugo [...]."[44] O que explica em grande parte a rapidez da tomada de decisão e a agilidade com que as primeiras iniciativas ganham corpo é, sem dúvida, a presença evidente, pesada e cotidiana do ocupante. Esta determina uma urgência de ação e permite queimar as etapas. Enquanto na zona ocupada o tempo de latência é inexistente e os pioneiros se lançam de pronto ao trabalho, na zona sul a situação se apresenta de forma radicalmente diversa. Ali também encontramos precursores para rejeitar de imediato o armistício e suas consequências, à semelhança de um Emmanuel d'Astier de la Vigerie, que prospecta sem cessar em diferentes ambientes desde o verão de 1940. Mas enquanto Agnès e seus amigos conseguem montar um embrião de organização e agir, d'Astier e outros tantos, ao sul da linha demarcatória, mergulham, na mesma ocasião, na inércia e pusilanimidade correntes. Não são capazes de recrutar e fracassam, naquele momento, em impor sua luta.

As primeiras atividades dos "Franceses Livres da França"[45] se voltam naturalmente para a contra-propaganda. Os "papos inconsequentes"[46] das primeiras semanas são logo seguidos da difusão de panfletos e da redação, pelo grupo, de seus próprios textos. Em 25 de setembro de 1940, um primeiro panfleto mimeografado, intitulado *Vichy fait la guerre* [Vichy faz a guerra], de autoria de Jean Cassou, tem uma tiragem de vários milhares de exemplares.

---

[43] Boris Vildé, *Journal et lettres de prison: 1941-1942*, Paris: Éd. Allia, 1997 (172 p.), p. 94.

[44] J. Cassou. *Une vie pour la liberté*, *op. cit.*, p. 136-137.

[45] O nome foi um achado de Claude Aveline. O rótulo "Círculo Alain Fournier", igualmente utilizado por Agnès Humbert (*Notre Guerre*, março de 1941, p. 126), se explica pelo fato de que as primeiras reuniões do grupo tiveram lugar nos escritórios dos irmãos Émile-Paul, editores do *Grand Meaulnes*. Após a guerra, encontramos com frequência um terceiro rótulo: "grupo de escritores".

[46] O termo é de Agnès Humbert, que o grafa entre aspas: *Resistência*, 1º de setembro de 1940, p. 23.

O texto estigmatiza a atitude do governo de Vichy quanto ao caso de Dacar, em que, pela primeira vez, "franceses atiraram em franceses".[47] A própria existência desse panfleto comprova o caminho percorrido e os progressos feitos em apenas um mês. O grupo encontrou um mimeógrafo que "não é outro senão o do Museu do Homem".[48] Tal descoberta é fundamental, pois permite pensar grande e vislumbrar concretamente a publicação de um jornal de verdade, projeto mencionado por Agnès a partir de 1° de setembro. Ela enfatiza, sobretudo, o estabelecimento de um contato com uma outra organização em vias de formação.

O nascimento de uma "nebulosa"

Yvonne Oddon, bibliotecária do Museu do Homem e figura de peso desta história, declara, pouco tempo depois da sua volta do campo de Ravensbrück para onde fora deportada: "Minha atividade antialemã data do início da ocupação de Paris, ou seja, da segunda quinzena de junho de 1940." Mais à frente, acrescenta que foi "em meu escritório que elaboramos, em junho, nossos primeiros projetos de Resistência".[49] Não existe, nessa declaração, qualquer intenção de exagerar ou de adornar, posteriormente, o feito. Os funcionários do Museu do Homem, aos quais Agnès Humbert e seu grupo não tardarão a se juntar, também reagiram de maneira fulgurante ao cataclismo da derrota e à Ocupação. Eles constituem, ao redor de um trio fundador composto pela bibliotecária Yvonne Oddon, pelo linguista Boris Vildé e pelo antropólogo Anatole Lewitsky, mais um exemplo dessa Resistência pioneira.

Assim é que "Os Franceses Livres da França" não são um caso único e isolado. Na mesma ocasião na zona ocupada, tanto em Paris como no interior, outros núcleos primitivos surgiram. Num artigo notável publicado em 1958,[50] Germaine Tillion, também ela personagem de destaque dessa aventu-

---

[47] *Ibid.*, 25 de setembro de 1940, p. 23.

[48] *Ibid.*, 22 de setembro de 1940, p. 23.

[49] Yvonne Oddon, "Réseau Hauet-Vildé: rapport sur mon activité de Résistance 1940-1941" (sem data). Archives nationales, 72 AJ66 (dossiê *Réseau musée de l'Homme*).

[50] Germaine Tillion, "Première résistance em zone occupée. Du côté du réseau 'musée de l'Homme-Hauet-Vildé', *Revue d'histoire de la Deuxième Guerre mondiale*, n°. 30, abril de 1958. Republicado na revista *Esprit* em fevereiro de 2000 (n°. 261,

ra, já insistia na importância "dessas pequenas unidades autônomas", que "se multiplicavam com a rapidez de protozoários em águas tropicais" ao norte da linha demarcatória desde o verão de 1940. Mostrava, ainda, como muito depressa essas células primitivas, no início dispersas, entravam em contato umas com as outras através de um processo de "cristalização", pois "cada cristal, com suas múltiplas facetas, toca uma infinidade de cristais análogos".[51]

O grupo do Museu do Homem, sob o impulso decisivo de Vildé, logo buscará se assemelhar a essas iniciativas esparsas. As anotações de Agnès permitem rastrear com precisão as condições do encontro entre os "Franceses Livres da França" e aqueles do museu. No final de setembro de 1940, Cassou descobre por intermédio de Paul Rivet, diretor do Museu do Homem, que ali já "se trabalha".[52] Depois de uma reunião com este último, Agnès é "posta em contato" com Vildé, descrito como "o mentor da atividade antialemã no Museu do Homem".[53] Estabelece-se a ligação. Entre as duas células, os pontos comuns são tantos que é possível falar, sem risco de exagero, em laços de parentesco. No que se refere aos aspectos sociológico, intelectual e político, os perfis são similares. Um outro elemento, porém, entrou em cena, favorecendo o encontro. Devido a seu trabalho no ATP, Agnès está próxima, é praticamente colega, dos pesquisadores do Museu do Homem. Filhas gêmeas do velho Museu de Etnografia do Trocadéro (MET), as duas instituições foram fundadas ao mesmo tempo, concebidas como complementares, e partilham os prédios vizinhos ao palácio de Chaillot. Seus respectivos diretores, Rivet e Rivière, codirigiram anteriormente o MET, permanecendo muito unidos. Em 22 de setembro de 1940, Agnès Humbert registra em seu diário: "O fato de a minha sala ser no palácio de Chaillot facilita enormemente a minha tarefa. Um telefone interno liga o Museu das Artes e Tradições Populares ao Museu do Homem. A sorte está do nosso lado!"[54] Conhecendo pessoalmente a maior parte de seus pares no museu vizinho, ela pode, por exemplo, escrever a respeito de Anatole Lewitsky: "Eu o conheço desde que fui trabalhar

---

Les Vies de Germaine Tillion, p. 106-124), este artigo continua a ser ainda hoje o estudo mais pertinente sobre os primórdios da Resistência em zona ocupada. Nós o citamos adiante em sua última edição.

51 G. Tillion, "Première résistance en zone occupée", *art. cit.*, p. 118.

52 *Resistência*, 22 de setembro de 1940, p. 23.

53 *Ibid.*, 25 de setembro de 1940, p. 24.

54 *Ibid.*, 22 de setembro de 1940, p. 23.

no palácio de Chaillot. Era sempre a ele que me dirigia quando precisava de alguma informação quanto ao Museu do Homem."[55] No caso preciso que nos interessa aqui, a proximidade, tanto profissional quanto geográfica, foi decisiva. Esta "conexão" é um exemplo dentre outros das aproximações que se esboçam.

No outono de 1940, Vildé passa a se relacionar com uma série de núcleos entre os quais (a lista não está completa) o dos advogados do Palácio de Justiça de Paris, o dos funcionários da embaixada americana, um núcleo ativo em Béthune, outro na Bretanha, os bombeiros de Paris... Constitui-se, assim, em torno do Museu do Homem e em sua órbita, uma "nebulosa" complexa e ampla, reunindo diversas iniciativas que possuem vínculos mais ou menos sólidos com o polo central. Por essas múltiplas facetas, a "rede do Museu do Homem"[56] mostra-se logo ativa em todas as áreas da ação clandestina, da propaganda à fuga de prisioneiros de guerra, passando pelo levantamento e coleta de informações.

Para que o processo de encontro se inicie, "indivíduos-ponte", capazes de pôr em contato diferentes círculos dissidentes, são indispensáveis. A ação de Agnès rapidamente se mostra, sob esse aspecto, insubstituível. É ela, como já vimos, que por intermédio de Rivet "tem o prazer de apresentar" Cassou e Vildé "um ao outro",[57] e a esse papel de interface e de "sargento recrutador", dedica-se sem cessar desde cedo. É também ela que estabelece um relacionamento com o aviador Roger Pons, com o qual o grupo obterá informações militares. É ela ainda que recruta Pierre Brossolette, levando-o a fazer parte do comitê de redação do jornal *Résistance*, e que fornece a Boris Vildé correspondentes preciosos em Toulouse: Georges Friedmann e Léo Hamon. A lista de contatos que Agnès provê é impressionante, e as páginas de seu diário são literalmente repletas de menções a encontros e reuniões. Criadora de laços, ela permite assim que a organização se amplie e se diversifique. Verdadeira "mente prospectora", correndo incansavelmente atrás de conexões

---

[55] *Ibid.*, final de novembro de 1940, p. 28.

[56] O termo "rede" não se presta muito a definir as organizações pioneiras. Por ocasião dos feitos, em 1940-1941, ninguém falava em "rede" e menos ainda daquela do "Museu do Homem". Foi Germaine Tillion que escolheu esse nome "em cinco minutos... num dia de 1946, para os fins de liquidação", ou seja, no momento do registro administrativo de sua organização pela França combatente (G. Tillion, "Première résistance en zone occupée", *art. cit.*, p. 119).

[57] *Resistência*, 25 de setembro de 1940, p. 24.

possíveis, sempre de olhos bem atentos, definiu a si própria como "um cão de caça levando a presa até seu dono".[58] A expressão usada é forte. Sob a pena de uma especialista em tradições populares, essa referência à caça fica ainda mais realçada. Ao se comparar ao fiel companheiro do caçador, animal ao mesmo tempo ligeiro e resistente, capaz de desentocar a presa e de não deixá-la escapar, Agnès sublinha sua obstinação em descobrir novos contatos e sua absoluta dedicação a Vildé.

Um jornal clandestino

Vamos reencontrar esse envolvimento absoluto, "de coração leve"[59], na criação de um órgão de imprensa clandestino. Tal projeto toma forma muito cedo na mente de Vildé. Desde 25 de setembro de 1940, ele declara "que é preciso, antes de tudo, fundar um jornal"[60], avalizando uma ideia anterior de Agnès e Cassou. Desejoso de treinar os diversos grupos com os quais colabora, volta-se, naturalmente, para o "grupo de escritores": Cassou, Aveline, Abraham e Agnès decerto não são jornalistas profissionais, mas, afora sua grande disponibilidade, sabem manejar a pena e têm todos experiência no assunto em função de colaborações passadas em várias publicações. A aventura do jornal *Résistance, Bulletin officiel du Comité national de salut public*, um dos primeiros periódicos clandestinos a aparecer regularmente na zona ocupada[61], tem início. Ela nos é contada de dentro e ao vivo por um dos próprios protagonistas, que participou de todas as etapas da elaboração do jornal, da concepção à distribuição.

Membro da comissão de redação que se reunia na casa de Simone Martin--Chauffier, Agnès se transforma em "datilógrafa", "bate"[62] os artigos e compõe à mão o jornal, que, em seguida, é mimeografado por "cavalheiros misteriosos que fornecem o papel e garantem o serviço de impressão".[63]

[58] *Ibid.*, final de dezembro de 1940, p. 33.

[59] *Ibid.*, 28 de janeiro de 1941, p. 35.

[60] *Ibid.*, 25 de setembro de 1940, p. 24.

[61] *Résistance*, cujo primeiro número saiu em 15 de dezembro de 1940, não é, como se lê com frequência, o primeiro periódico clandestino publicado durante a Ocupação. Jornais como *Pantagruel*, *La Vérité française* ou, ainda, *Libération-Nord* lhe são anteriores.

[62] *Resistência*, dezembro de 1940, p. 29.

[63] *Ibid.*, final de novembro de 1940, p. 28.

Sua descrição, de tão vívida, consegue nos fazer sentir a tinta nas mãos dela. Em dois meses, "o primeiro 'pato' põe seu ovo"[64], e o número 1 do *Résistance*, quatro páginas mimeografadas, datado de 15 de dezembro de 1940, está pronto. Quatro outros virão até o final de março de 1941. Obstáculos, contudo, nunca faltaram. Surgindo de todo lado, eles obrigam a improvisar e a inventar constantemente com recursos insuficientes. Os atrasos na publicação testemunham tais dificuldades, que precisam ser superadas. O ritmo, inicialmente previsto, de dois números mensais não pôde ser mantido. Os problemas de impressão, a carência de papel, visita de inspeção de Vildé na zona sul, as prisões, enfim, espaçam as publicações. Entre o número 2 (30 de dezembro de 1940) e o 3 (31 de janeiro de 1941), passa-se um mês. Igualmente, em fevereiro de 1941 nenhum número é publicado. A difusão também constituía um problema espinhoso, e Agnès lamenta, a esse respeito, que "sempre nos faltam dezenove *sous* para inteirar vinte quando se trata de comprar selos para enviar o pato"[65] às "pessoas capazes de reproduzi-lo".[66] Em março de 1941, finalmente, quando as operações policiais bem-sucedidas se multiplicam, Cassou, Aveline e Abraham, expostos em demasia, decidem partir para o campo na zona livre. Agnès resume perfeitamente a situação se indagando "o que será do jornal sem seus três redatores".[67] No final, porém, ela resolve o impasse recrutando Pierre Brossolette e Jean Duval. Em todas as etapas foi, portanto, necessário demonstrar uma engenhosidade permanente e uma tenacidade ímpar para desmontar uma série de armadilhas. Nesse contexto em que todas as publicações pioneiras da zona ocupada foram igualmente confrontadas, conseguir lançar cinco números em quatro meses realça a conquista.

A originalidade do *Résistance* deve ser buscada sobretudo em sua estrutura e no propósito perseguido com constância. O jornal se compõe de duas partes distintas. Os editoriais são redigidos diretamente por Vildé e Lewitsky, ficando o restante a cargo do comitê de redação dirigido por Cassou. O esquema se aplica aos quatro primeiros números. O quinto e último, datado do final de março de 1941, é um caso especial, já que coube exclusivamente a Pierre Brossolette sua concepção e elaboração. O

[64] *Ibid.*, dezembro de 1940, p. 28.
[65] *Ibid.*, 28 de janeiro de 1941, p. 35.
[66] *Ibid.*, final de novembro de 1940, p. 28.
[67] *Ibid.*, março de 1941, p. 37.

objetivo principal, que em nada surpreende, é contradizer a propaganda alemã fornecendo informações que contrastam com aquelas, controladas e censuradas, encontradas na imprensa oficial. As anotações de Agnès são confirmadas pelo relato de Claude Aveline em *Le Temps mort*. Tratava-se, diz ele, de publicar "as notícias verdadeiras, as explicações necessárias, as recusas e os apelos, todas as razões para a esperança mais imperturbável". Para alimentar os artigos, "Vildé providenciava a matéria-prima, jornais ingleses, americanos, suíços"[68], que obtinha por meio da embaixada americana em Paris. Ao lado das notícias militares e internacionais, sempre amplamente cobertas, encontramos no *Résistance* artigos informativos sobre assuntos nacionais, tratando do confisco alemão da economia francesa, das extorsões do ocupante ou da colaboração cultural, além de uma resenha da imprensa clandestina.[69] O objetivo, especialmente denso, rico e incisivo, impressiona por sua notável documentação.

Os editoriais, na página "um" como de praxe, ocupam uma página inteira e têm uma linha mais geral. A cada número defende-se a ideia de que "A França não foi derrotada"[70] pois "se encontra dia a dia na Resistência e na rejeição".[71] No entanto, para que renasça um país "puro e livre",[72] a Resistência precisa se organizar e amadurecer, evitando as ações dispersas, demonstrando uma disciplina de ferro e uma prudência constante. Esses conselhos, incessantemente martelados, são difundidos em nome de uma misteriosa "comissão nacional de segurança pública", leva adiante a tarefa de "supervisionar" os esforços, "coordenar" as iniciativas e "designar os chefes".[73]

---

[68] Claude Aveline, *Le Temps mort*, Paris: Mercure de France, 1962, (214 p.) p. 161-162. Aveline começou a redigir *Le Temps mort* em dezembro de 1943 e o publicou clandestinamente pelas Éditions de Minuit em 1° de junho de 1944 sob o pseudônimo de Minervois.

As menções transcritas foram extraídas da parte intitulada "Souvenirs des ténèbres" (Lembranças das trevas), datada de setembro de 1944.

[69] A título de exemplo, o número 3 do *Résistance*, de 31 de janeiro de 1941, contém artigos sobre "a expulsão dos habitantes da Lorena", "a morte de Henri Bergson", "a pilhagem do gado francês", "a opinião pública americana", transcrições de "discursos de Roosevelt" e uma "resenha da imprensa acorrentada".

[70] *Résistance*, n° 3, 31 de janeiro de 1941.

[71] *Résistance*, n° 4, 1° de março de 1941.

[72] *Résistance*, n° 1, 15 de dezembro de 1940.

[73] *Ibid*.

Comparado à maioria dos textos clandestinos impressos na mesma ocasião na zona ocupada, o *Résistance* vence uma etapa suplementar e está adiante do seu tempo. Enquanto os outros costumam se limitar exclusivamente à seara das informações e da propaganda, o jornal de Vildé se situa de imediato numa lógica organizacional, apresentando-se como a expressão de uma estrutura clandestina já constituída. Concebido desde a origem como uma ferramenta destinada não apenas a informar, mas também a recrutar e unificar, o *Résistance* passa uma mensagem clara: existe uma organização dirigida por chefes decididos, responsáveis e conscientes da ordem de prioridades. Assim, para ter condições de agir concretamente amanhã, convém primeiro agrupar-se hoje.

Em relação a Vichy, a postura do jornal é mais complexa do que normalmente se afirma. Sem dúvida, nenhum dos que tomam parte na elaboração do periódico alimenta a mais leve ilusão quanto a Pétain e à natureza profunda de seu regime. São todos "antivichistas irredutíveis... que rejeitaram de pronto e com virulência tanto o marechalismo quanto o pétainismo como duas faces da mesma moeda".[74] Agnès Humbert não esconde a aversão que sente de imediato por este "governo fantoche" que "não será eterno".[75] O próprio marechal não tem graça alguma a seus olhos: ela não hesita em comparar o "velho imbecil" a um "Franco em miniatura" e se refere à "lama onde ele já chafurda".[76] Despidas de qualquer ambiguidade, tais análises políticas, partilhadas pelo conjunto do comitê de redação e por toda a equipe de Vildé, não encontram, apesar de tudo, tradução concreta nas páginas do jornal, que demonstra enorme circunspeção sobre o assunto. É preciso aguardar os números 3 e 4 para que o editorialista, no caso Vildé, aborde a negligência de Vichy, porém ainda poupando a pessoa do marechal. Tal reserva é, acima de tudo, uma tática, que se explica pela preocupação de levar em conta uma opinião pública que, também na zona ocupada, "ainda não abriu os olhos"[77] e permanece, nesse primeiro inverno da Ocupação, profundamente ligada ao

---

[74] Laurent Douzou e Denis Peschansky, "Les premiers résistants face à l'hypothèque Vichy (1940-1942)", *in* Laurent Douzou, Robert Frank, Denis Peschanski e Dominique Veillon, dir., *La Résistance et les français: villes, centres et logiques de décision*, atas do colóquio internacional de Cachan, 16-18 de novembro de 1995, Paris: Éd. du CNRS, 1995, p. 429.

[75] *Resistência*, 20 de julho de 1940, p. 15.

[76] *Ibid.*, final de novembro de 1940, p. 28.

[77] *Ibid.*, p. 28.

vitorioso de Verdun. Administrar os sentimentos da maioria e educar o público passo a passo parece ser a linha prudente seguida pelo *Résistance*. Tal moderação não surpreende quando lemos o que foi escrito em outras publicações na mesma data: afora o *Valmy*[78] e o *Libération Nord*[79], que, desde o nascimento, alardeiam muito claramente uma dupla rejeição ao ocupante e ao novo regime, publicações como *Pantagruel*,[80] *La Verité française*[81] ou, ainda, *Défense de la France*[82] cultivam, com relação a Vichy, uma genuína ambiguidade. Sem falar da imprensa clandestina da zona sul, embora mais tardia que ao norte da linha demarcatória, e que, à exceção notável do *Libération-Sud*[83], durante um bom tempo acalenta ilusões sobre o marechal, chegando a partilhar por um certo período as ideias da sua Revolução nacional.

Embora tomando cuidado para evitar os ataques frontais em seus primeiros números, os redatores do *Résistance* brandem bem cedo suas armas contra o chefe do Estado francês. Agnès observa o seguinte: "Estamos acumulando, a partir de hoje, documentos sobre o 'velho'. Trechos das *Mémoires* de Poincaré,

---

[78] Seus principais redatores são Raymond Burgard, professor de história no liceu Buffon em Paris, e Paulin Bertrand (codinome Paul Simon). O número 1 data de janeiro de 1941.

[79] O primeiro número do *Libération-Nord* aparece em 1° de dezembro de 1940. Integralmente redigido por Christian Pineau, sete exemplares são publicados por seu esforço exclusivo. Quanto à sua postura política, recorreremos ao trabalho de Alya Aglan, *La Résistance sacrifiée: le mouvement Libération-Nord*, Paris: Flammarion, 1999 (455 p.), p. 73-95.

[80] O *Pantagruel*, cujo primeiro número apareceu em outubro de 1940, é obra de Raymond Deiss, editor de música de origem alsaciana estabelecido em Paris.

[81] Muito precoce, *La Vérité française* começa a circular a partir de setembro de 1940. Seus principais redatores são Jean de Launoy (agente de seguros), Julien Lafaye (veterinário em Versailles) e dominicanos da rua de la Glacière em Paris. Esse grupo trabalha em conjunto com o velho coronel Maurice Dutheil de La Rochère. Impresso numa folha frente e verso, o jornal circula até novembro de 1941, data das prisões que dizimam a organização. Foi depois da guerra que os grupos "Verité française" se ligaram à *rede do Museu do Homem*.

[82] A respeito do *Défense de la France*, jornal criado por Philippe Viannay, Robert Salmon e Marcel Lebon, cujo primeiro número data de agosto de 1941, vide o trabalho de Olivier Wieviorka, *Une certaine idée de la Résistance: Défense de la France, 1940-1949*, Paris: Éd. du Seuil, col. "L'Univers historique", 1995 (487 p.), p. 36-46.

[83] Sobre este assunto, remetemos o leitor ao trabalho de Laurent Douzou, *La Désobéissance: histoire d'un mouvement e d'un journal clandestins, Libération-Sud, 1940-1944*, Paris: Odile Jacob, 1995 (480 p.), p. 267-283.

Lloyd George e Clemenceau nos serão úteis quando chegar a hora."[84] Este trabalho de compilação não terá prosseguimento, em virtude da suspensão prematura da publicação do jornal no final do mês de março de 1941. O processo, porém, teve grande sucesso na zona ocupada: publicações como *Valmy* (número 3, de março de 1941) ou *La France continue* (número 3, de julho de 1941)[85], bem como vários panfletos, o utilizarão amplamente.

Ao longo de toda a sua breve existência, o *Résistance* reitera seu apelo à ação e à rejeição da derrota. Exorta o leitor a resistir, ou seja, a "fazer alguma coisa que se traduza em fatos positivos, em atos racionais e úteis."[86] Na ausência de instruções mais precisas, podemos considerar a mensagem modesta, puramente simbólica e sem grande consequência concreta quanto ao rumo das coisas. Seria um grande equívoco, contudo, reduzir essas primeiras expressões da dissidência interior a uma "conversa fiada", a "idiotices"[87], a trivialidades. Nessa seara, é preciso desconfiar dos julgamentos precipitados, sobretudo quando formulados *a posteriori*. É que, àquela altura, o conteúdo era menos importante que a forma; a existência em si do jornal clandestino se impõe sobre o que nele está escrito. Exemplos não faltam para ilustrar a discrepância, muitas vezes colossal, entre o nosso julgamento atual e o que possam ter sentido, em 1940, os patriotas desejosos de agir. É o caso dos *33 Conselhos a quem vive em território ocupado*[88], de Jean Texcier, um dos primeiros textos a circular clandestinamente no verão de 1940. Esse pequeno manual de *savoir-vivre* e dignidade, que manipula com maestria a ironia e o ridículo, desperta hoje no máximo alguns sorrisos. Mas há mais de sessenta anos, em 18 de agosto de 1940, precisamente, quando toma conhecimento do texto, Agnès Humbert não hesita em escrever: "Será que seus redatores saberão um dia o que fizeram por nós e, sem dúvida, por milhares de outros? A luz na

---

[84] *Resistência*, final de novembro de 1940, p. 28.

[85] *La France continue* surge em junho de 1941. Paul Petit, secretário de embaixada, é o redator. O terceiro número, de julho de 1941, é uma edição especial sobre o papel de Pétain em 14-18.

[86] *Résistance*, nº. 1, 15 de dezembro de 1940, editorial.

[87] A expressão é do próprio Cassou em *Une vie pour la liberté*, *op. cit.*, p. 138.

[88] Estes "conselhos", redigidos pelo militante socialista Jean Texcier a partir de julho de 1940 e difundidos a partir de agosto, fazem, de imediato, um imenso sucesso em todo o país, chegando mesmo a serem lidos na BBC em setembro de 1941. São encontrados na versão integral em Jean Texcier, *Écrit dans la nuit*, Paris: La Nouvelle Édition, 1945, 240 p.

escuridão."[89] O mesmo é válido para os primeiros números do jornal *Pantagruel*. O leitor de hoje é bem capaz de julgá-los confusos, hesitantes, tímidos e, resumindo, decepcionantes. Mas para um Jean Bruller que logo se tornaria Vercors, sua descoberta, no outono de 1940, é uma verdadeira revelação:

> *Nós os passamos de mão em mão, com uma surpresa comovida[...] Este jornal representava uma soma de audácia e habilidade que impunha respeito[...] Assim, com um pouco de coragem, coisas desse tipo podiam ser impressas![...] E, enfim, pela primeira vez um jornal impresso protestava! Ah, tratava-se ainda de um grito débil, mas numa caverna, numa galeria deserta, um grito débil pode ecoar bem alto. Pela primeira vez sentimos ser retirada, ainda que muito parcialmente, a camada de silêncio que nos esmagava.*[90]

Para os desnorteados pelo colapso da Nação e que buscam reagir, o impacto psicológico dessas primeiras publicações é considerável. Os primeiros jornais comprovam, por meio da sua própria existência, por mais frágil que seja, que nem todos estão resignados e que alguns se revoltam. Essa contrapropaganda dos primórdios pode parecer patética, tanto devido à sua difusão modesta quanto ao acachapante domínio alemão. Nem por isso deixa de constituir um exemplo a ser seguido e um genuíno estímulo à ação. O simples fato de apelar para a transgressão em nome de uma organização clandestina está, assim, longe de pertencer ao domínio do mero registro do trivial.

O chefe

Na galeria de retratos esboçados pela autora de *Notre Guerre*, destaca-se uma figura: a de Boris Vildé. Imigrante russo naturalizado francês em 1936, jovem linguista de 33 anos do Museu do Homem, especialista em povos polares e com um promissor futuro científico, ele é, segundo Agnès, um "filho da Revolução", cuja vida foi "uma aventura prodigiosa".[91] Esta reputação não é de forma alguma usurpada,[92] e o próprio Vildé a reconhece quando

[89] *Resistência*, 18 de agosto de 1940, p. 21.

[90] Vercors, *La Bataille du silence...*, *op. cit.*, p. 156-158.

[91] *Resistência*, 25 de setembro de 1940, p. 24.

[92] Para saber mais sobre Boris Vildé, vide os textos de Dominique Veillon ("De Saint--Pétersbourg au mont Valérien") e de François Bédarida ("La Lumière qui éclaire la mort") *in* B. Vildé, *Journal et lettres de prison*, *op. cit.* Recorreremos, igualmente, à Yves

escreve em seu diário na prisão, em 18 de setembro de 1941: "Para ser franco, devo confessar que sou um aventureiro nato."[93]

Preso em 17 de junho de 1940 nos montes Jura, consegue fugir apesar de um ferimento na perna e voltar a Paris ao fim de um périplo de várias centenas de quilômetros de caminhada. Instalado permanentemente no Museu do Homem, onde encontra Yvonne Oddon e em seguida um Anatole Lewitsky justificadamente desmotivado, Vildé se lança de corpo e alma ao combate do ocupante. Com uma rapidez espantosa, impõe-se logo como líder do grupo do museu, para ser imediatamente reconhecido como chefe por todos os núcleos que vincula à própria organização. Do grupo dos advogados ao dos patriotas bretões, do dos escritores ao de Béthune, de Robert Fawtier[94] aos aviadores do grupo Héricault, a dedicação a Vildé não conhece exceção. Todos se põem a seu serviço sem jamais questionar sua autoridade. Agnès resume perfeitamente o sentimento geral quanto ao "patrão", escrevendo: "Vildé tem a nossa confiança, cabe a ele nos guiar."[95]

Cumpre investigar o porquê desse status inusitado. O carisma natural é sem dúvida um elemento para explicá-lo, mas não seria suficiente para, por si só, justificar a ascendência de Vildé. Sob esse aspecto, seus interlocutores, que aceitam colocar-se sob suas ordens, possuem personalidades igualmente muito fortes. Não faltam a Agnès, Cassou, Aveline, Abraham, bem como a Fawtier ou Rivet, nem influência nem caráter. Mais velhos, mais calejados, já enfrentaram muitos combates políticos e adquiriram uma experiência que parece faltar ao jovem linguista. Trocando em miúdos, nada têm de "seguidores", aos quais seria fácil impressionar. Mais jovem que os outros, Vildé consegue, contudo, se impor como líder. O imediatismo de seu engajamento, sua total disponibilidade e o ativismo que ele demonstra impressionam os demais. A isso se junta uma capacidade pouco comum de convencer. Para suscitar a adesão, Vildé utiliza com perfeição a arma do "blefe" e faz com que os escritores creiam que ele "está em contato com uma organização muito

---

Lelong, "L'heure très sévère de Boris Vildé", *La Liberté d'esprit*, nº. 16 (*Visages de la Résistance)*, Lyon: La Manufacture, 1987, p. 329-341.

[93] B. Vildé, *Journal et lettres de prison*, *op. cit.*, p. 62.

[94] Robert Fawtier, especialista em Idade Média, monta, a partir de julho de 1940, um grupo de informações que compreende os bombeiros de Paris, ferroviários e funcionários da prefeitura. "Trabalha" para Vildé a partir dessa data, antes de passar para o controle de La Rochère.

[95] *Resistência*, 20 de outubro de 1940, p. 25.

poderosa"[96], não hesitando em dar a entender que já conta em Paris com "mais de doze mil homens armados"[97]. Quanto aos contatos, na verdade em sua maioria virtuais, Agnès se pergunta: "Será o *Serviço de Inteligência*? O *Deuxième Bureau*? Ou, quem sabe, um grupo francês nascido dos acontecimentos atuais? Não sabemos. Todos admitimos que não devemos fazer perguntas."[98] Vildé não reluta em cultivar o segredo, do qual faz uso para seduzir e recrutar. Quanto a isso poderíamos sugerir todo tipo de argumentos; haverá para sempre uma fração irredutível de mistério na ascendência exercida por Vildé sobre seus companheiros de combate. Seu caso não é isolado, levando a pensar no que se passa no seio do núcleo fundador do *Libération-Sud* em novembro de 1940, em que um Emmanuel d'Astier, nem de longe o mais "bem-equipado" de todos, se impõe, sem encontrar a menor resistência, diante de indivíduos da cepa de Jean Cavaillès, Georges Zérapha, Lucie e Raymond Samuel.[99] A Resistência surge, mais uma vez, como um episódio sem dúvida bastante singular. Ao redistribuir de forma ampla as cartas, o movimento faz nascer hierarquias radicalmente novas e permite a emergência de indivíduos por ele revelados.

O que Agnès, no curso de suas anotações, nos fala de Boris Vildé permite, por outro lado, precisar a natureza do seu projeto. Ainda que tateie e "blefe" constantemente, ele vê longe e pensa grande. Recusando-se a ficar limitado à zona ocupada, Vildé alimenta desde logo a ambição de estender sua ação ao território metropolitano como um todo. Certas atividades, como a obtenção de informações ou a fuga de prisioneiros de guerra, o empurram naturalmente para isso, mas, acima de tudo, ele insiste em concentrar o máximo de iniciativas e constituir uma organização que alcance o país inteiro. Tal raciocínio não deixa de lembrar Henri Frenay, fundador na zona sul, na mesma ocasião, de um movimento ainda embrionário e em grande parte virtual que daria origem mais tarde ao *Combat*. Esse projeto prometéico Vildé evoca sem ambiguidades

[96] *Ibid.*, p. 25.

[97] *Ibid.*, final de dezembro de 1940, p. 32. No editorial do primeiro número do *Résistance* (15 de dezembro de 1940), Vildé pretendia já poder contar com "mais de um exército de homens ardentes e resolutos só para Paris". Tal objetivo, àquela altura, não se apoiava em qualquer base real.

[98] *Resistência*, 20 de outubro de 1940, p. 25.

[99] Sobre a questão da hierarquia dentro da Resistência, remetemos ao artigo de Laurent Douzou, "La démocratie sans le vote. La question de la décision dans la Résistance", *Actes de la recherche en sciences sociales*, nº. 140, dezembro de 2001, p. 57-67.

num de seus editoriais do *Résistance*, quando afirma desejar organizar "legiões disciplinadas da França acorrentada".[100] Passando à ação, empreende um verdadeiro "*tour de France*" na zona livre no final do inverno de 1940-1941. Em Lyon, Marseille, Clermont-Ferrand, Toulouse ou Carcassone, ele prospecta, encontra, discute, tenta implantar transmissores e antenas. Enfrenta alguns reveses, como o que acontece com Malraux que, após perguntar se ele possui armas, se recusa a ajudá-lo.[101] Em outros lugares, Vildé consegue estabelecer relacionamentos frutíferos. Em Toulouse, por exemplo, encontra Georges Friedmann,[102] que o apresenta aos pioneiros regionais, em especial os do grupo Trentin-Bertaux-Hamon. Através da correspondência que recebe vinda da zona livre e das instruções que lhe manda Vildé, Agnès calcula que o companheiro "faz um excelente trabalho em Toulouse, onde com frequência se encontra com Friedmann".[103]

Os resistentes em seu cotidiano comum

Personagem resplandecente, Vildé nem por isso é descrito como um "super-homem". Em 15 de abril de 1941, data da sua prisão, Agnès vislumbra um homem "emagrecido" num escritório da rua des Saussaies, que a "olha longamente nos olhos com uma expressão de indizível tristeza".[104] Mais tarde, em janeiro de 1942, por ocasião da abertura do processo do "caso do Museu do Homem", ela o retrata como "envelhecido" e tendo "perdido um bocado de seus belos cabelos louros".[105] Como qualquer outro, Vildé não escapa à decadência física e ao peso de um longo encarceramento. Sempre sublinhando suas grandes qualidades, Agnès cuida para jamais pô-lo num pedestal.

O jovem pesquisador do Museu do Homem não é a única figura de monta da Resistência que encontramos ao longo do livro. Cruzaremos também com

---

[100] *Résistance*, nº 2, 30 de dezembro de 1940, editorial.

[101] Sobre o encontro entre Vildé e Malraux, que tem lugar na Côte d'Azur, leremos o relato que faz dele Cassou em *Une vie pour la liberté, op. cit.*, p. 144-145.

[102] Em 20 de janeiro de 1941, Agnès Humbert registra em seu diário: "Já faz alguns dias contamos entre nós com o amigo Friedmann... Ele assistiu à nossa última reunião na casa de Émile-Paul e tive tempo de apresentá-lo a Vildé, que lhe causou uma ótima impressão... Ambos se verão novamente em breve em Toulouse, para onde Vildé deverá ir. Friedmann se ocupará do jornal na zona livre..." (p. 117-118).

[103] *Resistência*, março de 1941, p. 38.

[104] *Ibid.*, 15 de abril de 1941, p. 49.

[105] *Ibid.*, 8 de janeiro de 1942, p. 87.

Pierre Brossolette ou Honoré d'Estienne d'Orves, sobre os quais voltaremos a falar mais à frente. O grande mérito de Agnès é mostrá-los como membros normais da Resistência antes que o martírio os transforme em personagens míticos e em ícones inacessíveis. Eles aparecem aqui sob uma luz diferente, pois, no momento em que a obra é escrita, ainda não alcançaram o status de heróis do combate nas sombras, entronizados no panteão da memória, mumificados de alguma maneira em sua glória póstuma. Vemos estes precursores da luta contra o ocupante evoluírem em seu cotidiano, antes que o raio caia sobre suas cabeças.

O relato do recrutamento de Pierre Brossolette ilustra perfeitamente essa visão descompassada. Em fevereiro de 1941, sentindo a rede se fechar em torno deles, Cassou, Aveline e Abraham resolvem partir para a zona livre. No entanto, para provar a inocência dos companheiros interpelados, a publicação do *Résistance* deve continuar, custe o que custar. Cassou e Agnès saem em busca de novos colaboradores, aptos, ao lado desta, a dar prosseguimento à empreitada. Mais uma vez, os contatos com a militância do pré-guerra têm um papel primordial. Por intermédio de Madeleine Le Verrier, antiga diretora da revista de política estrangeira *L'Europe nouvelle*, que ambos conhecem de longa data, Cassou e Agnès solicitam a colaboração de Pierre Brossolette. Oito meses após a *débâcle*, tendo abandonado toda e qualquer atividade jornalística "a fim de não ter que contemporizar com os ocupantes ou com Vichy", Brossolette se dispõe a adquirir "para viver e sustentar os seus, uma livraria-papelaria em frente ao liceu Janson", ficando reduzido a vender, "com um sorriso, canetas e gramáticas latinas à garotada da escola".[106] É devido a esse contato, em seguida ao qual ele aceita tornar-se o redator-chefe do *Résistance*, que Brossolette se engaja no combate clandestino. Jean Cassou, em *La Mémoire courte*, forneceu igualmente sua versão desse encontro decisivo, versão que corrobora a de Agnès, mas insiste sobre o abatimento, as dúvidas e o pessimismo que corroem o velho jornalista: "Estávamos diante de Pierre Brossolette a quem tínhamos ido procurar, A. Humbert e eu, na livraria da rua de la Pompe, onde ele fora parar [...] Respondeu-nos friamente: 'Está tudo acabado, este país não existe mais, vocês estão vendo o que foi feito dos partidos... Enfim, como é preciso fazer alguma coisa, mesmo quando não há mais nada a fazer, estou à sua disposição.'" E conclui Cassou: "Sabemos direitinho aonde o levou essa decisão desesperada."[107] Agnès, que

---

[106] *Ibid.*, março de 1941, p. 38.

[107] J. Cassou, *La Mémoire courte, op. cit.*, p. 44.

ao contrário do seu companheiro Cassou escreveu no momento mesmo do acontecido, não podia imaginar sequer por um segundo "aonde o levaria essa decisão desesperada". Aí reside, precisamente, todo o interesse do diário como fonte documentária. Ignorando por definição o futuro, o relato que ela faz do recrutamento de Brossolette é breve e despido de qualquer heroicização. Enquanto Cassou, que publica seu livro em 1953, retraça o passado pelo prisma necessariamente onisciente de quem presenciou o que veio depois, Agnès registra um Brossolette que nada tem em comum com a figura inevitável da Resistência na qual logo se transformará. Estamos longe da imagem fulgurante e mil vezes repetida do "homem da mecha branca".[108]

A Resistência no feminino

Redigido por uma mulher, *Notre Guerre* lança uma luz de primeira ordem sobre o papel e o lugar das mulheres nessa primeira Resistência e, mais amplamente, no combate clandestino. Não que elas costumem estar ausentes ou ser invisíveis. Nos testemunhos de membros do movimento, bem como nas obras de historiadores ou de jornalistas, rende-se ritualmente homenagem ao engajamento feminino na Resistência. Ponto de passagem obrigatório, louvam-se sua dedicação, seu trabalho nas sombras sem o qual nada teria sido possível, seu sacrifício e, com frequência, seu martírio. Contudo, uma vez levantadas tais evidências de praxe, a cortina se fecha, e as mulheres costumam ser relegadas a um plano secundário.

O texto de Agnès Humbert se aprofunda sobre esse aspecto e nos oferece uma ferramenta útil de reflexão.

Ao escrever, ela subestima constantemente a própria ação. Evocando suas funções dentro da nebulosa do Museu do Homem, ela se atribui sempre um "modesto papel de datilógrafa, secretária, elemento de ligação e, para resumir, 'lebre de recados' [...] da qual o metrô seria a toca, distribuindo os jornais por todo lado onde eles nos são solicitados".[109] E quando descreve uma das primeiras sessões de trabalho do comitê de redação do jornal, escreve, não sem uma certa distância tingida de ironia: "Simone Martin-Chauffier nos

---

[108] Expressão utilizada por Guillaume Piketty na biografia que escreveu de Brossolette: Guillaume Piketty, *Pierre Brossolette: un héros de la Résistance*, Paris: Odile Jacob, 1998, 416p.

[109] *Resistência*, março de 1941, p. 37.

traz uma bandeja com chá e torradas amanteigadas. [...] Os homens escrevem, discutem. Eu 'bato' seus artigos."[110] Na mesma linha, em março de 1941, quando os amigos a pressionam a fugir para a zona sul, ela argumenta: "Por que eu seria visada? Fiz tão pouco, agi tão discretamente!"[111] Temos a impressão de estar sonhando, pois conhecemos seu ativismo e seu papel central no seio de uma organização que ela contribuiu imensamente para irrigar e nutrir. É constante o abismo entre a imagem que ela faz de seu próprio papel e a realidade. Agnès parece incapaz de mensurar sua ação de forma justa e de encarar seu cargo senão como secundário. Essa síndrome da "ajudinha" conduz a uma maneira depreciativa de relatar sua resistência e comprova, sobretudo, a interiorização das representações sociais de uma época marcada pela dominação masculina. Uma mulher de tamanha instrução, independente e livre como Agnès Humbert não está, como se vê, livre do peso dessas normas dominantes. Seu discurso remete em grande parte a uma divisão sexuada das tarefas, da qual o seu "eu bato", já mencionado, representa o arquétipo.[112]

Resistente de primeiro plano, sempre na linha de frente, sua situação não é, contudo, excepcional. Na história específica da "rede do Museu do Homem", Agnès não é uma mulher sozinha cercada de uma multidão de homens. De Yvonne Oddon, verdadeiro *alter ego* de Vildé e Lewitsky, a Germaine Tillion, que trabalha ao lado de Paul Hauet e dispõe de seu próprio "setor", de Sylvette Leleu, a garagista de Béthune, à irmã Hélène Studler, de Nancy,[113] que, juntas, estabeleceram linhas funcionais de evasão, passando por Jacqueline Bordelet,[114] Simone Martin-Chauffier ou, ainda, a condessa Élisabeth de la

---

110 *Ibid.*, dezembro de 1940, p. 29. O fato de pôr o verbo "bater" entre aspas mostra, quem sabe, que ela não fala sério e se diverte com uma situação na qual não se reconhece senão pela metade.

111 *Ibid.*, março de 1941, p. 42.

112 Sobre o difícil tema da Resistência feminina, nos remetemos, por um lado, ao artigo extremamente rico e denso de Claire Andrieu, "Les résistantes: perspectives de recherche", *Le Mouvement social*, nº. 180 (*Pour une histoire sociale de la Résistance*, sob a direção de Antoine Prost), julho-setembro de 1997, p. 69-96, e, por outro, a Mechtild Gilzmer, Christine Levisse-Touzé e Stefan Martens, dir., *Les Femmes dans la Résistance en France*, atas do colóquio internacional de Berlim, 8-10 de outubro de 2001, Paris: Tallandier, 2003, 430 p.

113 Religiosa de Saint-Vincent-de-Paul, em Metz, a irmã Hélène cria, em conjunto com o coronel Hauet, vias de evasão para prisioneiros de guerra e de habitantes da Alsácia-Lorena.

114 Jacqueline Bordelet, com 28 anos em 1940, é secretária no Museu do Homem.

Bourdonnaye,[115] as figuras femininas marcantes são uma legião. Encarregadas de diversas tarefas, ocupando cargos de responsabilidade de primeiro plano, constituindo e muitas vezes liderando grupos, essas mulheres intervêm em todas as áreas da ação. Tal onipresença constitui uma das especificidades do Museu do Homem, uma característica própria que é preciso sublinhar já que não se pode verdadeiramente explicá-la. Nessa seara, só nos resta formular hipóteses. Abordaremos rapidamente o temperamento e as personalidades fortes de Agnès Humbert e de suas companheiras, características inegáveis, mas que não bastam para explicar tudo.

Embora oriundas de ambientes sociais distintos, elas têm em comum o fato de trabalharem e serem, quase todas, independentes do ponto de vista econômico, numa época em que, é preciso recordar, o índice de atividade feminina não chegava a 50%. Bem preparadas no plano cultural, quase sempre formalmente instruídas, algumas dentre elas participaram, antes da guerra, de movimentos militantes. Em 1940, no momento das escolhas cruciais, essas mulheres, dotadas de uma "sólida coluna vertebral", respondem, de imediato, "presente". Essa super-representação, que se revela sobretudo em funções-chave no seio da organização pioneira do Museu do Homem, tem a ver também com um outro elemento, este mais conjuntural, mas que deverá ser citado para que não o percamos de vista: no verão de 1940, existem cerca de um milhão e quinhentos mil soldados franceses prisioneiros, sem contar todos aqueles que se encontram em situação de desmobilização. Os homens estão em grande parte ausentes por ocasião do surgimento das primeiras iniciativas. As mulheres preenchem temporariamente um grande vazio, assumindo as rédeas da situação antes de se apagarem de novo por ocasião do retorno da espécie masculina ao comando e da estruturação da Resistência. Yvonne Oddon, por exemplo, não espera o retorno de Vildé e de Lewitsky no mês de julho para se lançar à ação e estabelecer seus primeiros contatos com a embaixada americana ou com Lucie Boutillier du Rétail, que, de

---

Elemento de ligação de Pierre Walter, assessor de Vildé, é presa em abril de 1941. Absolvida ao término do processo de fevereiro de 1942, após vários meses de prisão preventiva, torna-se em seguida secretária de Lecompte-Boinet, chefe do movimento *Ceux de la Résistance.*

[115] Ela fez parte do grupo de Vildé a partir de julho de 1940. Apelidada de "Dèxia", é uma ativa agente de propaganda e de acomodações, pondo seus apartamentos em Paris e sua residência no Sudoeste à disposição do chefe. Presa em 23 de março de 1941, é libertada em agosto do mesmo ano e absolvida no processo de fevereiro de 1942.

sua casa no décimo sexto *arrondissement*, já organiza fugas de prisioneiros de guerra. A *débâcle* gera, assim, uma redistribuição parcial e temporária de papéis, até que os hábitos sociais, solidamente enraizados, reivindiquem de volta seus direitos.

Enfim, nesses primeiros meses da Ocupação em que, segundo a fórmula de Claire Andrieu, "a psicologia dos indivíduos contou sem dúvida mais que sua sociologia"[116], o patriotismo foi incontestavelmente o motor principal do engajamento desses pioneiros. Tamanho amor pela França, cuja intensidade é difícil de medir hoje, constituiu, entre todos os demais, um elemento decisivo. É a essa motivação profunda que aludem, no final de seu processo em fevereiro de 1942 e diante dos membros do Tribunal militar alemão, Sylvette Leleu, Yvonne Oddon e Agnès Humbert para justificar suas atitudes. Agnès Humbert atribui esse patriotismo a uma tradição familiar. No momento do veredicto, ela declara: "Creio que, apesar das minhas mentiras, faço jus à condição de filha e mãe de um oficial."[117] Germaine Tillion lhe faz coro ao declarar: "Sigo a tradição francesa do patriotismo: quando era menina, me lembro de ganhar de presente os livros de Hansi."[118*119]

Podemos debater longamente a questão de existir ou não um estilo feminino, ou seja, uma maneira peculiar às mulheres de relatar esta história. Sem dúvida, porém, existe, sim, um "estilo Agnès Humbert", ao qual precisamos voltar. Seu testemunho, que cobre quase cinco anos plenos de acontecimentos, é, no final das contas, incrivelmente homogêneo. Tendo optado pela concisão, pela sobriedade e pela exatidão, ela mantém esse ritmo ao longo de toda a obra.

Ao contrário da loquacidade ou do estilo heroico-lírico (ou lírico-heroico) frequentemente presente nesse tipo de texto, Agnès Humbert, sempre modesta e objetiva, esculpe retratos e diálogos, concentra seu foco e con-

---

[116] C. Andrieu, "Les résistantes: perspectives de recherche", *art. cit.*, p. 94.

[117] *Resistência*, 17 de fevereiro de 1942, p. 94-95.

[118] * "Oncle Hansi", pseudônimo de Jean-Jacques Waltz, que escreveu livros infantis sobre a história da Alsácia. (N.T.)

[119] Germaine Tillion, *La Traversée du mal: entretiens avec Jean Lacouture*, Paris: Arléa, 1997 (125 p.), p. 41. Duas biografias suas saíram recentemente: o livro de Jean Lacouture, *Le Témoignage est un combat: une biographie de Germaine Tillion*, Paris: Éd. du Seuil, 2000, 348 p., e sobretudo o estudo, estimulante em muitos aspectos, de Nancy Wood, *Germaine Tillion, une femme-mémoire: d'une Algérie à l'autre*, Paris: Éd. Autrement, col. "Mémoires", 2003, 251 p.

segue prender a atenção do leitor da primeira à última página, sem jamais cansá-lo. A essas características é preciso acrescentar o humor e a ironia, virtudes cultivadas em todas as circunstâncias e utilizadas como armas da dissidência. Agnès não recua jamais diante de uma piada, mesmo na escuridão mais profunda da noite no cárcere e nas circunstâncias mais perigosas, como comprova esta cena que ela situa em 15 de maio de 1941: levada da prisão do Cherche-Midi para a rua des Saussaies, sede do SD[120], para interrogatório, seu condutor a "pega brutalmente pelo pulso, passando-lhe uma corrente grossa, cujas extremidades ele segura, como fazem os domadores de ursos. Passado o meu espanto, eu lhe digo: 'Ao menos assim, todos na rua vão saber que não passeio com um alemão por prazer'".[121] Mais tarde, em novembro de 1941, dessa vez em La Santé, responde a uma guarda que há três semanas lhe pergunta sem cessar se ela é judia: "Garanto, minha senhora, que não tive tempo de me converter ao judaísmo nessa última semana."[122] Essa postura que vira as costas a qualquer pose heroica, essa capacidade de rir de tudo, essa autozombaria, enfim, que a impede definitivamente de se levar a sério ou de sentir pena da própria sorte, Agnès partilha com outras companheiras. Nós a observamos, em tons mais ou menos semelhantes, em Germaine Tillion, que expressa a mesma constante recusa a ocupar o primeiro plano, a reivindicar seus feitos e divulgá-los.

Após a guerra, essas mulheres se tornaram, em boa parte dos casos, vetores e transmissores indispensáveis da memória: tendo enfrentado mais provações que os homens, elas prestarão testemunho, militarão ativamente no seio das associações de lembranças e tomarão a seu cargo, enfim, a liquidação administrativa da "rede do Museu do Homem".[123] Irão se mobilizar para evitar o

---

[120] As iniciais designam os serviços de segurança do Reich (*Sicherheitsdienst*).

[121] *Resistência*, 15 de maio de 1941, p. 67.

[122] *Ibid.*, 15 de novembro de 1941, p. 83.

[123] Além de Agnès Humbert e Germaine Tillion com seu artigo de 1958, Simone Martin-Chauffier (*À bientôt quand même...*, Paris: Calmann-Lévy, 1976, 377 p.) também saca da pena para contar sua guerra.

Nas entrevistas colhidas pela Comissão de História da Ocupação e da Liberação da França (CHOLF), depois pelo Comitê de História da Segunda Guerra Mundial, que abordam a *rede do Museu do Homem*, os testemunhos de mulheres da Resistência são, de longe, majoritários (Archives nationales, 72 AJ 51 e 72 AJ 66).

No seio de "L'Amicale du réseau du musée de l'Homme", fundada em novembro de 1946, as mulheres também são maioria, no conselho de administração e nos car-

esquecimento e manter viva a lembrança daquelas e daqueles que desapareceram. De resto, mostrar-se-ão reles ex-combatentes. Recusando-se por discrição a ocupar o espaço, pouco preocupadas em ver louvados seus méritos, evitando os palcos e as condecorações, virarão a página e retomarão, em sua maioria, suas respectivas atividades.

A irmandade

Engajamento individual por excelência que se apoia numa escolha pessoal e livremente consentida, o ato de resistir se insere também de pronto numa abordagem coletiva.

Essa passagem do singular ao plural, essa dimensão comunitária, aparece constantemente no relato de Agnès Humbert. A própria escolha do título, *Notre Guerre*, sublinha nitidamente a natureza coletiva do combate travado. Essa crônica quase cotidiana da Resistência reconstitui também, e sobretudo, uma história compartilhada. Em nenhum momento a autora mergulha no autolouvor. Ao contrário, relembra sem cessar seus companheiros, enfatiza suas ações, alardeia o valor de cada um. A modéstia de Agnès caminha de mãos dadas com sua constante atenção pelos outros. Por meio dos retratos que faz de seus *alter egos*, transparece uma generosidade profunda. Seus companheiros são muito mais que simples colegas ou amigos. Cassou, Aveline, Abraham, Duval, Friedmann, Hamon, Émile-Paul, além de Vildé, Lewitsky e Yvonne Oddon, constituem a "família" de adoção de Agnès Humbert, a família livremente escolhida. Yvonne Oddon resumiu com perfeição a natureza singular desses laços ao escrever, a respeito das primeiras reuniões no verão de 1940 do que viria a se tornar o grupo do Museu do Homem, o seguinte: "Estávamos, pois, em família e a postos para o nosso trabalho."[124] Juntos, eles formam um "clã", um "bando", uma "irmandade", unidos como

---

gos. Na mesma linha de raciocínio, vale a pena sublinhar o papel-chave de Germaine Tillion, Anise Postel-Vinay e Geneviève de Gaulle-Anthonioz no quadro de pessoal da ADIR (Associação Nacional de ex-deportados e presos da Resistência, fundada em 1945) e da sua revista *Voix et Visages*.

Enfim, como já dissemos, Germaine Tillion se encarregou, a partir de 1945, das providências administrativas da "liquidação" da rede. Nesse trabalho estafante, recebeu a ajuda de Yvonne Oddon.

[124] Y. Oddon, "Réseau Hauet-Vildé: rapport sur mon activité de Résistance 1940-1941", *doc. cit.*

os dedos das mãos. Nessa história, os valores frequentemente aviltados naquele período, como a amizade e a fraternidade, ocupam um lugar essencial e recuperam todo o seu sentido. Esses laços, algumas vezes forjados antes da guerra, na época das primeiras lutas antifascistas, fortalecidos no combate comum contra o ocupante, perduraram após a Liberação entre os que tiveram a sorte de escapar. São numerosos os indícios que testemunham tal fidelidade sem mácula. Em 1946, quando vai publicar seu relato, é, naturalmente, aos irmãos Émile-Paul, editores de Saint-Germain, que Agnès se dirige. Recordemos simplesmente que o escritório deles, na rua de l'Abbaye, que não era "alemã àquela altura"[125], abrigara desde agosto de 1940 as primeiras reuniões dos "Franceses livres da França". Um ano antes, Madeleine Gex Le Verrier havia, também, publicado a versão francesa de seu testemunho nessa mesma editora.[126] Com Jean Cassou, como dissemos, a cumplicidade foi especialmente forte. Ela se fortalece genuinamente nas rotas do êxodo antes de se aprofundar no contexto da aventura comum do jornal *Résistance*. Em poucos meses, ele será a sua "bússola" no "nevoeiro".[127] Em 1945, de volta da Alemanha, Agnès Humbert, em lugar de reassumir seu posto no ATP, optará por seguir esse amigo fiel que acaba de ser nomeado chefe do Museu de Arte Moderna da cidade de Paris, tornando-se, "na paz como na guerra",[128] sua colaboradora mais próxima. Fraternidades e fidelidades que são, por sua vez e sem cessar, realimentadas por novos engajamentos comuns. Assim, Agnès partilhará, com vários membros de seu "clã", durante um período por ocasião da liberação, a proximidade com o PCF, antes de romper e de apoiar sem restrições a experiência iugoslava de Tito. Na associação França-Iugoslávia, encontramos, militando e sempre lado a lado, Cassou, Aveline, Agnès e os Martin-Chauffier. Essa congregação de destinos que ignora o passar dos anos não é uma exceção. O caso de Germaine Tillion e seus companheiros de Ravensbrück, Anise Postel-Vinay e Geneviève de Gaulle à frente, constitui um outro exemplo impressionante. A resistência e as provações que dela de-

[125] *Resistência*, 18 de agosto de 1940, p. 21.

[126] Madeleine Gex Le Verrier, *Une française dans la tourmente*, Paris: Émile-Paul Frères, 1945, 207 p. Seu texto já havia sido publicado na Inglaterra em 1942.

[127] Tomemos de empréstimo os termos utilizados por Vercors para definir o lugar singular ocupado por Pierre de Lescure no círculo de seus amigos no verão de 1940: "Que ele tenha sido o único em Paris a me responder foi como um sinal repentino no nevoeiro, a esperança de uma bússola..." (Vercors, *La Bataille du silence...*, *op. cit.*, p. 109).

[128] J. Cassou, *Une vie pour la liberté*, *op. cit.*, p. 226.

correram foram, por excelência, momentos propícios ao estabelecimento de laços indestrutíveis entre indivíduos que cuidavam uns dos outros.

Dessas amizades fraternas, das quais se pode dizer sem exagero que foram "para a vida e para a morte", emana a felicidade de estar e de lutar juntos, outro sentimento forte que permeia as páginas do diário. Felicidade? O termo pode surpreender e parecer inconveniente, quando se trata de um período carregado de perigos, que esmagou vários pioneiros envolvidos no combate contra o ocupante. Muitos são, porém, os testemunhos que sublinham esse aspecto do combate clandestino. Pensamos, é claro, em Cassou, escrevendo, assolado pela nostalgia, em 1952: "A este momento da minha existência eu, pessoalmente, dou um nome: felicidade..."[129] Jean Paulhan, também ele membro participante da aventura da *rede do Museu do Homem*, já demonstrava, no auge da luta, um sentimento similar ao evocar os resistentes nos seguintes termos: "Eles estavam do lado da vida. Amavam coisas tão insignificantes como uma canção, um estalar de dedos, um sorriso..."[130] Agnès Humbert se insere numa perspectiva análoga. Sem jamais omitir a parte do perigo, ela nos faz ver uma Resistência pioneira que também foi, para aqueles que a conceberam e inventaram, um tempo de alegria e de exaltação. Ela torna palpáveis o entusiasmo e a excitação contagiosa dos precursores que, em suas palavras, "se divertem como crianças"[131] com a ideia de colar os cartazes confeccionados na véspera. Ao falar do primeiro comitê de redação do *Résistance*, que se reuniu na casa dos Martin-Chauffier, ela observa como Cassou, Abraham e Aveline "estão comovidos, mas não deixam de brincar à maneira dos parisienses".[132] Pouco mais tarde, no final de janeiro de 1941, Agnès descreve um jantar oferecido a Georges Friedmann, momento de convívio e de pura leveza em que "durante três horas, esquecemos onde e como vivemos para unicamente nos divertirmos".[133] Essa felicidade por es-

---

[129] J. Cassou, *La Mémoire courte*, *op. cit.*, p. 53.

[130] Esta citação foi extraída de um texto de Paulhan publicado sob o título de *L'Abeille* no terceiro número dos *Cahiers de la Libération*, em fevereiro de 1944. Esse texto é muito conhecido em função da metáfora da abelha usada pelo autor: "Você pode fechar na mão uma abelha até que ela sufoque. Ela não sufocará sem tê-lo picado. Nada de mais, dirá você. Sim, nada de mais. Mas se ela não o picasse, há muito não existiriam mais abelhas."

[131] *Resistência*, 25 de setembro de 1940, p. 24.

[132] *Ibid.*, dezembro de 1940, p. 28.

[133] *Ibid.*, 25 de janeiro de 1941, p. 34.

tarem juntos, no âmago da ação, se manifesta mais frequentemente de forma coletiva, por meio da troca de brincadeiras, jogos e infantilidades. O riso é onipresente. Mencionado inúmeras vezes e em todas as ocasiões, ele ilumina o texto. Em março de 1941, quando as prisões se multiplicam e setores inteiros da organização desabam em torno deles, Agnès e seus amigos conseguem "ainda encontrar um jeito de rir, [...] redigindo o jornal".[134] Mais que um riso nervoso que alivia as tensões acumuladas, este é a expressão do otimismo fundamental que anima esses pioneiros. Mesmo quando a Alemanha, vitoriosa em todos os lugares, parecia invencível e seu domínio se fazia sentir cada dia mais, a esperança de uma liberação próxima jamais os abandonou. Essa crença no futuro e essa fé inquebrantável foram essenciais. Sem elas nada teria sido possível. Em março de 1941, Agnès registra em seu diário: "Como é encorajador saber que milhares e milhares de parisienses desconhecidos, anônimos, que trabalham como nós, e muitas vezes melhor que nós, organizam a resistência que logo se tornará a luta libertadora."[135] Um dos méritos de *Notre Guerre* é desvelar essa luz ao mesmo tempo frágil e tenaz, muitas vezes oculta, que brilhava na noite escura da Ocupação, reavivando algumas cores no cenário onde impera uma imagem cinza, triste e pesada da luta clandestina.

A repressão

Agnès pinta o retrato sempre vivo de uma resistência que nasce, se enraíza e se desenvolve. Mas essa dissidência pioneira enfrenta também muito rapidamente uma feroz repressão, o preço a pagar pela sua fulgurante precocidade. O diário é cadenciado pela longa ladainha das prisões que se sucedem: Nordmann,[136] em janeiro de 1941, Yvonne Oddon e Lewitsky no mês seguinte, Georges Ithier,[137] René Sénéchal e Vildé em março e ela própria,

---

[134] *Ibid.*, março de 1941, p. 43.

[135] *Ibid.*, p. 39.

[136] Léon-Maurice Nordmann, advogado em Paris, fundou com seu colega André Weil-Curiel o grupo denominado após a guerra "Bretanha-França livre", que se une ao setor Vildé em setembro de 1940. Tenta sem sucesso as vias de passagem seguras da Bretanha para a Inglaterra. Preso em 13 de janeiro de 1941 pelos alemães devido à traição do agente duplo Albert Gaveau, é condenado à morte em fevereiro de 1942 e executado no monte Valérien.

[137] Empregado na KLM, Georges Ithier é um dos elementos de ligação utilizados por

enfim, em abril... Agnès registra meticulosamente a crônica das catástrofes que se abatem sobre a organização. A essa hecatombe se soma a partida dos companheiros mais próximos. Cassou, Aveline, Abraham e Simone Martin-Chauffier só escapam às investigações refugiando-se na zona livre. Em lugar de imitá-los, Agnès permanece sozinha, ou quase, em meio à tormenta. Nunca cogita seriamente abandonar Paris. "Problemas domésticos"[138] (a mãe doente é operada no início de abril) a fazem renunciar à fuga. Enquanto o vazio, dia após dia, a rodeia, ela se recusa a abandonar a luta e busca, com uma força de caráter e uma convicção pouco comuns, tecer novamente os fios, remendar o tecido rasgado e assegurar a qualquer custo a continuidade do jornal. Apesar disso, não ignora os perigos a que está exposta. Estes pioneiros não são nem estouvados ingênuos nem camicases fascinados pela morte, desafiando inconscientemente o perigo. Muito ao contrário, eles medem, desde seus primeiros passos na transgressão, os riscos que correm. Em janeiro de 1941, Agnès Humbert observa: "Acho que aquilo que Vildé me disse no início da nossa colaboração irá se concretizar: 'Muitos de nós serão fuzilados e todos acabaremos na prisão.'"[139] Nordmann segue a mesma direção, pois, em pleno processo, lhe faz a seguinte confissão: "Sabíamos muito bem o que fazíamos. Éramos adultos."[140]

Acontece que a repressão alemã foi especialmente eficaz. À imprudência dos pioneiros já mencionada, soma-se o seu amadorismo. Sem qualquer preparo para as condições específicas do combate clandestino, eles custam a assimilar as dificuldades deste. Relatando, em 5 de fevereiro de 1941, uma conversa com Lewitsky, Agnès escreve: "Lewitsky me garante que é indispensável adotarmos nomes falsos; doravante o dele será Chasal. Eu retomarei o pseudônimo da *La Vie Ouvrière*, Delphine Girard."[141] O antropólogo não sentirá o gosto de utilizar seu pseudônimo, visto que será preso cinco dias depois. Do mesmo modo, no final de março, Vildé, por sua vez, é pego ao

---

Vildé. Especializado em cruzar a linha demarcatória, viabiliza a passagem do correio, de soldados ingleses e de gaullistas. É quem se encarrega de Paul Rivet e o despacha para a zona sul em fevereiro de 1941, no momento em que este deve fugir de Paris. Preso, será condenado à morte e executado no monte Valérien em 23 de fevereiro de 1942.

[138] *Resistência*, março de 1941, p. 42.

[139] *Ibid.*, janeiro de 1941, p. 33.

[140] *Ibid.*, prisão de Fresnes, 11 de fevereiro de 1942, p. 93.

[141] *Ibid.*, 5 de fevereiro de 1941, p. 36.

ir "buscar documentos de identidade falsos que Simone Martin-Chauffier deveria providenciar".[142] Essa menção leva a pensar que até então ele não tivesse esse tipo de documento. Todos que estabeleceram relações com o chefe de uma das mais importantes organizações de resistência em zona ocupada conheciam sua verdadeira identidade e sabiam onde ele trabalhava. Nessas condições, a facilidade com que os agentes duplos, a serviço da SD ou da *Abwehr*[143], conseguem se infiltrar na nebulosa do Museu do Homem não causa surpresa. Albert Gaveau, aviador veterano pago pelo Serviço Secreto do capitão das SS Doehring, é uma dessas pessoas. Ganha rapidamente a confiança de Vildé, a ponto de tornar-se um de seus elementos de ligação mais solicitados, encarregado especificamente de prospectar na Bretanha e de encontrar rotas de passagem para a Inglaterra. Ninguém, em momento algum, desconfiou daquele homem discreto e engenhoso. Ele é o principal responsável[144] pelas ações policiais violentas que dizimam os grupos Vildé no final do inverno de 1940-1941 e na primavera de 1941.

Em comparação com os profissionais da polícia ou da contra-espionagem, os pioneiros são neófitos incapazes de lutar em igualdade de armas. Gaveau não é o único traidor que encontramos ao longo desta história. Em novembro de 1941, os grupos "Verdade francesa" de Paris, Versalhes e Soissons, ligados ao coronel de La Rochère, são desbaratados graças às informações transmitidas aos alemães pelo jovem Jacques Desoubrie, outro delator a serviço dos ocupantes.

Germaine Tillion também não escapa às armadilhas montadas pelos serviços de repressão: é presa em agosto de 1942 em Paris devido à traição, mais uma vez, de um agente do *Abwehr*, o abade Robert Alesch, vigário de La Varenne. Havia sido, no entanto, instruída pelo mencionado Gaveau, a ponto de realizar, algumas semanas antes da própria queda, um estudo estatístico sobre os motivos das prisões. Ao término de sua pesquisa, Germaine concluía que "os delitos dos agentes duplos representavam mais de dois terços

[142] *Ibid.*, março de 1941, p. 42.

[143] A *Abwehr* é o serviço de contra-espionagem das forças armadas alemãs.

[144] Segundo Yvonne Oddon, dois empregados russos brancos do Museu do Homem, Fedorowsky (responsável pela coleção sobre a Oceania) e a srta. Erouchkowski, cientes do que ali se tramava, haviam passado informações à polícia alemã e, por isso, detinham também uma parcela de responsabilidade na ação policial de 10 de fevereiro no museu, bem como na sua própria prisão e na de Lewitsky ("Rapport sur mon activité de Résistance 1940-1941", *op. cit.*)

do total".[145] De forma mais ampla, tal vulnerabilidade se explica pela própria natureza dessa resistência pioneira. Partindo do nada, sem meios e sem tropas, os grupos embrionários precisavam a todo custo recrutar, de modo a primeiro existir e depois serem capazes de agir. Para crescer, logo multiplicavam os contatos com outros núcleos. Essa aceleração, essa abertura para o exterior tornou-os excessivamente vulneráveis. Germaine Tillion resumiu com perfeição numa frase a fragilidade congênita dessa Resistência, notória e com excessiva frequência notada: "Recrutávamos demais para viver muito."[146]

Precoce e eficaz, a repressão alemã demonstrou ainda um implacável rigor. *Notre Guerre* esclarece esse ponto fornecendo um relato minucioso do procedimento judicial e do desenrolar do processo. A partir de 8 de janeiro de 1942, 19 acusados[147] vão a julgamento no tribunal militar alemão sediado na prisão de Fresnes. As autoridades ocupantes se preocuparam em respeitar os ritos. A fase de instrução, muito meticulosa, levou quase um ano. O tribunal foi presidido pelo capitão Ernst Roskothen, jurista de profissão. Os procedimentos são especialmente longos; iniciados em 8 de janeiro de 1942, duram cinco semanas, encerrando-se em 17 de fevereiro. Além disso, os acusados são assistidos por advogados franceses por eles mesmos escolhidos. Mas todas essas garantias logo se revelam meras fachadas. O veredicto fora decidido de antemão. O promotor, "meloso, obsequioso, gordo e imbecil"[148], jamais escondeu seu objetivo de conseguir as penas máximas. Enfrentando um recrudescimento de atentados, as autoridades de ocupação, que julgam ali um dos primeiros processos sérios de resistência, desejam transformá-lo em exemplo e abater os ânimos. Os réus são acusados de colaboração com o inimigo (propaganda antialemã) e de espionagem, mas esta última alegação será abandonada na maioria dos casos. Várias vezes Agnès sublinha, porém, a correção e a humanidade demonstrada pelo presidente do tribunal, Roskothen, aos olhos de todos. Com "ar inteligente e distinto"[149], este "homem honesto"[150], que "estima e admira os homens que vai condenar à morte"[151], não reluta em lhes fazer "um

[145] G. Tillion, "Première résistance em zone occupée", *art. cit.*, p. 116.
[146] *Ibid.*, p. 117.
[147] E não 18, como menciona Agnès Humbert no dia 8 de janeiro de 1942, p. 87.
[148] *Resistência*, outubro de 1941, p. 82.
[149] *Ibid.*, 8 de janeiro de 1942, p. 88.
[150] *Ibid.*, 11 de fevereiro de 1942, p. 93.
[151] *Ibid.*, 17 de fevereiro de 1942, p. 94.

elogio impressionante, principalmente a Vildé".[152] A cortesia, a imparcialidade e muitas vezes a benevolência do magistrado são confirmadas por vários resistentes que, mais cedo ou mais tarde, cruzaram seu caminho.[153]

Essas qualidades não suavizam, porém, as penas proferidas, que são extremamente severas: dez condenações à morte (três mulheres, cujas penas acabarão sendo comutadas em deportação com "sursis de execução", e sete homens, que serão fuzilados no monte Valérien), três penas de prisão e seis absolvições. Agnès é condenada a cinco anos de reclusão na Alemanha. O rigor de tais punições recorda de forma cruel o preço a pagar pela oposição direta ao ocupante, mesmo em se tratando de atos de propaganda que remontam a 1940 e aos primeiros meses de 1941. Os riscos que correm aqueles e aquelas que transgridem a nova ordem em zona ocupada não se comparam aos que pesam, na mesma ocasião, sobre os pioneiros da zona sul. Bertrande d'Astier de la Vigerie, sobrinha de Emmanuel d'Astier, é presa em 1° de março de 1941, em seguida a uma desastrada ação de envergadura do grupo *La Dernière Colonne* que consistia na colagem de cartazes. Encarcerada na casa de detenção de Nîmes, ela é posta em liberdade provisória em 4 de abril. Condenada a uma pena de 13 meses de reclusão em 30 de julho de 1941 pelos tribunais de Vichy, fugirá para a Suíça.[154] Por mais penoso que seja,[155] o confinamento de Bertrande d'Astier tem uma duração muito limitada se comparada às penas impostas a Agnès Humbert e seus amigos. Evidentemente, a Resistência não tem o mesmo significado nem as mesmas consequências quando se

[152] *Ibid.*, 9 de janeiro de 1942, p. 89.

[153] Por ocasião da liberação de Paris, em agosto de 1944, Ernst Roskothen será preso e encarcerado. Não menos que 26 declarações de resistentes pedirão sua libertação. Todos insistem sobre o humanismo de um magistrado antinazista, sempre respeitoso quanto aos acusados e preocupado em ajudá-los na medida do possível. Entre estas, naturalmente se encontra uma de Agnès Humbert, que lhe enviou várias outras cartas altamente cordiais, chegando mesmo, em 1946, a lhe mandar seu livro com a seguinte dedicatória: "Ao Presidente Roskothen que me sentenciou a trabalhos forçados... Sem rancor..." (Archives nationales, 72 AJ 260, dossiê "Administration allemande em France").

[154] O caso é analisado em detalhes por Laurent Douzou em *La Désobéissance...*, *op. cit.*, p. 53-61.

[155] Na prisão, Bertrande d'Astier tomou notas num livro que seu advogado lhe fez chegar às mãos. Este texto foi publicado sob o título *Notes de prison de Bertrande d'Astier de la Vigerie (15 mars-4 avril 1941)*, edição montada e apresentada por Laurent Douzou, *Cahiers de l'IHTP*, n° 25, outubro de 1993, 66 p.

trata de um lado ou do outro da linha demarcatória. Resistir na zona norte significa, desde os primeiros meses da Ocupação, expor-se ao risco de morte, sem volta e sem a possibilidade de uma segunda chance.

O relato do processo constitui um trecho especialmente comovente na medida em que nos restitui as últimas palavras e os atos finais dos que vão morrer. Nesses momentos dramáticos, que precedem o veredicto e a ele sucedem, reina uma atmosfera única que Agnès Humbert consegue transmitir com delicadeza. Seu texto, ainda que redigido *a posteriori*, se assenta sobre suas lembranças, mas também sobre as anotações feitas num livro de Descartes do qual ela não mais se separa.[156] "Estamos num estado de euforia, nada é real. [...] O estado de espírito de todos nós é incrível"[157], escreve ela no dia das alegações finais da promotoria. "Incrível", com efeito, já que os acusados, entre os quais alguns estão com a vida em jogo, conseguem ainda fazer uns com os outros, em plena sala de audiências e diante de seus acusadores que causam medo, "brincadeiras em voz baixa sobre esse 'Jogo de Massacre'".[158] Até o fim, como uma última manifestação de liberdade e desafio, o riso ocupa seu lugar. Em 12 de fevereiro, por ocasião dos argumentos da defesa e quando a situação dos réus é desesperadora, Agnès Humbert registra em "seu Descartes": "Saímos todos rindo como de uma conferência, ou melhor, de uma prova, discutindo os truques."[159] Ela traça o retrato de mulheres e homens que souberam elevar-se acima de si próprios e transcender sua condição para alcançar uma serenidade impressionante. Os diários de prisão de Boris Vildé ou de Pierre Walter,[160] como várias cartas de condenados à

---

[156] Este volume de Descartes, que abriga o *Discurso do Método*, lhe foi enviado pelos amigos Jean e Colette Duval, que continuavam livres, no início de fevereiro de 1942. Ela o menciona em 4 de fevereiro de 1942. Dia após dia, ela registra anotações em suas margens. O volume se encontra hoje em poder do seu neto, Antoine Sabbagh.

[157] *Resistência*, 11 de fevereiro de 1942, p. 93.

[158] *Ibid.*, 8 de janeiro de 1942, p. 89.

[159] Arquivos particulares de Antoine Sabbagh.

[160] B. Vildé, *Journal et lettres de prison*, *op. cit.* Em seu diário, Vildé traz à cena o conflito entre seus "dois 'eus', ambos autênticos" (p. 83), o primeiro, apaixonado pela vida e rejeitando teimosamente a morte, o segundo, desligado das coisas terrenas e aspirando à eternidade.

Pierre Walter também redigiu um diário, até hoje inédito, na prisão de La Santé e depois em Fresnes, entre 25 de abril de 1941 e 6 de novembro de 1941 (arquivos particulares de Germaine Tillion).

morte,[161] dão testemunho desse doloroso trabalho interior, em função do qual um duplo processo de desligamento da vida e de domesticação da morte se opera. O moral extremamente bom dos acusados se manifesta também na preocupação constante de não comprometer ninguém e de se impor à acusação. Nesse sentido, Vildé dá o exemplo tentando incansavelmente isentar os outros, assumindo até o fim seu cargo de chefe. Tal dignidade e essa aceitação da morte, comuns a muitos resistentes, não deixam de impressionar os próprios alemães. No coração de *Notre Guerre*, ao lado da alegria de viver, da felicidade e do riso, a sombra da morte e dos mortos se encontra constantemente presente. Dedicadas à "memória dos companheiros fuzilados no monte Valérien em 23 de fevereiro de 1942 [...] a Pierre Brossolette e a Émile Müller"[162], estas páginas levam a imaginar uma tragédia antiga com seu cortejo de desaparecidos, colhidos na flor da idade, esmagados por um destino implacável. Seu livro é antes de tudo uma homenagem aos mortos dessa aventura. Foi por eles, pensando neles a todo instante e para que não caíssem no esquecimento, que Agnès Humbert prestou tão rapidamente seu testemunho.

Uma visão parcial

Revelação inédita sobre a resistência de intelectuais, o texto de Agnès Humbert desfaz muitas imagens preconcebidas: a começar pela do intelectual, recluso voluntário em sua torre de marfim, debruçado sobre seus papéis o tempo todo e incapaz de conceber outra coisa que não uma rejeição espiritual. Naturalmente, essa primeira dissidência de intelectuais das letras se especializa na área da propaganda escrita: em seguida aos primeiros panfletos surge a ambiciosa aposta de publicar um jornal clandestino. Mas esses intelectuais parisienses, situados politicamente à esquerda, vão além. Não hesitam em "percorrer os mictórios públicos"[163] para ali deixar pichações e slogans,

---

[161] Remetemos à coletânea de cartas publicadas sob o título *La Vie à en mourir: lettres de fusillés (1941-1944)*, prefácio de François Marcot, cartas escolhidas e apresentadas por Guy Krivopissko, Paris: Tallandier, col. "Archives contemporaines", 2003, 367 p.

[162] Émile Müller era livreiro na rua Monsieur-le-Prince em Paris. Sua loja tornou-se uma caixa postal do grupo do Museu do Homem. Informações e exemplares do *Résistance* ali transitavam. Foi condenado, como Agnès Humbert e na mesma ocasião que ela, a cinco anos de reclusão. Acabou sendo morto na Alemanha, durante um bombardeio aéreo, em julho de 1944.

[163] *Resistência*, 30 de janeiro de 1941, p. 35.

em colar cartazes, em coletar e transportar informações, ou mesmo em esconder oficiais poloneses em fuga.[164]

Ainda assim, por mais precisa que seja em suas descrições, Agnès Humbert só pode contar o que viu e soube. Ora, o conhecimento que tem das engrenagens do grupo a que pertence possui, necessariamente, lacunas. Ao mesmo tempo em que revela segmentos inteiros de uma organização secreta, seu relato deixa outros na sombra. Certas interconexões, certos grupos situados fora do seu campo de visão, simplesmente lhe escapam. Ela jamais encontrou, por exemplo, Hauet, La Rochère ou Germaine Tillion, que estruturaram setores, estabeleceram relações com o Museu do Homem e que formam, entre outros, as ramificações de um conjunto de rara complexidade. E no interior da própria órbita Vildé, certos núcleos lhe são, total ou parcialmente, desconhecidos. Por ocasião da abertura do processo de Fresnes, em janeiro de 1942, ela descobre seus 18 corréus e observa com franqueza: "Como somos numerosos! Muitos eu não conheço."[165] É nesse momento que ela trava conhecimento com Sylvette Leleu e Jules Andrieu, principais incentivadores do "grupo de Béthune". A respeito deste último, Agnès confessa: "Jamais vi este senhor que parece um grande mutilado [...] nunca ouvi falar dele."[166] Se ignora tudo sobre a existência e as atividades de alguns de seus companheiros, não é porque seu próprio papel seja secundário, nem porque a compartimentalização entre os diferentes grupos tenha sido tão efetiva: seus buracos negros remetem simplesmente à natureza dessa nebulosa, enorme, desmembrada e dispersa numa multidão de círculos que mantêm entre si laços frágeis. Seu relato, assim, é centrado quase exclusivamente na Resistência intelectual em detrimento do restante. Mesmo dinamitando algumas ideias prontas sobre o tema, ela participa, através do testemunho que faz, de uma caracterização restritiva de sua própria organização. Ela elabora e legitima uma espécie de imagem sagrada, um desses *exempla* retomados à exaustão de lá para cá, tanto pelas testemunhas quanto pelos historiadores, que reduzem a "rede do Museu do Homem" a um círculo circunscrito de intelectuais antifascistas. O resultado produzido por *Notre Guerre* se revela, assim, em parte contraditório: desvendamento precioso do mundo da Resistência pioneira

[164] Agnès Humber registra este episódio na data de 20 de novembro de 1940, p. 26.
[165] *Resistência*, 8 de janeiro de 1942, p. 87.
[166] *Ibid.*, p. 87.

por um lado e, por outro, confinamento do objeto numa camisa de força parcial e enganadora.

A prisão

Após a Resistência ativa e antes da prestação de contas do processo, intercala-se uma crônica detalhada da vida carcerária. Abandonamos aqui o diário, mas permanece para o leitor a impressão de que ele prossegue. Durante 11 meses e meio no total, Agnès Humbert esteve presa sucessivamente em Cherche-Midi (quatro meses e meio), em La Santé (quatro meses), em Fresnes (dois meses e meio) e novamente em La Santé, durante um mês, até a sua deportação. Esse longo trecho que ocupa um bom quarto do livro pode parecer, devido ao assunto abordado, muito mais clássico do que aquele que o precede, já que os resistentes em geral, e os pioneiros em particular, raramente escapavam à experiência do encarceramento. Não espanta encontrar na quase totalidade dos testemunhos publicados após a guerra essa passagem, praticamente inevitável, pelo universo da prisão.

A privação da liberdade é um choque de uma violência extraordinária, que pega desprevenidos os indivíduos que para isso não se encontravam em absoluto preparados. Na noite de 15 de abril de 1941, Agnès Humbert desaba brutalmente num outro mundo que em tudo se parece a um "túmulo".[167] Embora no dia seguinte à sua chegada confesse "nada entender da vida na prisão", ela logo se familiariza com o tempo e os ruídos, os ritos e os códigos tão peculiares ao seu novo universo. Em segredo e submetida a um "regime de extremo rigor"[168], durante vários meses ela vivencia a solidão e o desprendimento total. Conhece a fome que não dá trégua, o calor escaldante do verão, com os percevejos que proliferam e "o odor fétido que emana dos baldes"[169], o frio intenso do inverno, que congela a água infiltrada nas paredes, os gritos das detentas com crises nervosas... Para suportar, Agnès se refugia no mundo dos sonhos e inventa jogos que parecem ridículos "ao pessoal lá de fora que nada tem a ver conosco"[170]: a bola confeccionada com o papel que embrulha

[167] *Ibid.*, 15 de abril de 1941, p. 46.

[168] *Ibid.*, 18 de abril de 1941, p. 59. A situação melhora a partir de 8 de junho de 1941, data em que recebe autorização para ler.

[169] *Ibid.*, junho de 1941, p. 74.

[170] *Ibid.*, 24 de abril de 1941, p. 61.

um limão se torna "uma incansável fonte de prazer"[171], e "organizar corridas de lesmas" vira "uma distração enorme".[172]

Acima de tudo, ela rompe depressa o círculo gelado da solidão, integrando-se a um "clã"[173] formado pelos outros resistentes encarcerados como ela. É nesse ponto, na descrição que faz dessa verdadeira sociedade paralela, conseguindo torná-la acessível e palpável para os que não a conheceram, que Agnès comprova sua originalidade, afastando-se dos lugares-comuns. Com o estilo quase documentário que é sua marca registrada, demonstra que a prisão não põe fim às atividades resistentes, retratando-a, ao contrário, como um lugar onde a transgressão, longe de se esgotar e se apagar, é levada adiante no cotidiano e até mesmo fortalecida ao assumir novas formas, como o canto ou os slogans gritados. Todos, mulheres ou homens, que ela menciona são combatentes dispostos a continuar a sê-lo, mesmo reclusos entre quatro paredes. Resistir na prisão é, para começar, e antes de tudo, comunicar-se, trocar notícias sobre os casos em curso, difundir as informações, romper o isolamento. Graças a mil e um estratagemas, pela fresta sob a porta, pelos basculantes astuciosamente abertos, através das paredes e quando os guardas viram as costas, a comunicação entre os detentos é permanente e se espalha, de andar para andar e de cela para cela. As notícias da guerra transpõem o limiar das cadeias e mesmo as palavras de ordem, transmitidas pela rádio de Londres, acabam por penetrar em seu interior. Em 11 de maio de 1941, quando "De Gaulle pede que se faça silêncio entre três e quatro horas", um silêncio de chumbo, "recolhido, total"[174], se instala em toda a prisão, rompido uma hora mais tarde por uma tonitruante *Marseillaise*, cantada a plenos pulmões e que "parece inchar" a ponto de se tornar "algo concreto, palpável" e de fazer "explodir os muros da prisão".[175]

Nesse mundo fechado e radicalmente à parte, o companheirismo e a solidariedade entre os presos não são palavras vazias, mas valores fundamentais. A prisão também é um lugar e uma época em que se travam, quase sempre "às cegas", amizades de uma intensidade excepcional. Os laços tecidos ao longo dos dias e das noites de Cherche-Midi entre Agnès Humbert e Honoré

---

[171] *Ibid.*, 15 de maio de 1941, p. 71.
[172] *Ibid.*, 1º de janeiro de 1942, p. 86.
[173] *Ibid.*, 18 de abril de 1941, p. 58.
[174] *Ibid.*, 11 de maio de 1941, p. 64.
[175] *Ibid.*, p. 64.

d'Estienne d'Orves merecem que façamos aqui uma pausa. Encarcerado há muito mais tempo que ela, aguardando seu processo sem nutrir a mais pálida ilusão quanto à própria sorte, ele é a alma dessa sociedade carcerária. Para todos e todas, ele é "Jean-Pierre" e é quem "dá o tom"[176] das conversas e dirige os rituais imutáveis que escandem a vida dos detentos: assim, toda manhã, depois dos "bom-dias" de praxe, tem lugar a "saudação à bandeira", seguida de uma "*Marseillaise* cantada em surdina" e "de um grito entusiasta: 'Viva o general de Gaulle!'".[177] Unanimemente respeitado, ele é o artesão dos "lazeres" da prisão e "organiza para os feriados a "rádio Cherche-Midi"[178], verdadeira transmissão radiofônica com várias vozes, que mistura canções e conversas.

Como acontece com Vildé ou Brossolette, o retrato que Agnès pinta de "Jean-Pierre" nos dá uma imagem muito distante daquela, esculpida em mármore, do herói d'Estienne d'Orves. Ao contrário do "cruzado" rígido e austero, ela o retrata como um homem animado e alegre, sempre atento aos outros e disponível, como um irmão mais velho tranquilizador que eleva o moral dos prisioneiros fornecendo incontáveis conselhos e estímulos. Sem jamais se verem, Agnès, que ocupa durante algum tempo a cela vizinha, e "Jean-Pierre" "conversam de coração leve"[179] e constroem uma cumplicidade fascinante. Entre dois seres com percursos, personalidades e convicções tão díspares nasce uma profunda amizade. Ao permitir esse tipo de aproximação, altamente improvável em outras circunstâncias, a Resistência aparece, mais uma vez, como um momento singular. A prisão, sinônimo de isolamento e de retiro do mundo, se transforma, sob a pena de Agnès Humbert, num local propício à aproximação e à comunhão.

A deportação

A terceira e última parte do livro, que refaz sua experiência nos campos nazistas de trabalhos forçados é, de longe, a mais longa. Em março de 1942, a narradora é deportada para a Alemanha, para a fortaleza de Anrath, próximo a Düsseldorf, para ali cumprir sua pena de cinco anos de reclusão. Durante três anos intermináveis, entre abril de 1942 e abril de 1945, na condição

---

[176] *Ibid.*, 17 de abril de 1941, p. 58.
[177] *Ibid.*, 16 de abril de 1941, p. 55.
[178] *Ibid.*, 11 de maio de 1941, p. 64.
[179] *Ibid.*, p. 66.

de prisioneira política, ela vive o ritmo estafante dos trabalhos forçados em diferentes fábricas do Terceiro Reich. No total, o tempo de encarceramento (computando-se o passado nas prisões francesas) dura praticamente quatro anos, o preço a pagar por uma resistência ativa de dez meses.

Ao descrever nos mínimos detalhes seu calvário de confinamento, ela chama a atenção para uma provação desconhecida: a dos deportados para os trabalhos forçados na Alemanha. Agnès experimenta o pior em Krefeld, durante 17 meses, de abril de 1942 a agosto de 1943, nas fábricas de seda artificial para onde eram enviados os *kommandos* de prisioneiros de Anrath. Já debilitada por uma longa detenção na França, ela continua a passar fome. Suas companheiras não demoraram a apelidá-la de "Gandhi", e, em maio de 1943, Agnès não pesa mais de 49 quilos, enquanto normalmente pesaria 65. Vivendo num universo exclusivamente feminino, pela primeira vez convive com mulheres presas por delitos comuns. Essa promiscuidade lhe é, de início, difícil de suportar, e ela utiliza palavras muito duras para caracterizar essas detentas de moral mais rasteira que a terra, com cara de "retardo mental, de miséria e de vício", neste genuíno "viveiro de gente depravada"[180], onde convivem ladras, prostitutas sifilíticas e assassinas.

O mais penoso, porém, é sem dúvida o trabalho forçado que as detentas precisam enfrentar e que não passa de uma forma moderna de escravidão. Tratadas como uma mão de obra sem direito a nada, as prisioneiras estão sujeitas à vigilância meticulosa das sentinelas e das contramestras, entre as quais algumas se comportam como genuínas torturadoras. Ao menor vacilo, chovem tapas e castigos. As jornadas de trabalho são intermináveis e o ritmo é infernal para mulheres subalimentadas. Durante oito horas seguidas é preciso ficar de pé diante da própria máquina, repetindo os mesmos gestos praticamente sem pausa, sem beber e em meio à poeira da seda, que resseca a garganta. Na fábrica Phrix, de Krefeld, de tecelagem de seda artificial, na qual Agnès permanece de julho de 1942 a agosto de 1943, os acidentes são cotidianos. As prisioneiras-operárias, vestidas de trapos e sem a mínima proteção, manipulam ácido e viscose, produtos que produzem queimaduras terríveis, sobretudo nas mãos e nos olhos. As feridas não têm tempo de cicatrizar, infeccionam e secretam pus. Após seis meses desses maus-tratos, as mãos de Agnès Humbert "estão realmente em carne viva".[181]

---

[180] *Ibid.*, 10 de abril de 1942, p. 107.
[181] *Ibid.*, dezembro de 1942, p. 156.

Em duas ocasiões apenas, sua força de vontade fraqueja. Em janeiro de 1943, no fim das forças, ferida no pé e quase cega devido aos vapores do ácido, ela se vê bem próximo de abdicar e tem "a covardia de pensar, com uma certa inveja, nos companheiros [do Museu do Homem] que dormem em paz para sempre no cemitério de Ivry!"[182] Nas semanas seguintes, "o sofrimento é grande demais" e, uivando "como um cão para a lua", ela "se enfia na cama [...] quase inconsciente durante cinco dias e cinco noites".[183] Num outro momento, sem dúvida em abril de 1943,[184] ela desmonta e confessa ter batido "a cabeça contra a parede"[185], recuperando o controle em seguida, antes de encontrar um remédio milagroso para aliviar as feridas nas mãos: a própria urina.

Para sobreviver nesse inferno, para superar o esgotamento, os maus-tratos e as doenças, Agnès Humbert demonstra um caráter de aço e uma coragem a toda prova. Dois elementos lhe permitem, além disso, sustentar-se. A amizade, em primeiro lugar, que, mais uma vez, é decisiva. Germaine Tillion mostrou, ao longo das edições sucessivas de seu *Ravensbrück*, como esta foi fundamental para não soçobrar. Isolada em meio às presas comuns, pelas quais já vimos quanta estima nutria, Agnès procura imediatamente se impor, aproximando-se das raras prisioneiras políticas presentes no início. À jovem Kate, deportada belga com quem trava conhecimento em 10 de abril de 1942 em Anrath, ela diz: "Não vamos nos separar, de jeito nenhum..."[186] Com Kate, Henriette, Denise e outras, Agnès reencontra as virtudes do clã e da assistência mútua que já havia experimentado. Além da fraternidade, a Resistência constitui uma outra razão para sobreviver e esperar, Resistência que é assumida incansavelmente durante todo o período da deportação, adquirindo aqui uma nova face com a sabotagem. Desde sua chegada a Krefeld, a narradora "estuda a arte e a forma de sabotar"[187], antes de passar à prática

[182] *Ibid.*, 15 de janeiro de 1943, p. 163.

[183] *Ibid.*, sem data, p. 165.

[184] No interminável túnel de sofrimento que ela atravessa em Krefeld durante mais de um ano, entre julho de 1942 e agosto de 1943, as referências cronológicas, de hábito tão rigorosas, espaçam e rareiam. O tempo parece esticar e os acontecimentos relatados se fundem num magma temporal indefinido. As datações se tornam de repente aproximadas.

[185] *Resistência*, sem data, p. 169.

[186] *Ibid.*, 10 de abril de 1942, p. 107.

[187] *Ibid.*, maio de 1942, p. 119.

e de tornar inutilizáveis numerosas bobinas de seda. Essa recusa obstinada em participar do esforço de guerra alemão será manifestada até o fim: em Hövelhof, Vestfália, onde "confecciona caixas de madeira dez horas por dia", Agnès presta bastante atenção para cortar as hastes dos pregos para que "as caixas se desfaçam mais rápido".[188]

A destruição pelas bombas aliadas, em 22 de agosto de 1943, da fábrica Phrix, de Krefeld, símbolo de seu calvário sem fim, foi recebida por Agnès Humbert com um imenso alívio. A partir dessa data, sua situação melhora sensivelmente. Depois de vários deslocamentos e passagens sucessivas por diferentes fábricas da Vestfália (em Hövelhof primeiro, depois em Schwelm), onde as condições de vida e de trabalho são infinitamente melhores do que em Krefeld, Agnès vai parar, em março de 1945, quando o nazismo vivia seus últimos dias, em Wanfried, no Hesse. Em 3 de abril, quando os americanos finalmente investem sobre a cidade e soa a hora da libertação, seu primeiro pensamento é para os companheiros do Museu do Homem: "Penso em Vildé, em Lewitsky, em Walter e nos outros. Eles morreram por isto, para que morresse o hitlerismo, e agora, diante dos meus olhos, a besta agoniza lentamente."[189]

Junto às tropas americanas, Agnès Humbert desempenha de imediato um papel de primeira linha.

Seu domínio do alemão, seu conhecimento das engrenagens que governavam os campos de concentração nacional-socialistas, sua autoridade natural e seu dinamismo logo a tornam indispensável aos americanos que, focados nas operações militares, encarregam-na da gestão municipal, da responsabilidade pelos campos de prisioneiros e dos cuidados a serem dispensados aos refugiados. A partir de 15 de abril de 1945, ela reúne informações políticas e participa ativamente da caça aos nazistas da região. A facilidade com que, após quatro anos de reclusão e trabalhos forçados, ela troca de pele e passa de deportada política a "caçadora de nazistas" é de deixar qualquer um estupefato. É ali, na Alemanha, que Agnès Humbert encerra sua guerra, pondo fim a uma luta que, para ela, jamais conheceu trégua a partir de junho de 1940.

---

188 *Ibid.*, 19 de outubro de 1943-30 de agosto de 1944, p. 187.
189 *Ibid.*, 3 de abril de 1945, p. 197.

Muitos são os que se perguntam, não sem razão, quais os meios e as maneiras de transmitir a memória da Resistência. A missão decerto é de monta. Trata-se de preservar esta parte da história, de perenizar a lembrança para evitar que ela se dilua, ou, quem sabe, pura e simplesmente se apague.

Motivos de inquietação com relação ao esquecimento não faltam.

Frágil, dispersa, por vezes atacada, a lembrança da Resistência parece hoje, mais de sessenta anos após os fatos, em perigo, combalida mesmo, já que as raras testemunhas sobreviventes desaparecem uma atrás da outra, levadas pela marcha implacável do tempo.

Nesta luta contra "o encurtamento da memória que é a morte"[190], o recurso e o retorno a determinados textos e também a releitura atenta dos que acreditamos conhecer parecem indispensáveis. O texto de Agnès Humbert, pelo olhar caloroso, mas lúcido, que ela pousa sobre a própria história, pela precisão de suas descrições e pelo ambiente que consegue reconstituir, é um destes. Tornando familiar, concreta e viva uma luta de cinco anos contra o ocupante, ele se revela um antídoto ao esquecimento. Que este testemunho de peso esteja de novo facilmente acessível, sem dúvida constitui, para os homens e mulheres que se preocupam com a perenidade desta história singular, uma sorte. *Notre Guerre* nos faz ouvir o refrãozinho da desobediência e franqueia o acesso a mundos secretos. Nesse sentido, Agnès Humbert forjou, através de seu relato, uma ferramenta preciosa a serviço da transmissão e do conhecimento, realizando assim a última vontade de Boris Vildé: "Que se faça justiça à nossa lembrança após a guerra é o que basta. Além disso, nossos companheiros do Museu do Homem não nos esquecerão."[191]

Após seu retorno a Paris, em junho de 1945, relatado pelo filho Pierre Sabbagh, Agnès Humbert se recusou a voltar a seu antigo cargo no Museu de Artes e Tradições Populares. Em vez disso, juntou-se a Jean Cassou no novo Museu Nacional de Arte Moderna, criado em 1947 para substituir o Musée du Luxembourg. Dando prosseguimento a seu envolvimento na política, tornou-se fundadora e presidente do grupo local de esquerda "Combattants de la Liberté" (Combatentes pela Liberdade) e aceitou o convite para pre-

---

[190] A citação exata é "O encurtamento da memória, isto é a morte" (Jean Cassou, *La Mémoire courte*, *op. cit.*, p. 8).

[191] Última carta de Boris Vildé para sua mulher, Irène, redigida em 23 de fevereiro de 1942, algumas horas antes de ser fuzilado no monte Valérien com seis de seus companheiros (B. Vildé, *Journal et lettres de prison*, *op. cit.*, p. 146)

sidir a organização feminina "Les Amies de la Paix" (As Amigas da Paz). Em 1949, foi agraciada com a Cruz de Guerra. No mesmo ano organizou uma exposição de arte francesa em Viena e em seguida viajou pela Iugoslávia, alardeando sua admiração por Tito — o que lhe valeu a expulsão do grupo "As Amigas da Paz" e uma censura pública no diário comunista *l'Humanité* em 1950.

Com a saúde abalada pelas provações enfrentadas durante a guerra, Agnès passou seus últimos anos na cidade de Valmondois com o filho Pierre, então figura famosa na televisão francesa. Continuou a escrever sobre arte até morrer. Em 1963, redigiu a introdução do catálogo de uma exposição de obras de Maurice Denis no Museu Toulouse-Lautrec, em Albi. A exposição, que incluía um quadro intitulado *Portrait de Pierre Sabbagh et de sa mère, 1919*, ainda se encontrava aberta por ocasião da sua morte, em 19 de setembro de 1963. Agnès Humbert está enterrada no cemitério de Valmondois.

Julien Blanc

Julien Blanc é professor catedrático de história. Prepara atualmente uma tese de história sobre A rede do Museu do Homem e os primórdios da Resistência em zona ocupada (1940-1941).

APÊNDICE:

DOCUMENTOS SOBRE A RESISTÊNCIA

Germaine Tillion sobre o nascimento da Resistência (de Sisters in Resistance*)*

A indignação move montanhas...

A França em 1940 era inacreditável. Não restara um homem. Foram as mulheres que começaram a Resistência. As mulheres não tinham direito de votar, não tinham conta em banco, não tinham emprego. Mas as mulheres eram capazes de resistir...

Honoré d'Estienne d'Orves (na prisão de Cherche-Midi)

Eu não fazia ideia de que havia tantas mulheres presas na França devido a suas ações patrióticas. É fantástico.

Editorial do primeiro número do Résistance*, 15 de dezembro de 1940*

Boletim Oficial da Comissão Nacional de Segurança Pública

Resistam! Em nossa angústia diante do destino infeliz que se abateu sobre a nossa nação, este é o nosso grito sincero. Este é o grito de cada um de vocês que não esteja preparado para aceitar esta catástrofe, de cada um que deseje cumprir seu dever.

No entanto, em meio a essa sensação de isolamento e impotência, em meio ao atual turbilhão de ideias, opiniões e abordagens, você se pergunta qual é o seu dever. Antes de tudo, resistir é manter o ânimo e a cabeça. Mas, acima de qualquer coisa, é agir, fazer tudo que gere um efeito positivo, que seja ponderado e tenha propósito. Muitos tentaram, mas foram desestimulados por sua aparente impotência. Outros formaram grupos, mas quase sempre estes grupos também se sentiram isolados e incapazes.

Com paciência e obstinação, descobrimos esses grupos e os reunimos. Dedicados e decididos, eles já são muito numerosos (mais que um exército, só em Paris) e entenderam a importância de se organizar, de vislumbrar um *modus operandi*, de adotar disciplina e nomear líderes.

O *modus operandi*? Reúnam em casa gente conhecida. Escolham seus líderes. Estes líderes encontrarão homens experientes que orientarão suas atividades e que se reportarão a nós em diferentes níveis. Para coordenar seus esforços com os da França não-ocupada e todos aqueles que lutam ao lado de nossos Aliados, esta Comissão assumirá o comando. A tarefa que lhes cabe, de imediato, é organizar-se, a fim de que, ao receber a ordem, estejam prontos para retomar a luta. Recrutem homens decididos, escolham com cuidado e os cerquem do que há de melhor. Infundam ânimo e determinação naqueles assombrados pela dúvida e nos que já não ousam ter esperanças. Descubram e vigiem os que desonraram a pátria e a traíram. Encontrem-se diariamente para passar informações e notas que possam ser úteis a seus líderes. Sigam uma disciplina férrea, exerçam vigilância constante e usem de extrema discrição. Desconfiem dos inquietos ou displicentes, dos que falam demais e dos traiçoeiros. Não se gabem nem confiem demais. Esforcem-se ao máximo para satisfazer as próprias necessidades. Estamos trabalhando para levantar os meios para agir, que serão, em seguida, repassados a vocês.

Ao nos tornarmos seus líderes, juramos sacrificar tudo — sem dó e incansavelmente — em prol desta missão.

Estranhos entre si até ontem, alheios às lutas políticas internas de assembleias e governos, acima de tudo franceses, homens e mulheres escolhidos para a ação com a qual estamos comprometidos, temos todos uma única ambição a nos unir, uma única paixão, um único desejo: promover o renascimento de uma França pura e livre.

Gilberte Brossolette a respeito de Agnès Humbert, de Il s'appelait Pierre Brossolette

Agnès Humbert viria a se tornar uma das primeiras deportadas francesas. Seu tempo [na prisão] seria um dos mais longos na história dos campos. Conseguiu sobreviver, nutrida por sua notável força de espírito, apesar de ter passado tanto tempo numa fábrica onde as substâncias químicas queimavam suas mãos de forma mais profunda a cada dia...

Nós a conhecemos em novembro ou dezembro de 1940, Pierre e eu, com todos aqueles esquemas irritantemente lunáticos, sua loucura sublime e aquela inquietação, tão grande quanto digna de admiração e respeito...

Sua hostilidade contra as forças de ocupação era impulsiva, impetuosa, belicosa. E militante. Nenhuma cédula de dinheiro passava por suas mãos sem ser totalmente coberta com slogans antialemães. Ela escrevia e imprimia panfletos, depois enfiava punhados deles sob as ligas das meias. Mais tarde, em lojas e filas, levantava a saia, discretamente pescava seus folhetos incendiários e os distribuía por todo lado com um sorriso contagiante.

Trabalhava com uma intensidade febril no que mais tarde ficaria conhecido como a rede do "Museu do Homem", e mais adiante ganharia fama como os "Français Libres de France" [os Franceses Livres na França], por analogia com os Franceses Livres em Londres.

A rede surgiu espontaneamente em setembro de 1940. É justo, portanto, identificá-la como um grupo pioneiro. Para tantos outros grupos que surgiriam mais tarde, espalhando-se e crescendo, a rede mostrou o caminho. Foi destruída devido a uma série de prisões.

Tudo começou com encontros entre Jean Cassou, Claude Aveline, Marcel Abraham e um punhado de outros, desejosos de lutar, com palavras e panfletos, contra o "mito Pétain" e seus nocivos efeitos sobre a opinião pública. Logo se juntou a eles um jovem alto e louro. Era Boris Vildé, um membro do *staff* científico do Museu do Homem. Ele defendia a criação de um boletim modesto.

O grupo passou a trabalhar com outros patriotas: Lewitsky, Colette e Jean Duval, Christiane Desroches, Jean Aubier, o dr. Jubineau, Yvonne Oddon, Jacqueline Bordelet e, é claro, a onipresente Agnès Humbert, apelidada — com afeição e admiração infinitas — de "lebre de recados"...

Um outro relato de Agnès Humbert do episódio da rua Monsieur-le-Prince. De Pierre Brossolette: Héro de la Résistance*, de René Ozouf (fevereiro de 1946, três meses antes da publicação de* Notre Guerre*)*

Há seis horas estou "enjaulada" na rua des Saussaies... A Gestapo sabe das nossas reuniões na casa de Jean Duval, no número 30 da rua Monsieur--le-Prince. Um dos nossos companheiros que foi preso deve ter falado sob tortura... Eu nego. O chefe do interrogatório dá ordens para me levarem com o companheiro que abriu o bico até a casa de nossos amigos (que, obviamente, juro não conhecer). Então, me dou conta de que é terça-feira e são seis horas da tarde: dia e hora da nossa reunião na casa dos Duval. Todos os nossos amigos estarão lá. Dou a entender ao companheiro que me acompanha que neguei tudo. O carro para na esquina da rua de Vaugirard com a rua Monsieur-le-Prince. O motorista me observa pelo retrovisor; um homem da Gestapo está de olho em mim, enquanto o outro acompanha o meu companheiro até a porta da casa dos Duval. Assumo uma expressão de indiferença distante... Penso em Brossolette, que está lá em cima e que saúda cada toque de campainha com: "Cuidado! São os Fritzes!" Desta vez, vai dizer o mesmo, mas não terá tanta graça...

Nunca saberei o que houve. Provavelmente meu companheiro negou o que dissera antes, voltou atrás em seu depoimento... Estávamos só em 1941, e a Gestapo ainda hesitava em revistar uma casa inteira, principalmente dado o fato de que ninguém sabia o nome dos moradores... e nitidamente eles não faziam a mínima ideia do andar do apartamento. Além disso, nessa época, a *concierge* nunca estava lá à tarde... Passados alguns minutos, o sujeito da Gestapo voltou com o meu companheiro e retornamos a Cherche-Midi. Depois, descobri que todos os nossos amigos, todinhos, me aguardavam na casa dos Duval...

Relato de Gilberte Brossolette do mesmo episódio, de Il s'appelait Pierre Brossolette

Naquele período trágico, Pierre [Brossolette] escapou por um triz de cair nas garras da Gestapo. Ele nunca soube disso. Eu mesma só vim a me inteirar do episódio depois da guerra, quando Agnès Humbert voltou da Alemanha.

Entre os membros do grupo que foram presos com ela estava um rapaz de 16 anos [*sic*], conhecido por todos como o "Garoto". Ele resistiu bravamente em seus interrogatórios, mas a Gestapo concluiu a partir de uma anotação em seu caderno que outros "conspiradores" faziam reuniões frequentes às terças-feiras num prédio de apartamentos na rua Monsieur-le-Prince. Felizmente, eles nunca descobriram o número do apartamento de Colette e Jean Duval.

Três oficiais da Gestapo levaram Agnès e o Garoto para ficar de tocaia com eles na rua Monsieur-le-Prince, num carro francês sem identificação. Contavam ver nos dois uma expressão mais preocupada, um reflexo mal disfarçado ou um sinal revelador de reconhecimento no momento da chegada dos amigos e cúmplices.

Agnès percebeu essa intenção e pousou um olhar fixo no Garoto. Ao longo das duas horas inteiras daquele horrível tormento, manteve os olhos nele, de modo a fazê-lo entender que não devia mexer um músculo, de modo a garantir que também ele não demonstrasse qualquer reação.

Então, um por um, Simone Martin-Chauffier, Pierre Brossolette e alguns outros, entre os quais Léo Hamon, que viera à zona ocupada para estabelecer uma ligação com a zona sul, passaram duas vezes pelo carro, na ida e na volta. Sem falar nos Duval, que surgiram à porta para fazê-los entrar no prédio.

Naquele momento, o pobrezinho podia ter salvado sua vida com um mero piscar de olhos. Mas, com o apoio de sua aliada e guia exigente, aguentou firme. Em 23 de fevereiro de 1942, cercado por seus seis companheiros mais velhos — os jovens acadêmicos do Museu do Homem —, ele subiria a ladeira que leva ao Monte Valérien até a clareira onde as execuções aconteciam. E neste derradeiro e inacabado coro da "Marseillaise", sua voz seria tão firme quanto a dos demais.

As entrevistas pré-julgamento do juiz Ernst Roskothen em Fresnes, dezembro de 1941

O relato de Roskothen é escrito na terceira pessoa com todos os nomes modificados. Roskothen é "Amels", Gottlob é "Looh", Vildé é "Kustos" e Agnès Humbert é mencionada o tempo todo como a "especialista do museu".

Antes de presidir o principal julgamento de gaullistas na prisão de Fresnes em Paris, em 1942, Amels é obrigado a passar várias semanas se familiarizando com os numerosos dossiês... Bem cedo numa certa manhã, é levado à prisão para conhecer pessoalmente os prisioneiros acusados de espionagem e prestação de assistência ao inimigo... Era um dia inóspito de dezembro, úmido, frio e sombrio, com a bruma cobrindo os vales no lado sul da cidade. Amels fica aliviado quando a viagem no barulhento veículo militar termina no enorme complexo prisional...

Roskothen precisa passar por um largo saguão abobadado onde se amontoa uma turba de recrutas alemães de expressão criminosa, presos na noite anterior como desordeiros. A visão o enche de desânimo.

A manhã inteira é gasta em encontros individuais com os principais protagonistas... Amels indaga sobre a saúde dos prisioneiros, que costuma ser uma fonte de preocupação. Isso é particularmente válido quanto às mulheres. Desmazeladas e sem maquiagem, parecem dez anos mais velhas do que são, os rostos pálidos e sulcados, desgrenhadas e arrastando os pés. Raramente, contudo, se queixam ou expressam algum desejo pessoal. Amels sabe que precisa se esforçar para estabelecer contato rapidamente, sobretudo porque não conta com um intérprete... Esse julgamento será complexo, em boa parte devido às personalidades dos principais réus.

O primeiro a surgir é Kustos, líder do pioneiro e maior grupo e curador de um respeitado museu de etnologia em Paris: imigrante russo, há muito naturalizado francês, louro e no auge da forma, é casado com uma jovem francesa. A barba que deixou crescer na prisão faz com que ele lembre o jovem Edouard Manet. Acadêmico de renome, parece bastante à vontade apesar da sua posição difícil. Tem passado o tempo na prisão aperfeiçoando seus conhecimentos de sânscrito e japonês, o que o ajuda a se distrair. Uma outra prisioneira do mesmo museu também aparece: uma esplêndida francesa de cabelo louro-escuro, vivaz e firme, escritora e mãe de um oficial da Marinha. Vem depois um advogado parisiense mais ou menos da mesma idade que Kustos, judeu, com um nome que soa alemão. Escusado dizer que Amels trata todos com a mesma cortesia. O advogado declara abertamente que trabalhou contra Hitler por ser "francês, judeu e socialista". O mais jovem do grupo é um rapaz de 18 anos acusado de atuar como correio no círculo espião. A viúva de um oficial francês, oriunda da mesma região do norte da França, diz a Amels que aderiu às atividades de espionagem a fim de vingar a morte do marido aviador. O outro acusado, que vem da região de Lille como a viúva, é diretor de escola e foi gravemente ferido na Primeira Guerra, só conseguindo se locomover com a ajuda de um colete ortopédico...

Caso as acusações sejam confirmadas, toda essa gente — nitidamente, sem exceção, idealistas e patriotas altruístas — terá que lutar pela própria vida. Muitos deles morrerão. Amels reflete sobre isso enquanto deixa a prisão, atravessando corredores sem fim, todos exalando o fedor característico de uma prisão. O grande saguão abobadado agora está vazio e foi varrido até ficar imaculado. Os fantasmas da noite sumiram.

Trechos do relato de Ernst Roskothen sobre o julgamento do Museu do Homem

Paris vê agora seu principal julgamento de grupos gaullistas, processados por disseminar informações, auxiliar e instigar o inimigo. No interior da improvisada cabana de madeira no pátio da prisão de Fresnes, onde acontecerá o julgamento no início de janeiro de 1942, as paredes receberam uma bem-vinda demão de tinta verde alguns dias atrás. Um aquecedor novo em folha, de ferro batido, já queima a pleno vapor, mas é incapaz de esquentar esse salão desnudo. O calor se esvai pelo telhado cheio de goteiras, e o ar gelado do exterior entra pelas frestas. A geada especialmente forte é de uma violência quase inédita.

Do lado de dentro, um longo pavilhão de guerra do Reich, ostentando a suástica, cobre a parede dos fundos, encostando no assoalho escalavrado. Diante dele, uma comprida mesa simples de madeira acomodará o juiz, o promotor e escrivães, além dos dossiês. Atrás da cadeira do intérprete, há um grande mapa da França para ilustrar as várias missões de espionagem. Os 18 acusados ocuparão três fileiras de cadeiras.

Na data de abertura do julgamento, 8 de janeiro de 1942, os membros do tribunal são trazidos bem cedo da Place de La Concorde até Fresnes num ônibus militar. À medida que vão passando pelos portões da prisão, todos esfregam as mãos para aquecê-las. Na cabana do pátio, o aquecedor de ferro, apesar de incandescente, ainda não provê muito calor. Trazem os acusados, rijos de frio em seus sobretudos, lenços de cabeça e cachecóis, e os acompanham a seus lugares. Na sala ao lado, enquanto isso, o juiz Amels recebe seus auxiliares... e sugere que no início e no fim das sessões as saudações militares se limitem a um toque nos quepes. Os outros dois concordam. Também eles são de opinião que o tribunal deve parecer neutro e politicamente isento.

Quando os juízes entram no tribunal, todos os presentes, inclusive o promotor Looh e os vários advogados de defesa, que ostentam suas togas negras arrematadas de arminho, ao estilo francês, ficam de pé... Quando Amels pede que se sentem, algo impressionante e incrível acontece. No caminho, Amels notara que, sob o paletó militar, Looh portava — coisa raríssima àquela altura — um sabre. Depois se esquecera do fato. Agora, porém, tanto ele quanto todos os presentes são forçados a olhar quando Looh, ainda de pé diante do lugar que lhe cabe numa das extremidades da mesa dos juízes, ostensivamente e sem a menor cerimônia, desembainha seu sabre e, como a aceitar um desafio, o faz desabar sobre a mesa. Felizmente, os dossiês amortecem o baque metálico. Esse gesto dramático, claramente destinado a instilar medo nos corações dos réus, não surte efeito.

Após um momento inicial de alarme, Amels resolve que é melhor ignorar por completo o ocorrido. Os assessores, enquanto isso, agem como se nada houvesse. Os acusados mostram-se pasmos: talvez estejam se perguntando se a chamativa encenação com o sabre pertence a algum ritual associado aos julgamentos de guerra teutônicos. A acusada número 7, a especialista do museu, demonstra segurança e humor suficientes para saudar este enigma fútil com um riso sardônico. Um segundo acusado parece zombeteiro e outros dois tossem, mas isso talvez se deva ao frio. Os advogados de defesa franceses dão um show de indiferença gélida...

Roskothen descreve as semanas de inquirição dos acusados, durante as quais se esforça para tratá-los com cortesia e consideração, enquanto o promotor exibe uma atitude de antissemitismo virulento e óbvio com relação ao "advogado de Paris". O intérprete do tribunal se furta a traduzir a mais ofensiva de suas observações, e o próprio Roskothen faz questão de se dirigir a Nordmann como "Herr Nordmann".

O comportamento dos acusados é notável. Todos fazem o possível para proteger uns aos outros do ônus da culpa. Também tentam não negar nem florear seus depoimentos à polícia e não questionam traduções equivocadas e más interpretações. Muitos parecem conformados com o destino desconhecido que os aguarda caso sejam considerados culpados e recusam-se a ceder sob a pressão. Bem ao contrário: exalam calma, compostura e dignidade. Alguns declaram que muito antes de serem presos já discutiam abertamente os enormes riscos que corriam: "A maioria de nós irá se reencontrar na prisão", costumavam dizer, e "vários de nós serão fuzilados".

Depois de várias semanas cansativas, fica evidente, ao menos para Amels, que uma fileira dos acusados, objetiva e plenamente conscientes do que faziam, espionaram em nome tanto das forças britânicas quanto das forças gaullistas. Kustos e o mensageiro estiveram pessoalmente com agentes inimigos tanto na França ocupada quanto na zona livre, com o propósito de lhes passar informações secretas... Esses relatórios diziam respeito às atividades militares alemãs no norte da França e — mais grave ainda — às bases de submarinos na região de St. Nazaire, inclusive quanto ao *bunker* subterrâneo. Havia em Paris uma "caixa de correio" para documentos secretos num hotel no Boulevard des Italiens. Alguns dos acusados também se encarregaram, nesse período, da redação e da reprodução de várias edições do panfleto antialemão *Résistance*, que teve milhares de cópias distribuídas na área de Paris através de uma grande variedade de meios. Por representarem claramente uma incitação à revolta armada contra a ocupação... esses panfletos podem ser considerados instrumentos de auxílio e incitação ao inimigo... Sob a lei marcial, a pena de morte é obrigatória. Por esse motivo, o juiz e os advogados consideram recomendável examinar as provas especialmente graves de espionagem da área de St. Nazaire *in situ*...

Quando o julgamento principal é reaberto em Fresnes, Amels relata o que apurou na viagem. Instala-se um silêncio mortal na cabana... Estabelecida a comprovação de espionagem, Looh exige a obrigatória e consequente pena de morte. É o caso de Kustos, do seu mensageiro René, de um jovem fotógrafo da Riviera e, entre as mulheres, da viúva do oficial e da esposa do diretor de escola... Os outros, como a especialista do museu, recebem penas de durações variadas.

Quando entra na cabana às nove da manhã do dia do proferimento da sentença, Amels está mortalmente pálido, como revelará mais tarde, num livro que a especialista do museu, observadora arguta, irá escrever. Pesa-lhe ser obrigado a condenar homens e mulheres notáveis, gente que ele admira por seu patriotismo, integridade e humanidade, impondo-lhes penas de tamanha gravidade...

As penas de morte são dadas àqueles que o promotor enumera. As sentenças e seus fundamentos demoram quase três horas para serem lidos. Exausto, o juiz se recosta na cadeira e pede um copo d'água. É quando algo impressionante e notável acontece, sobretudo em se tratando de um julgamento que começou com um espetáculo de sabre. Kustos se põe de pé e diz em francês: "Em nome de todos os réus, agradeço ao tribunal a forma justa e cavalheiresca com que lidou com este caso. Para expressar tal agradecimento, peço ao Meritíssimo Juiz permissão para apertar-lhe a mão."

Amels deixa seu lugar. Profundamente emocionado, sem uma palavra estende a mão a Kustos, que deu um passo em sua direção. Ambos estão pensando: "Que a tirania e a subjugação, seja interna ou externa, possam, um dia, ser banidas da humanidade." Faz-se um longo silêncio na sala enquanto os advogados e os principais réus retornam a seus lugares. A emoção toma conta de todos, até mesmo de Looh, ao que parece. Amels encerra a sessão. Já não é sem tempo: ele precisa de ar.

Quando os réus são levados de volta ao prédio principal, a especialista do museu, condenada a vários anos de prisão, faz um voto solene, a despeito do seu desapreço por demonstrações excessivas de emoção. Mais tarde, ela o registrou em seu livro *Notre Guerre*: "Tenho certeza de que voltarei a viver em liberdade quando a guerra acabar. Então, teremos a nossa vingança. Sempre me lembrarei deste julgamento com respeito. Se algum dia me vir na situação de julgar meus inimigos, lutarei para lhes dispensar o mesmo grau de justiça."

Ernst Roskothen a respeito do indeferimento das apelações e sobre as execuções

Posteriormente, na mesma tarde, [o juiz] entrega a sentença do julgamento de Fresnes, datilografada e assinada por ele, ao juiz sênior Dorer, juntamente com as apelações. Dorer repassa os documentos ao "Grão-Mestre do Tribunal", o comandante militar na França, no hotel Majestic.

O tribunal recomenda a comutação da pena de morte, sobretudo para o adolescente de 18 anos, René, "um jovem joguete nas mãos dos outros", e também para o professor-diretor idoso, devido à sua grave incapacidade decorrente da guerra de 1914-18. Os juízes consideraram sem sentido acrescentar os nomes dos outros condenados à morte, já que isso poderia enfraquecer o caso e pôr em risco as chances dos dois apelantes. [Quanto aos outros,] muitos dos que tomaram parte no julgamento, tanto alemães quanto franceses, verbalizaram a seguinte opinião: "Mas não ousarão fuzilá-los, nem mesmo o pessoal de Berlim ou nos quartéis ousará fuzilá-los desafiando a opinião pública." Amels chama a atenção de Dorer para isso: "Esperemos que não", responde este solenemente. A defesa já deu entrada em seus pedidos de clemência, acompanhados também de petições de intelectuais franceses respeitados, como François Mauriac, Paul Valéry e Georges Duhamel. O general finlandês Mannerheim, comandante militar na guerra contra os soviéticos, enviou um telegrama pedindo clemência para Kustos, cuja mãe era finlandesa.

Alguns dias depois, Roskothen é chamado por Dorer, que lhe diz que as sentenças capitais foram mantidas e todos os homens serão fuzilados. A ordem foi assinada pelo marechal de campo Wilhelm Keitel em Berlim. Roskothen conclui que, não pela primeira vez, a ação de Keitel causará um sério atrito entre as forças ocupantes e o povo francês. Ele acredita que Keitel e seus colegas não devem ter examinado direito seu relatório na época e que mesmo nas circunstâncias de uma guerra terrível, cruel, as leis da justiça e humanidade deveriam ser obedecidas.

Pouco depois das sete horas da manhã seguinte [23 de fevereiro de 1942], pode-se ouvir um comboio de veículos subir o morro até a velha fortaleza no Monte Valérien, próximo a Paris. O sol ainda não rasgou a bruma, que deixa tudo nas sombras. Mas as vozes alemãs se fazem ouvir, gritando ordens. Após uma pausa, ergue-se um coro vibrante, alto e claro: "*Vive la France!*" Então, uma salva de tiros ressoa no silêncio matutino. Um raio de sol rompe as nuvens. Em seguida a mais alguns gritos de comando e ao som dos veículos partindo, a calma retorna à paisagem invernal.

Logo em seguida, Amels encontra seu colega Looh no saguão do hotel na Place de La Concorde. Capacete na mão, Looh acaba de ser deixado ali por uma viatura militar. Amels percebe imediatamente que ele veio da execução. Caminhando em sua direção, Looh o saúda e diz: "Todos morreram com bravura." Amels nunca o viu tão solene e respeitoso.

Sobre a carta de Agnès Humbert para Ernst Roskothen, 1946

Roskothen conta que no Dia da Vitória na Europa, 8 de maio de 1945, era prisioneiro na Inglaterra. Posteriormente foi levado para a França, onde soube que ganharia a liberdade, pois vários ex-prisioneiros haviam escrito, espontaneamente, relatórios favoráveis a seu respeito. Ficara comprovado, e reconhecido pela Cruz Vermelha Internacional, que ele obedecera ao direito internacional e cumprira seu dever patriótico desempenhando as funções do cargo que ocupava de maneira humanitária, com frequência arriscando a vida. Enquanto eram tomadas as providências burocráticas necessárias, Roskothen permaneceu num campo de prisioneiros de guerra em Noisy-le-Sec. Tendo recebido permissão para passar o Natal com "a Condessa" (possivelmente Élisabeth de La Bourdonnaye) em Paris, descobriu uma pilha de cartas de ex-prisioneiros, inclusive uma de Agnès Humbert.

Mas o que realmente emociona é a carta que a especialista do museu, recém-chegada a Paris após seu encarceramento na Alemanha, escreve para o homem que um dia a julgou, que em 17 de fevereiro de 1942 em Fresnes a condenou a uma longa pena de prisão.

"Naquele período terrível quando eu era uma deportada", escreve ela, tão vivaz e socialista quanto antes, "muitas vezes achei que todos os alemães deviam ser mortos. Então, refletia mais e mais sobre as suas palavras ao encerrar o julgamento: 'Que não sintam vergonha os que perderam esta causa. Eles agiram em nome do patriotismo e não para obter recompensa financeira. Estes veredictos não maculam sua honra. A França lhes deve reconhecimento e gratidão.' Foi essa a lembrança que me manteve consciente e espantou o meu ódio. *De toute façon, Monsieur le Président, entre nous deux, c'est reglé* [De toda forma, Meritíssimo, entre nós as contas estão acertadas]".

Pierre Sabbagh, filho de Agnès Humbert, a respeito da ausência da mãe e do seu retorno da Alemanha, para onde fora deportada (de Encore vous Sabbagh!, *1984).*

Nunca desejei ser correspondente de guerra, mas queria encontrar minha mãe, uma mulher digna da maior admiração, imbatível em sua força de vontade e caráter e em sua absoluta integridade. Queria encontrá-la porque apaixonada e visceralmente precisava dela, porque ela era minha mãe.

Desde 1940 ela participou do primeiro — é quase certo que tenha sido o pioneiro — grupo da Resistência, com Jean Cassou, Claude Aveline, Vildé, Lewitsky. Depois veio a traição, o encarceramento em Cherche-Midi e Fresnes, e o julgamento do Museu do Homem. Coube a alguns deles a pena de morte. A ela, talvez por ser mulher, a deportação.

Quase quatro anos haviam se passado desde então. Eu precisava desesperadamente encontrá-la viva. O nazismo estava de joelhos. Para encontrá-la, para salvá-la, eu tinha de estar entre os primeiros. Logo me dei conta de que apenas aos correspondentes de guerra era permitido circular livremente.

Tratava-se de uma busca insana. Eu sabia disso, principalmente porque não dispunha de nenhuma informação. Onde procurar?...

Entrando na Alemanha com o Exército americano que avançava, Pierre chega a uma casa em ruínas onde, em meio aos destroços, sua bota militar dispara o mecanismo da caixinha de música de uma criança.

Datilografei um relatório sobre esse episódio, que me lembro terminava com as palavras: "Dedico a vocês esta gravação da caixinha de música de uma criança alemã." Nunca foi transmitida. Censura!

Àquela altura eu tinha pleno conhecimento da censura. Para falar da guerra sem parecer fazê-lo, tive a ideia de mandar diariamente uma carta para minha mãe. Não a minha própria mãe, infelizmente, mas a mãe de um soldado francês na ativa. Para todas as mães, para as mães que não haviam recebido carta alguma, que jamais receberiam carta alguma.

Na esteira dos americanos, dos britânicos, dos franceses, canadenses e poloneses, entrei na Alemanha. O que vi tentei esquecer. O que vivenciei prefiro negar. De volta a Paris, tonto e exausto, desiludido com o homem e seu destino, fui para casa, em outras palavras, para o apartamento de mamãe. Abri a porta. Lá estava ela, cercada de criaturas transparentes, de cabelos compridos, deportadas como ela. Haviam sido entregues em casa pelos americanos. Estava viva. A luz do sol enchia a casa. Revivi.

Infelizmente, os horrores que minha mãe sofreu arruinaram sua saúde, e a perdemos tragicamente cedo.

Sobre o compromisso político: a introdução de Agnès Humbert para Vu et Entendu en Yougoslavie *(1950)*

Nunca pertenci a qualquer partido político.

Minha instrução e minhas preferências pessoais fizeram de mim uma "mulher de esquerda", profundamente apegada à Democracia e à Liberdade. Quando chegou a hora, eu estava preparada — como dezenas de milhares de outros franceses — para sacrificar todas as minhas ideias, meus sentimentos e a minha vida por esses ideais, durante um período de quatro anos.

Tendo sobrevivido ao flagelo do nazismo, felizmente gozava de uma saúde suficientemente boa para reassumir meu emprego no museu, do qual Pétain me privara a partir de outubro de 1940. Livre de todas as obrigações familiares, já que meus filhos se encontravam em boa situação, decidi, ao voltar dos trabalhos forçados no Terceiro Reich, dedicar o tempo livre que a minha absorvente profissão me concede a desempenhar o dever de uma "sobrevivente". Esse dever me parece absolutamente claro: com meus amigos, empreender a luta para implantar na França os ideais revolucionários da Resistência.

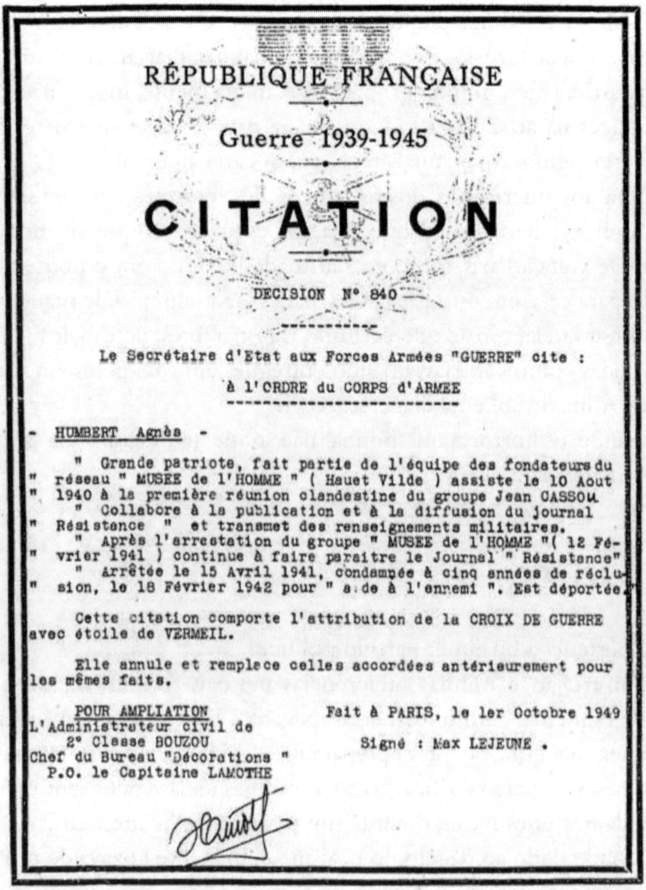

RÉPUBLIQUE FRANÇAISE

Guerre 1939-1945

CITATION

DECISION N° 840

Le Secrétaire d'Etat aux Forces Armées "GUERRE" cite :

à l'ORDRE du CORPS d'ARMEE

- HUMBERT Agnès -

" Grande patriote, fait partie de l'équipe des fondateurs du " réseau " MUSEE de l'HOMME " (Hauet Vilde) assiste le 10 Aout " 1940 à la première réunion clandestine du groupe Jean CASSOU. " Collabore à la publication et à la diffusion du journal " Résistance " et transmet des renseignements militaires. " Après l'arrestation du groupe " MUSEE de l'HOMME "(12 Fé- " vrier 1941) continue à faire paraitre le Journal " Résistance" " Arrêtée le 15 Avril 1941, condamnée à cinq années de réclu- " sion, le 18 Février 1942 pour " a.de à l'ennemi ". Est déportée.

Cette citation comporte l'attribution de la CROIX DE GUERRE avec étoile de VERMEIL.

Elle annule et remplace celles accordées antérieurement pour les mêmes faits.

POUR AMPLIATION
L'Administrateur civil de
2° Classe BOUZOU
Chef du Bureau "Décorations "
P.O. le Capitaine LAMOTHE

Fait à PARIS, le 1er Octobre 1949

Signé : Max LEJEUNE .

HUMBERT, Agnès

— Patriota notável, partícipe da fundação da rede "MUSEU DO HOMEM" (Hauet/Vildé), presente em 10 de agosto de 1940 na primeira reunião clandestina do grupo de Jean CASSOU.

— Colaborou na publicação e distribuição do panfleto "Résistance" e transmitiu informações militares.

— Em seguida à prisão do grupo "MUSEU DO HOMEM" (12 de fevereiro de 1941) continuou a publicar o panfleto "Résistance".

— Presa em 15 de abril de 1941, condenada em 18 de fevereiro a cinco anos de encarceramento por "auxílio ao inimigo". Deportada.

BIBLIOGRAFIA

Andrieu, Claire. "Les résistantes: perspectives de recherche", *Le Mouvement social*, nº 180, julho-setembro de 1997.

D'Aragon, Charles. *La Résistance sans héroisme*, ed. Pikkerty, Guillaume, Editions du Tricorne: Paris, 2001.

Aveline, Claude. *Le Temps mort*, Mercure de France: Paris, 1962.

Blumenson, Martin. *The Vildé Affair: Beginnings of the French Resistance*, Robert Hale: Londres, 1977.

Bouaziz, Gérard. *La France torturée*, Fédération Nationale des Déportés et Internés Résistantes et Patriotes: Paris, 1976.

Bourderon, Roger e Germaine Willard. *1940: de la Défaite à la Résistance*, Messidor/Editions socials: Paris, 1990.

Brossolette, Gilberte. *Ils s'appelait Pierre Brossolette*, Albin Michel: Paris, 1976.

Cassou, Jean. *La Mémoire courte*, Editions Mille et Une Nuits: Paris, 2001.

_____. *Une vie pour la liberté*, Robert Laffont: Paris, 1981.

Collection Défense de l'Homme. *Les Témoins qui se firent égorger*, Editions Défense de la France: Paris, 1946.

Diamond, Hanna. *Fleeing Hitler: France 1940*, Oxford University Press: Oxford, 2007.

Foot, M.R.D. *Resistance*, Eyre Methuen: Londres, 1976.

Gex le Verrier, Madeleine. *France in Tormente*, Hamish Hamilton: Londres, 1942.

Guéhenno, Jean. *Journal des années noires*, Gallimard: Paris, 1947.

Herbert, Ulrich. *Hitler's Foreign Workers: Enforced Foreign Labour in Germany under the Third Reich*, Cambridge University Press: Cambridge, 1997.

Honoré d'Estienne d'Orves, Rose e Philippe. *Honoré d'Estienne d'Orves, Pionnier de la Résistance*, Editions France-Empire: Paris, 1999.

Kedward, Rod. *Resistance in Vichy France*, Oxford University Press: Oxford, 1978.

_____. *In Search of the Maquis*, Oxford University Press: Oxford, 1993.

_____. *La Vie en Bleu: France and the French since 1900*, Penguin: Londres, 2005.

Krivopissko, Guy (ed.). *La Vie à en Mourir: Lettres de Fusillés (1941-1944)*, Tallandier: Paris, 2003.

Langloi, Caroline e Michel Reynaud. *Elles et Eux de la Résistance: pourquoi leur engagement?*, Editions Tirésias: Paris, 2003.

MacDonogh, Giles. *After the Reich: From the Liberation of Vienna to the Berlin Airlift*, John Murray: Londres, 2007.

Marcot, François, com Bruno Leroux e Christine Levisse-Touzé. *Dictionnaire historique de la Résistance*, Robert Laffont: Paris, 2006.

Martin-Chauffier, Simone. *A bientôt quand même...*, Calmann-Lévy: Paris, 1976.

Noguères, Henri, Marcel Degliame-Fouché e Jean-Louis Vigier. *Histoire de la Résistance en France*, 4 vols, Robert Laffont: Paris, 1961.

Ozouf, René. *Pierre Brossolette*, Librairie Gedalge: Paris, 1946.

Piketty, Guillaume. *Pierre Brossolette: un héros de la Résistance*, Odile Jacob: Paris, 1998.

"La Presse Clandestine 1940-1944", Colloque d'Avignon, 20-21 junho de 1985, Conseil Général de Vaucluse.

Rameau, Marie e Claire Andrieu. *Des femmes en résistance, 1939-1945*, Editions Autrement: Paris, 2008.

Roskothen, Ernst. *Gross-Paris, Place de la Concorde, 1941-1944*, publicado por iniciativa particular do autor, 1977.

Sabbagh, Jean. *Georges Sabbagh*, Editions du Panama: Paris, 2006.

Sabbagh, Pierre. *Encore vous Sabbagh!*, Stock: Paris, 1984.

Tillion, Germaine. "Première résistance en zone occupée. Du côté du réseau 'musée de l'Homme-Hauet-Vildé'", *Revue d'histoire de la Deuxième Guerre Mondiale*, nº 30, abril de 1958, republicado em *Esprit*, fevereiro de 2000.

Vercors. *The Battle of Silence*, Collins: Londres, 1968.

Vildé, Boris. *Journal et lettres de prison, 1941-1942*, Editions Allia: Paris, 1997.

Vinen, Richard. *The Unfree French: Life under the Occupation*, Allen Lane: Londres, 2006.

Weitz, Margaret Collins. *Sisters in the Resistance: How Women Fought to Free France, 1940-1945*, John Wiley & Sons, Inc.: Nova York, 1955.

Wood, Nancy. *Germaine Tillion: une femme-mémoire*, Editions Autrement: Paris, 2003.

Sisters in Resistance (DVD), escrito e dirigido por Maia Wechsler, Red Triangle Productions.

ÍNDICE REMISSIVO

Publisher
Kaíke Nanne

Editora executiva
Carolina Chagas

Editora de aquisição
Renata Sturm

Coordenação de produção
Thalita Aragão Ramalho

Produção editorial
Daniele Cajueiro
Ana Julia Cury

Revisão de tradução
Andréa Portolomeos

Revisão
Fernanda Cury
Perla Serafim

Indexação
Ana Carla Sousa

Diagramação
Selênia Serviços

Capa
Maquinaria Studio

Este livro foi impresso no Rio de Janeiro, em 2015,
pela Edigráfica, para a Editora Nova Fronteira.
A fonte usada no miolo é Bembo, corpo 12/15.
O papel do miolo é offset 75g/m², e o da capa é cartão 250g/m².